ÉTUDES

SUR LES

COLONIES AGRICOLES

Bienfaisance

IMPRIMERIE D'E. DUVERGER,
RUE DE VERNEUIL, 6.

ÉTUDES

SUR LES

COLONIES AGRICOLES

DE MENDIANTS,
JEUNES DÉTENUS, ORPHELINS
ET ENFANTS TROUVÉS

HOLLANDE — SUISSE — BELGIQUE — FRANCE

PAR MM.

G. DE LURIEU ET **H. ROMAND**

Inspecteurs généraux des Établissements de Bienfaisance,
Membres de la Commission des Colonies agricoles.

PARIS

LIBRAIRIE AGRICOLE DE LA MAISON RUSTIQUE

DUSACQ, RUE JACOB, 26

1851

TABLE DES MATIÈRES

INTRODUCTION . . . . Page. 1

PREMIÈRE PARTIE.

COLONIES AGRICOLES NÉERLANDAISES.

CHAPITRE PREMIER. — *Considérations préliminaires.*

Utilité et nécessité d'étudier les colonies néerlandaises. — Difficulté d'obtenir des renseignements vrais sur l'état de ces colonies. — Réserve du peuple hollandais. — Sa patience. — Accueil fait aux commissaires français par le gouvernement des Pays-Bas et la Société néerlandaise de bienfaisance . . . . Page 13

CHAPITRE II. — *Division et caractère général des colonies néerlandaises.*

Nombre des édifices. — Superficie des terres. — Provinces où sont situées les colonies. — Population générale. — Comment embrasser l'œuvre dans son ensemble et ses détails? Méthode et ordre de ce travail . . . . Page 19

CHAPITRE III. — *Détails historiques.* — *Constitution de la Société néerlandaise de bienfaisance.*

Le général Van den Bosch, fondateur de l'œuvre. — Ses idées, ses travaux. — But, statuts, bases et organisation de la Société de bienfaisance. — Étude et appréciation de cette organisation . . . . Page 25

CHAPITRE IV. — *Opérations de la Société.*

Contrats passés. — Idée qui préside à ces contrats. — Emprunts. — Achats de terrains. — Constructions. — Absence du général fondateur. — Relations de l'État avec la Société . . . . Page 31

CHAPITRE V. — *Du paupérisme et des secours publics en Hollande.*

De la statistique. — Le paupérisme dans les Pays-Bas. — Constatation exacte et annuelle du nombre des pauvres dans ce royaume. — Chiffre réel de la dépense en secours. — Le Werkhuis (maison de travail) d'Amsterdam. — Cet établissement, l'une des portes des colonies forcées. — Domicile de secours : Commune responsable. — Association de bienfaisance : Diaconies. — Rétributions exigées pour les mendiants admis dans les colonies. — Recours de l'État contre les communes : Part des communes; part de l'État. . . . . Page 39

CHAPITRE VI. — *Première colonie forcée à Ommerschans.*

Situation d'Ommerschans. — Étymologie du nom. — Aspect du pays, nature du sol. — Aspect de la colonie. — Attitude des colons revenant du travail. — Un vétéran français adjoint au directeur. — Description des bâtiments. — Séparation incomplète des sexes. — Agglomération des colons. — Infirmerie. — Quartier de punition des colonies libres. — Nombre des fermes. — Superficie d'Ommerschans. — Valeur des terres. — Population. — Maladies. — Mortalité. — Naissances. — Liberté des cultes. — Les mendiants non classés par catégories. . . . . Page   53

CHAPITRE VII. — *Colonie forcée d'Ommerschans.* — Suite.

Personnel de l'administration et de la surveillance. — Appointements de ce personnel. — Formalités remplies à l'entrée des mendiants. — Costumes des colons. — Emploi de la journée. — Peines disciplinaires. — La bastonnade et le fouet. — Monnaie conventionnelle. — Régime alimentaire. — Le pain. — La cantine. — Dépenses et mouvement de la cantine en 1848. — Dépense alimentaire du colon. — Dépense totale. — Prix de journée. — Comparaison avec la rétribution payée par l'État ou les communes. — Déficit présumé. . . . . . . Page   63

CHAPITRE VIII. — *Colonie forcée d'Ommerschans.* — Fin.

Travaux des colons. — Culture des terres. — Des fermes qui sont à l'entour d'Ommerschans. — Ce que sont les chefs d'exploitation préposés à ces fermes. — Travail industriel. — Ateliers et fabriques. — Nécessité de ce travail. — Besoins des colonies. — Commandes de l'État. — Répartition des salaires. — Valeur réelle du travail. — Ateliers nationaux en France (1848). — Epargne des colons. — Ce qu'ils en font. — Causes du grand nombre des récidivistes. — Causes du petit nombre des déserteurs. . . . . . Page   75

CHAPITRE IX. — *Deuxième et troisième colonies forcées à Veenhuizen n° 2 et n° 5.*

Sibérie hollandaise. — Aspect du pays. — Système des constructions. — En quoi elles diffèrent d'Ommerschans. — Bâtiment à double face. — Nombre des grandes fermes. — Destination à l'origine des trois colonies de Veenhuizen. — Leur affectation actuelle. — Machine à vapeur à Veenhuizen n° 3. — Personnel des employés. — Sollicitude paternelle du roi Guillaume II pour son armée. — Institution des vétérans. — Institution des ménages d'ouvriers. . . . . Page 85

CHAPITRE X. — *Colonie d'orphelins, à Veenhuizen n° 1.*

Age de l'admission et de la sortie des orphelins. — Ce qu'ils deviennent. — Population et personnel de l'établissement. — Travail industriel et agricole. — Infirmerie. — Le choléra, ses ravages. — Mortalité. — Disposition intérieure des bâtiments. — Quartier réservé pour les orphelins en bas âge. — Réforme dans le service des enfants trouvés à Amsterdam. — Le palais de justice et l'hospice. — Les maisons d'orphelins en Hollande. — Fondation remarquable de madame Rendswoude. . . . . Page 91

CHAPITRE XI. — *Ecole d'agriculture de Wateren.*

Situation. — Forme et distribution du bâtiment. — Population. — A quel âge entrent les élèves. — Instruction professionnelle qu'ils reçoivent. — Sortie des élèves. — But et résultat de l'institution. . . . . Page 103

CHAPITRE XII. — *Colonies libres de Frederiks'oord, Willems'oord et Willeminas'oord.*

Étymologie. — Situation. — Aspect et caractère de ces établissements. — Description des maisons ou petites fermes. — Leur nombre, leur tenue. — Division par quartiers. — Ateliers. — Écoles. — Bibliothèque. — Cultes. — Superficie des colonies. — Population. — Ce que deviennent les enfants des colons. — Personnel des employés. — Résidence du directeur général. — Surveillance qu'il exerce sur toutes les colonies. — Système correctionnel. — Traits distinctifs de la population des colonies libres. Page   107

CHAPITRE XIII. — *Colonies libres.* — Suite.

Destination des colonies libres. — Conditions et mode d'admission. — Idée première de l'institution. — Ce qui a fait dévier l'idée. — Loi agraire. — Nombre des fermes qui ont suivi le plan primitif. — Régime, droits, obligations et bénéfices des fermiers libres et responsables. — Abandon complet de l'idée initiale du fondateur. — Conséquences morales de cet abandon. — Conséquences économiques. — Rapprochement entre les colonies libres néerlandaises et les colonies françaises fondées en Algérie.. . . . . Page   117

CHAPITRE XIV. — *Études d'ensemble.* — *Histoire critique de l'institution.*

Épreuves que l'institution a eu à subir. — Fautes commises. — Terrain choisi par le général Van den Bosch. — Essai de quelques travailleurs, conséquences de cet essai. — Direction de l'agriculture. — Centralisation excessive, ses effets. — Opérations financières; conséquences de ces opérations. — Opérations nouvelles, nouvelles fautes. — Demande de secours au gouvernement. — Phase curieuse de l'existence de l'institution. — Le gouvernement menace de cesser les paiements. . . . . Page   131

CHAPITRE XV. — *Histoire critique de l'institution.* — Suite.

Récriminations et attaques réciproques entre l'État et la So-

ciété de bienfaisance. — Plaidoyer de la Société contre
l'État. — Réponse de l'administration supérieure. — Analyse du débat. — Crise et traité de 1843. . . Page 145

CHAPITRE XVI. — *Bilan de l'institution.*

Espérances du général fondateur. — En quoi et jusqu'à quel
point elles ont été réalisées. — Justice qu'il faut rendre
au général Van den Bosch et à ses coopérateurs. — Bienfaits de l'œuvre. — Côté le plus brillant de l'entreprise : l'agriculture. . . . . Page 159

CHAPITRE XVII. — *Appréciation synthétique de l'œuvre.*

Esprit général et principal des colonies néerlandaises de
bienfaisance. — Ce qui a rendu presque stérile et impuissante une œuvre si belle de conception. — Où le général
fondateur a pris l'idée et le modèle de l'institution. —
Constitution de la propriété à Java. — Buts qu'on s'est
proposé d'atteindre par la création des colonies. — Moyens
et principes : Négation de la famille ; Négation de la propriété. — Application des doctrines du Communisme. —
Conséquences de ces principes appliqués. — Résumé et conclusion. . . . . Page 169

DEUXIÈME PARTIE.

ASILES AGRICOLES DE LA SUISSE.

Chapitre premier. — *Origine et but des asiles agricoles.*

En quoi ces asiles diffèrent des colonies de la Hollande. — Fondateurs : Pestalozzi, Fellenberg, Wehrli. — Exposition de leur idée. — La mendicité héréditaire. — Bilan des misères modernes. — Affaiblissement de l'esprit de famille. — Conséquences générales et particulières de cet affaiblissement. . . . . Page 183

Chapitre II. — *Régime intérieur des asiles agricoles.*

Moyens proposés et mis en pratique par Pestalozzi, Fellenberg et Wehrli pour la régénération du peuple par l'éducation des enfants pauvres. — École rurale ou asile agricole. — Ages de la réception et de la sortie. — Nombre des enfants admis. — But et moyens. — Instruction, éducation. — Travaux intérieurs et extérieurs. — Un seul maître : pourquoi. — Patronage des aînés à l'égard des cadets. . . . . Page 194

Chapitre III. — *Régime intérieur des asiles agricoles. — Suite.*

Variété dans les travaux. — Système correctionnel : punitions et récompenses. — Comment on développe chez les enfants élevés en famille l'amour du travail par l'instinct de la propriété. — Des récréations, et comment on en tire parti pour moraliser les enfants. — Que la famille et la propriété, avec le travail et par le travail, sont les deux principes du système de Wehrli. . . . . . . Page 199

Chapitre IV. — *Résultats de l'institution.*

Nombre des asiles agricoles ou écoles rurales de la Suisse. — Cantons où ils ont été créés. — Attachement des élèves pour l'asile. — Formation et recrutement des instituteurs. — Prix qu'on dépense pour les enfants dans les diverses colonies suisses. — Dépense moyenne de l'élève . Page 205

Chapitre V. — *Résultats de l'institution.* — Suite.

Travail des enfants. — Quel en est le produit. — Succès de l'éducation morale et professionnelle. — Asile agricole de Carra. — Son directeur. — Ses fondateurs. — Résumé de cette étude. — Ce qui distingue les asiles agricoles de la Suisse. — Économie et simplicité des moyens. — Certitude et supériorité des résultats. — Causes de ces avantages. — Conclusion. . . . . Page 215

TROISIÈME PARTIE.

COLONIES AGRICOLES BELGES.

Chapitre premier. — *Division et caractère des colonies belges.*

En Belgique, deux genres de colonies agricoles. — Colonies à l'instar de celles de la Hollande. — Colonies à l'instar de celles de la France. . . . . Page 225

Chapitre II. — *Colonies agricoles de Wortel et de Merxplas-Ryckevorsel.*

Société flamande de bienfaisance. — Son organisation ; ses opérations. — Colonies libres et colonie forcée. — Leur situation, leur étendue. — Contrats de la Société avec le gouvernement. — Ressources et recettes de l'œuvre. — Emprunts et remboursements. — État des colonies au moment de la révolution belge. — Actif et passif de la Société. — Recettes et dépenses, 1830. — Déficit. Page 229

Chapitre III. — *Continuation du même sujet.*

Deux phases distinctes dans la vie des colonies belges, l'une de développement et l'autre de déclin. — Analyse de ces deux états. — Leurs symptômes. — Recherches des causes qui ont amené la ruine de ces colonies. — Diminution progressive de la population, à partir de 1829. — Diminution des recettes. — Emprunts, produits du travail, dons et souscriptions. — Le subside de l'État reste seul le même. — Prix de revient des colons, etc. . . Page 239

Chapitre IV. — *Embarras et épreuves de la Société flamande de bienfaisance.*

1832 : Premier rapport de l'inspecteur général sur la situation des colonies. — Remèdes proposés. — Scrupules et refus de la commission permanente. — 1833 : Nouvelles propositions du gouvernement. — Nouveau refus de la commission.—L'œuvre réduite à cette extrémité : impossibilité de vivre avec sa constitution et impossibilité de sortir de cette constitution . . . . Page 245

Chapitre V. — *Continuation du même sujet.*

Inventaire de 1836. — Bilan. — Les choses s'aggravent les années suivantes. — Réunions des créanciers-sociétaires. — Le gouvernement les met en demeure de soutenir l'œuvre et de remplir leurs engagements. — 1841 : cessation du subside.—Crise. — Expertise générale et enquête. — Dissolution de la Société et liquidation de l'œuvre.—Résumé et conclusion de cette étude. . . . . Page 251

Chapitre VI. — *Ecole de réforme de Ruysselède.*

Différence entre les colonies de Wortel et de Merxplas et les écoles de réforme. — Exploration faite par l'administration belge avant de fonder ces écoles. — Loi du 3 avril 1848. — Rapport du ministre de la justice en 1850.— Situation de Ruysselède. — Aspect du pays. — Ce qu'était Ruisselède quand l'État l'a acheté. — Prix de vente. — Contenance des terres. — Disposition des édifices. — Services généraux.—Dortoirs — Réfectoires. — Railway. —

Machine à vapeur. — Dépendances du bâtiment central. Page 259

CHAPITRE VII. — *Analyse morale de l'institution.*

Le directeur de l'œuvre. — Commencements de la colonie.— Logements provisoires des colons. — État sanitaire de la colonie. — Alimentation. — Distribution de la journée du colon. — Classes et travaux. — Calme et docilité relative des enfants belges. — Régime disciplinaire.—Punitions et récompenses. — Classification des enfants. — Organisation des travaux agricoles et industriels. — Nombre d'hectares cultivés en 1849 et en 1850. — Produits de l'exploitation. — Personnel des employés. — Projet d'école de réforme pour les jeunes filles. — Direction de cette école. — Extension à donner aux bienfaits de ces deux établissements. . . . . Page 267

CHAPITRE VIII. — *Résultats financiers.*

Emploi des crédits ouverts en 1848 et 1849 aux écoles de réforme. — Analyse et résumé des comptes rendus de 1848 à 1851. — Remboursements ; recours de l'État sur les communes ; domicile de secours. — Plus-value de la propriété de Ruysselède. — Prix de journée du colon ; frais de premier entretien répartis par tête de colon. — Nécessité de mettre l'étendue de l'exploitation agricole en rapport avec le chiffre de la population. — Conclusion : avantages économiques de l'agglomération ; inconvénients qui peuvent en résulter au point de vue moral.. Page 277

QUATRIÈME PARTIE.

COLONIES AGRICOLES FRANÇAISES.

CHAPITRE PREMIER. — *Coup d'œil sur les colonies agricoles françaises.*

Variété des systèmes suivis dans les colonies françaises. — Nombre de ces colonies. — Leurs catégories. — Leur nomenclature.—Étude à faire à propos de chacun de ces établissements. — Plan de chaque monographie : biographie de l'œuvre; son mécanisme intérieur; ses résultats.— Études d'ensemble; statistique et résumé . . Page 289

CHAPITRE II. — *Conclusion.*

Droits et devoirs de l'État à l'égard des établissements charitables en général, et des colonies agricoles en particulier. — Nécessité et utilité d'un contrôle supérieur dans l'intérêt des souscripteurs et du trésor, ainsi que dans l'intérêt des enfants et de l'institution elle-même. Page 301

CHAPITRE III. — *Conclusion.* — Suite.

Comment se formule le problème des colonies agricoles? — Première question : moralise-t-on beaucoup d'enfants? — De la prévention et de la répression.—Conditions naturelles de l'éducation des enfants. — Seconde question : forme-t-on beaucoup d'agriculteurs? — A quoi tient le succès ou l'insuccès à cet égard. — Troisième question : à quel prix revient le peu de résultats obtenus? — L'enfant paie-t-il ou non sa dépense? . . . . Page 311

CHAPITRE IV. — *Conclusion.* — Suite et fin.

Propositions générales : ce qu'il faudrait éviter et ce qu'il conviendrait de faire. — La famille, procédé radical et divin de l'éducation ; quand et comment il faut la remplacer. — Conséquences des fausses applications ; avantages des bonnes. — Meilleur mode de colonisation. — — Développement de la propriété. — Institutions charitables à appliquer aux différentes catégories d'enfants. — Lois et règlements à faire.— Changements dans le régime disciplinaire. — Modifications importantes à la législation pénale, en ce qui concerne les jeunes détenus. Page 323

NOTES.

Note A. — Le Werkhuis. . . . . Pages 343
Note B. — Agriculture 351
Note C. — Traité passé en 1843 entre le gouvernement des Pays-Bas et la Société de bienfaisance. 362
Note D. — Extrait d'une lettre de Pestalozzi. 585
Note E. — Dépenses de l'école de Carra (Suisse) en 1849. 587
Note F. — Extrait du rapport du comité de la même école (1850-1851). 588
Note G. — Loi du 18 février 1845, relative au domicile de secours (royaume de Belgique). 591

TABLEAUX.

Tableau n° 1. — Moyenne de la population des colonies néerlandaises de bienfaisance. 405

Tableau n° 2. — Tableau de la population des colonies néerlandaises depuis l'origine jusqu'en 1848 405
Tableau n° 3. — Classement des colons par religions en 1849. (Colonies néerlandaises.). 407
Tableau n° 4. — Décès dans les colonies néerlandaises, de 1841 à 1848 407
Tableau n° 5. — Mendiants récidivistes. (Colonies néerlandaises.) 409
Tableau n° 6. — Désertions. (Colonies néerlandaises.). 409
Tableau n° 7. — Tableau indiquant les maladies auxquelles les mendiants et les enfants des colonies néerlandaises ont succombé en 1848, le nombre et l'âge des décédés 415
Tableau n° 8. — Emploi des enfants à Veenhuizen n° 1. (Colonies néerlandaises.) 415
Tableau n° 9. — Nombre des enfants qui ont fréquenté les écoles en 1847 et 1848. (Colonies néerlandaises). 415
Tableau n° 10. — Ce que sont devenus les enfants sortis de Veenhuizen n° 1. (Colonies néerlandaises.) . . . 417
Tableau n° 11. — Ce que sont devenus les enfants sortis de Wateren dans une période de dix années, de 1831 à 1841 417
Tableau n° 12. — Maximum, minimum et emploi des salaires. (Colonies néerlandaises.) 419
Tableau n° 13. — Vente dans les cantines en 1848. (Colonies néerlandaises.) 419
Tableau n° 14. — Nombre des souscripteurs à l'œuvre des colonies néerlandaises, depuis l'origine de la Société jusqu'en 1848. 421
Tableaux n°ˢ 15 et 16. — Montant des paiements pour les intérêts et les frais des emprunts. (Colonies néerlandaises.) 423
Tableau n° 17. — Paiements faits par le gouvernement des Pays-Bas et les communes, les hospices et les particuliers, pour les frais de premier établissement

et pour l'entretien des individus admis dans les colonies de bienfaisance, depuis l'origine jusqu'en 1848. 425

Tableau n° 18. — Produits récoltés. (Colonies néerlandaises.) 427

Tableau n° 19. — Produits des ateliers industriels appliqués à l'usage intérieur. (Colonies néerlandaises.) 429

Tableau n° 20. — Produits des ateliers industriels vendus au dehors. (Colonies néerlandaises.) 429

Tableaux n°⁵ 21 et 22. — Dépenses pour l'achat des terrains, l'érection des bâtiments, l'achat et l'entretien du bétail, depuis l'origine des colonies néerlandaises jusqu'en 1848 431

Tableau n° 23. — Dépenses propres aux colons. — 1847 et 1848. (Colonies néerlandaises.) 433

Tableau n° 24. — Personnel des employés des colonies néerlandaises 435

Tableau n° 25. — Contenance des colonies néerlandaises et valeur totale des terres et bâtiments. 437

Tableau n° 26. — Cheptel des colonies néerlandaises au 31 décembre 1849 439

Tableau n° 27. — Emploi des terres des colonies néerlandaises en 1848 441

Tableau n° 28. — Statistique des enfants trouvés à Amsterdam de 1811 à 1848. 443

INTRODUCTION

Le 26 avril 1849, M. Buffet, ministre de l'agriculture et du commerce, adressa à M. le président de la République un rapport remarquable, dont voici les termes :

Monsieur le Président,

Jamais, on peut le dire à l'honneur de notre époque, la situation si intéressante des classes laborieuses n'avait éveillé des sympathies plus profondes que de nos jours ; jamais on ne s'était associé plus intimement à leur malaise, à leurs souffrances ; jamais on n'avait pénétré plus avant dans l'examen des causes qui engendrent tant de misères, comme dans la recherche des remèdes les plus propres à les soulager. Découvrir ces remèdes, en favoriser l'application, tel est, Monsieur le Président, l'un des principaux buts que vous assignez à vos efforts, et que poursuivent, de concert avec vous, les hommes investis de votre confiance. Si, d'un côté, le gouvernement de la République doit repousser, avec une fermeté qui les décourage, toutes les théories impraticables ou subversives de l'ordre social, tous ces vains et dangereux systèmes qui, méconnaissant les véritables attributions de l'État, tendent d'une manière plus ou moins directe à faire de lui le propriétaire du sol, le commanditaire de toutes les industries, l'arbitre suprême de la production et des salaires, le niveleur des inégalités les plus légitimes et les plus nécessaires, c'est, d'une autre part, à vos yeux et aux nôtres, une obligation morale, pour le gouvernement, que d'accueillir et de soumettre à un examen approfondi les mesures qui, reposant sur le principe de la liberté et de la responsabilité de l'homme, s'accordant avec sa dignité, sachant mettre en jeu les mobiles indestructibles de sa conduite, paraissent de nature à exercer une action bienfaisante sur le sort des classes les moins favorisées.

Parmi les institutions qui se présentent avec ces caractères, il en est une qui, dans ces derniers temps, a fixé l'attention publique : je veux parler des colonies agricoles. On y a vu l'école la plus profitable qui pût être ouverte aux enfants indigents, à tous ceux notamment que leurs fautes ou le malheur de leur naissance font tomber à la charge de la société ; on a espéré que, les arrachant au vice, à la paresse, à l'oisiveté, pour les plier à la vie rude et simple des champs, elles deviendraient, pour ainsi dire, autant de pépinières d'honnêtes et laborieux cultivateurs. C'est pour réaliser ce plan philanthropique, que des hommes, dont l'infatigable dévouement mérite toute reconnaissance, ont fondé en France un assez grand nombre d'asiles, parmi lesquels il suffit de citer Mettray, Saint-Pierre de Marseille, Petit-Quevilly, Val-d'Yèvre, Petit-Bourg, Montbellet, Bonneval, Saint-Ilan, etc.

L'institution qu'ils ont voulu naturaliser parmi nous au profit des seuls enfants, des esprits sérieux ont pensé pouvoir en étendre les avantages aux indigents adultes, les enlever ainsi à l'atmosphère malsaine des cités industrielles, d'où trop souvent l'ouvrier sans pécule et sans travail ne sait pas s'éloigner, alors même que la charité publique ou privée y devient sa seule ressource; neutraliser, par ce moyen, au moins dans une certaine mesure, cette puissance d'attraction que les villes exercent sur les campagnes, et utiliser, pour un accroissement de la production agricole, des forces qu'il est toujours regrettable et souvent dangereux de laisser se consumer en pure perte. Le seul essai de ce genre qu'on ait tenté en Europe sur une grande échelle, et qui se continue aujourd'hui, appartient à la Hollande. Une société dite de bienfaisance y a été fondée en 1818, sous le patronage du prince Frédéric, dans le but de créer des colonies agricoles ouvertes aux indigents enfants et adultes des deux sexes. Celles qu'elle a effectivement établies n'ont pu se soutenir que grâce aux subventions des particuliers et de l'État, qui n'a reculé devant aucune avance pour conjurer leur ruine sans cesse imminente. Rien n'est venu démontrer que leurs résultats moraux et matériels aient répondu jusqu'à présent à la grandeur des sacrifices qu'on s'est imposés dans leur intérêt. Quant aux colonies agricoles de la Russie et de l'Autriche, leur organisation est essentiellement militaire; tous ceux qu'elles admettent dans leur sein y sont soumis à un régime qui n'a rien d'incompatible avec les institutions et les mœurs de ces deux pays, mais qui serait totalement en désaccord avec les nôtres; elles ne peuvent donc nous fournir aucun enseignement.

Quelle que soit l'opinion qu'on se forme de l'utilité des colonies agricoles, il faut le reconnaître, une institution que tant d'hommes éclairés ont prise sous leur patronage et qui a déjà subi, au moins partiellement, l'épreuve des faits, mérite de devenir l'objet d'une sérieuse enquête. Préoccupé constamment comme vous l'êtes, Monsieur le Président, du besoin d'adoucir le sort des plus malheureux de nos concitoyens, de leur procurer du travail, de leur faciliter les moyens d'arriver à l'épargne, vous avez désiré qu'une commission, composée d'hommes spéciaux, fût chargée d'étudier, dans son ensemble et ses détails, la question des colonies agricoles, de se rendre un compte aussi exact que possible des divers essais tentés jusqu'à nos jours et des résultats qu'ils ont produits en ce qui touche soit la moralisation et l'éducation des enfants orphelins ou détenus, soit l'amélioration du sort des indigents adultes, soit enfin la mise en valeur des terres qui leur ont été livrées. Cette commission s'entourera des documents que l'administration s'empressera de lui fournir; elle appellera au besoin dans son sein tous ceux dont elle croira devoir invoquer l'expérience et les lumières.

De concert avec M. le ministre de l'intérieur, j'ai l'honneur, Monsieur le Président, de vous proposer de nommer membres de cette commission :

MM. Charles Dupin, représentant, membre de l'Institut;
De Vogüé, représentant du peuple ;
Wolowski, représentant, professeur au Conservatoire;
Raudot, représentant du peuple ;

Monny de Mornay, chef de la division de l'agriculture ;

De Melun, représentant du peuple (Ille-et-Vilaine) ;

De Lurieu, inspecteur général des établissements de bienfaisance ;

Romand, inspecteur général des établissements de bienfaisance ;

Lechevalier ;

De Rancé, représentant du peuple ;

Sainte-Beuve, représentant du peuple.

Veuillez agréer, Monsieur le Président, l'hommage du profond respect de votre très humble serviteur,

Le ministre de l'agriculture et du commerce,
L. BUFFET.

Approuvé :
Le Président de la République,
L.-N. BONAPARTE.

Cette Commission formée, le premier soin de l'administration fut de rassembler les matériaux propres à l'éclairer, bases de la discussion qui allait s'ouvrir, éléments de l'enquête qu'il s'agissait de faire. Malheureusement, ces éléments étaient peu nombreux, incomplets et insuffisants. Ce n'était, pour la plupart, que des prospectus et des comptes-rendus, qui, tout sincères qu'ils fussent sans doute, n'en étaient pas moins suspects d'exagération et de partialité; espèce de plaidoyers plus ou moins habiles et éloquents que les inventeurs avaient faits à la louange de leurs propres idées, et que la Commission, malgré ses dispositions favorables, ne pouvait pas admettre sans examen et sans controverse. D'ailleurs, beaucoup de colonies fondées dans l'éloignement et le silence n'avaient encore eu ni visiteurs, ni panégyristes; à côté des œuvres qui se vantent par calcul ou par conviction, il fallait découvrir celles qui se taisent par timidité ou par modestie. Chercher le bien partout où il se trouve, dégager la vérité des voiles d'une louange intéressée ou d'une obscurité trop discrète, tel était le devoir du gouvernement. En conséquence, on chargea deux des membres de la Commission, que la nature de leurs fonctions administratives désignait à cette tâche, d'aller étudier sur place toutes les colonies agricoles de France, ainsi que celles de la Hollande, de la Suisse et de la Belgique, afin de fournir à la Commission tous les éléments d'information nécessaires à ses travaux.

Nous ne nous sommes pas dissimulé un seul

instant tout ce qu'une pareille mission allait nous imposer de difficultés et de labeurs : faire la part du blâme et de l'éloge, ne pas confondre la spéculation avec le dévouement, et distinguer l'esprit d'aventure de l'esprit de charité, ce n'était pas chose facile, et c'est quelquefois chose dangereuse; nous savions par expérience ce que coûte le devoir consciencieusement accompli.

Si nous n'avions consulté que nos forces et les intérêts de notre repos, nous aurions reculé devant une mission pareille, mais nous n'avions qu'à obéir. Si, parmi de plus versés que nous dans l'étude des colonies agricoles, le gouvernement nous avait choisis, nous n'avions garde de méconnaître les raisons qui avaient déterminé ce choix : raisons de haute philanthropie et de sollicitude toute paternelle envers l'intéressante population des asiles agricoles, jeunes détenus, orphelins et enfants abandonnés. En chargeant de cette étude deux inspecteurs généraux des établissements de bienfaisance, l'administration proclamait et prouvait qu'elle obéissait à un sentiment d'humanité et de charité sociale. L'agriculture n'est ici, en effet, que le moyen; l'éducation de l'enfant est le terme. Ce n'est donc pas à nos personnes, mais à la spécialité de nos études et à la nature de nos fonctions, que s'est adressé le choix du gouvernement.

Retenus par les exigences de notre service et de l'inspection ordinaire, nous n'avons pu nous mettre en route pour remplir notre mission extraordinaire qu'au commencement du mois de septembre 1849. De retour à Paris après six mois d'une tournée pénible et laborieuse, nous nous sommes appliqués, sans désemparer, à rassembler les matériaux recueillis dans nos voyages, à les dépouiller, à les classer, à les discuter, à les mettre en œuvre.

Les résultats de ce long et difficile travail, nous les avons soumis le 10 juin 1850, dans un premier rapport, à M. le ministre de l'intérieur ainsi qu'à M. le ministre du commerce et de l'agriculture. Avec l'agrément de l'autorité supérieure, nous venons aujourd'hui publier ce travail, sous la forme d'un livre, qui embrasse l'ensemble de nos études sur les colonies des Pays-Bas, de la Suisse et de la Belgique, et qui se termine par des considérations générales sur les colonies agricoles françaises.

Ce livre se divise donc naturellement en quatre parties distinctes, inégales en longueur, comme les matières qu'elles traitent, mais d'un égal intérêt, à cause de l'expérience que chacune d'elles constate.

La première partie traite des colonies hollandaises ; la seconde, des écoles agricoles de la Suisse ; la troisième, des colonies et des écoles de réforme de la Belgique.

La quatrième et dernière partie, simple coup d'œil jeté sur les établissements analogues que possède notre pays, n'est que la préface d'un autre volume, d'un nouveau livre, où chaque colonie agricole française aura sa monographie spéciale, et que nous publierons dès que l'administration supérieure le permettra.

C'est sans parti pris, exempts de préjugés et de préventions, que nous avons entrepris cette étude. Nous avons cherché la vérité avec sympathie et nous la disons avec franchise. Pleine de ménagements pour les intentions et les personnes, notre critique n'est rigoureuse qu'envers les erreurs et les abus. Moins préoccupés de critiquer que d'exposer, ce sont les motifs d'un jugement sérieux, consciencieux, impartial, que nous avons voulu fournir au gouvernement, à l'Assemblée nationale, au public.

Plus tard, à la fin de ce travail d'exploration et d'analyse, nous essaierons, tirant les conséquences des faits observés et des résultats obtenus, de donner nos conclusions sur les colonies agricoles.

Ainsi, exposition analytique d'abord, jugement ensuite, synthèse enfin : telle est la marche que nous avons suivie. Après avoir déblayé le terrain, après avoir recherché, exposé et choisi les matériaux, nous tâcherons d'apporter à l'édifice qu'il s'agit de construire, l'humble tribut de nos efforts, de notre expérience et de nos idées.

PREMIÈRE PARTIE

COLONIES NÉERLANDAISES

ÉTUDES

SUR LES

COLONIES AGRICOLES

PREMIÈRE PARTIE

COLONIES NÉERLANDAISES

CHAPITRE PREMIER
Considérations préliminaires.

Utilité et nécessité d'étudier les colonies néerlandaises. — Difficulté d'obtenir des renseignements vrais sur l'état de ces colonies. — Réserve du peuple hollandais. — Sa patience. — Accueil fait aux commissaires français par le gouvernement des Pays-Bas et la Société néerlandaise de bienfaisance.

Avant de visiter les colonies agricoles établies en France, notre itinéraire nous prescrivait d'aller chercher à l'étranger, en Hollande surtout, des points de comparaison, des modèles et des exemples.

C'est une bonne fortune, en matière d'institutions, de trouver à sa portée les leçons de l'expérience.

L'institution des colonies néerlandaises de bienfaisance date de 1818 ; épreuve de plus de trente années extrêmement précieuse pour ceux qui voudraient et sauraient en profiter. Mais, pour profiter d'une épreuve, il faut la connaître parfaitement, dans la réalité même des résultats obtenus, sans se laisser prendre aux illusions de l'apparence. C'était là précisément un des écueils semés sur notre route.

Le peuple néerlandais a des qualités admirables. Façonné dès longtemps à la liberté de la presse, il n'en abuse que très rarement pour se déprécier lui-même dans ses actes, ses entreprises, ses institutions. Au lieu de jeter sa vie à tous les vents de la publicité, le Hollandais la recueille et se plaît à la murer dans le sanctuaire inviolable de la conscience et de la famille. Il a toutes les formes de la discrétion, la patience aussi bien que la réserve, et ne se hâte jamais que lentement. Qu'il cultive ses polders, qu'il arme ses vaisseaux ou vende ses marchandises, il ne demande pas au grain de pousser avant qu'il ne soit semé, ni au vaisseau en partance pour les Indes d'être de retour au sortir du port, ni à ses denrées de l'enrichir avant d'être vendues. Il sait calculer, attendre et se taire, se taire surtout, qualité de plus en plus rare et précieuse. Il semble que l'âme de Guillaume le Taciturne ait passé dans ce peuple, dont il a fondé l'indépendance.

Aussi, pour restreindre nos remarques à la question qui nous occupe, après trente années d'épreuves et d'essais, il persiste encore sans que jamais rien ne transpire au dehors du doute qui souvent vient troubler sa foi ; et, malgré de nombreux insuccès, il se laisse naïvement louer par les touristes amateurs qui viennent tous les ans en Hollande, sous prétexte d'étudier les colonies. Les personnages éminents qui dirigent cette œuvre ne se donnent pas la peine de tromper leurs admirateurs au delà de leurs propres illusions ; mais ils ne se croient pas tenus d'éclairer l'observateur superficiel sur les mécomptes d'une expérience qui, pour eux, n'est pas encore définitive. Avec une bonhomie pleine de finesse, ils font aux étrangers les honneurs de leurs établissements, comme des marchands avec leurs chalands, sans les initier au compte des pertes et profits. Qu'ils doivent sourire quelquefois quand ils lisent, par exemple, des assertions telles que celle-ci, produite, il y a quelque temps, dans un journal français, à savoir que, *dans la plupart des colonies hollandaises, le travail du colon couvre sa dépense !*

Nous avons tâché de ne pas tomber dans de semblables erreurs. Un auguste et loyal avertissement nous avait mis sur nos gardes.

En 1847, dans un premier voyage d'étude en Hollande fait en compagnie de M. F. de Corcelles[1], l'un de nous (M. de Lurieu) eut la faveur d'être reçu en audience particulière par le feu roi Guillaume II : « Vous allez visiter nos colonies de bienfaisance, lui dit ce prince; je tiens à honneur que le gouvernement français connaisse toute la vérité. En présence d'un monument de dévouement et de patience que vous admirerez comme moi, ne vous laissez pas séduire; allez au fond des choses; on vous montrera des miracles de culture : sachez à quel prix . . . . »

Le gouvernement des Pays-Bas et la Société de bienfaisance qui administre les colonies ont exercé envers nous, avec une grâce libérale, l'hospitalité du savoir et des lumières. Non-seulement ils nous ont fait ouvrir les portes des huit colonies de la Drenthe, de la Frise et de l'Over-Yssel, mais encore pour nous mettre à même de pénétrer l'esprit de l'œuvre, ils nous ont permis d'en lire les résultats moraux et financiers dans les rapports et les comptes-rendus de l'administration. Par une faveur dont nous sentons tout le prix, la réserve hollandaise a

---

(1) Membre de l'Assemblée nationale.

bien voulu se fondre à notre approche dans un sentiment de confraternité ; nos aînés dans l'établissement des colonies agricoles ont mis à notre disposition tous les trésors de leur longue expérience. C'est un devoir et un plaisir pour nous d'en exprimer publiquement ici notre reconnaissance envers la Société de bienfaisance et surtout envers le gouvernement des Pays-Bas.

Ainsi donc, avec nos impressions personnelles et cette éducation qui se fait par la vue des choses et l'entretien des hommes, nous avons rapporté de Hollande, parmi beaucoup de documents officiels, une série de tableaux et d'états reproduisant en chiffres précis toutes les phases et toutes les opérations de l'œuvre. Grâce à ces pièces authentiques, qui, en partie du moins, seront jointes à notre texte, d'une part, nous n'émettrons pas une assertion, nous n'affirmerons pas un fait, sans fournir à l'appui un témoignage ou une preuve, et, d'autre part, nous ferons assister le lecteur à la vie intérieure des colonies néerlandaises, aussi bien qu'à celle de nos établissements publics.

Outre ces états et ces tableaux, que nous avons pris sur place, nous nous sommes entourés de tous les documents propres à nous instruire. Nous avons suivi pas à pas les études des observateurs qui nous ont précédés dans la visite de ces colonies; au besoin même et à l'occasion, nous y avons puisé largement, mettant à contribution et à profit le savoir de nos devanciers, mais toujours après avoir contrôlé leurs jugements, en face des choses et des personnes.

La science ne s'improvise ni ne se forme de toute pièce; comme la vie, elle procède par voie de succession et de développement; chaîne immense, où chaque observateur forme un anneau d'autant plus solide qu'il se relie mieux à ceux qui le précèdent et qui le touchent [1].

(1) Parmi les travaux que nous avons utilement consultés, nous mentionnerons le voyage en Hollande de M. Ramon de la Sagra, la brochure de M. le docteur Staring, et les écrits de deux de nos compatriotes, M. Faye, ancien maître des requêtes, et M. Paul Héricart de Thury.

CHAPITRE II.

Division et caractère général des Colonies néerlandaises.

Nombre des édifices. — Superficie des terres. — Provinces où sont situées les colonies. — Population générale. — Comment embrasser l'œuvre dans son ensemble et ses détails? — Méthode et ordre de ce travail.

Bien que les colonies néerlandaises soient au nombre de huit, en réalité elles ne forment que quatre établissements distincts par leur population et le caractère de leur institution.

Ainsi, il y a trois colonies libres, savoir :

Frédériks'oord ;

Willeminas'oord;

Et Willems'oord.

Trois colonies forcées de mendiants, savoir :

La colonie d'Ommerschans ;

La colonie de Veenhuizen, n° 2 ;

La colonie de Veenhuizen, n° 3.

Une colonie d'orphelins et d'enfants trouvés à Veenhuizen, n° 1 ;

Et l'école d'agriculture de Wateren.

L'ensemble des bâtiments dont se composent ces colonies s'élève au total de six cent onze édifices, dont sept églises, douze écoles, quarante-deux grandes fermes, dix grandes fabriques et un gazomètre. L'institution a en outre creusé des canaux, créé des routes et des ponts, planté des bois et défriché de vastes terrains.

Pour donner une idée de la grandeur de l'œuvre, disons que sa superficie embrasse maintenant près de six mille hectares de terres [1] estimés à plus de quatre millions de francs, que les populations qu'elle abrite sont d'environ douze mille habitants

(1) *Superficie des terres* (1849).

		TERRES CULTIVÉES.	TERRES NON CULTIVÉES	TOTAUX.
Colonies libres.	Frederiks'oord . . .	374h25	51h12	425h,37
	Willeminas'oord. . .	244.15	17.52	261.67
	Willems'oord	457.13	1.33	458.46
Colonies forcées.	Ommerschans. . . .	745.08	8.50	753.58
	Veenhuizen, n° 1.. .	364.33	2.19	366.52
	Id. . . n° 2.. .	355.43	5.77	361.20
	Id. . . n° 3.. .	358.23	8.04	366.27
École d'agriculture de Wateren.		107.25	» »	107.25
Terres en deh. des col. (approx.)		» »	2,600.00	2,600.00
		3,005.85	2,694.47	5,700.32

(11,761 en 1848)[1] et que son budget annuel se formule, tant en recettes qu'en dépenses, par plus de deux millions cinq cent mille florins (5,275,000 francs).

C'est donc une imposante entreprise, et comme une ville immense, assise sur trois provinces limitrophes, la Drenthe, la Frise et l'Over-Yssel. Bien des volumes ont été écrits sur cette *cité dolente*[2] de la misère et de la philanthropie moderne : grande est la difficulté d'orienter sa marche et sa pensée dans les divers cercles dont elle se compose.

Pour mettre de l'ordre et de la clarté dans notre étude, voici la méthode que nous avons cru devoir suivre.

Après avoir donné quelques détails historiques sur les travaux et les idées du fondateur des colonies, nous aborderons l'analyse critique de l'institution et la description sommaire des établissements tels qu'ils sont apparus à nos yeux.

Puis nous essaierons, dans un coup d'œil rapide sur le passé, d'esquisser les diverses phases de son existence : espèce d'examen physiologique où nous rechercherons les raisons d'être et les causes d'insuccès de l'œuvre.

---

(1) *Voir* le tableau n° 1, à la fin du volume.
(2) Dante, *Enfer*, chant I

Enfin, nous élevant à des considérations plus générales pour juger l'institution d'un point de vue qui nous semble nouveau, nous nous appliquerons à en saisir le caractère spécial, le cachet distinctif et l'idée mère : ce sera la partie psychologique et morale de notre étude.

En trois mots : le corps, la vie, l'âme des colonies néerlandaises ; voilà ce qu'après l'observation la plus consciencieuse, nous avons cherché à raconter, à peindre et à juger dans les pages suivantes.

CHAPITRE III.

Détails historiques. — Constitution de la Société néerlandaise de bienfaisance.

Le général Van den Bosch, fondateur de l'œuvre. — Ses idées, ses travaux. — But, statuts, bases et organisation de la Société de bienfaisance. — Étude et appréciation de cette organisation.

Le général comte Van den Bosch avait passé plusieurs années de sa jeunesse à l'île de Java, comme officier du génie ; il y avait étudié l'agriculture et s'y était distingué par ses succès. De retour en Hollande, sa patrie, il fut frappé du nombre toujours croissant des mendiants, de l'insuffisance des dépôts de mendicité, où, malgré l'affreuse mortalité qui y régnait et les sommes énormes qu'on y enfouissait, on ne pouvait recevoir qu'une faible partie des indigents. A la fin de 1817, il publia son traité *sur la possibilité de former, de la manière la plus avantageuse, un établissement pour les pauvres des Pays-Bas.*

Appliquant à la solution de ce grave problème son cœur, son esprit et son expérience, il crut trouver un moyen efficace de combattre et de vaincre le paupérisme ; ce moyen, c'était de transformer, avec des bras inutiles et à charge aux communes, les landes et bruyères en des champs cultivés dont les produits nourriraient leurs populations.

Utile et généreuse idée, à laquelle tout semblait donner raison, surtout lorsque le général l'exposait ainsi : Ce que tant de peuples primitifs ont fait avec leurs propres ressources, sans aucun capital amassé, sans autre toit que celui du ciel, sans l'aide de qui que ce soit, pourquoi un peuple de colons ne le ferait-il pas avec la direction de protecteurs intelligents, avec les avances d'une société bienfaisante? Voici des travailleurs à qui l'on donne, non-seulement, comme Dieu aux premiers hommes, la terre, cette nourrice commune, mais encore un abri dans des maisons toutes faites, une nourriture assurée dans des provisions suffisantes, et tous les instruments de travail que la civilisation a mis entre les mains de l'homme. Comment ne pas croire au succès d'une telle entreprise?....

Ce qu'il y avait à la fois de séduisant et de sensé dans un tel projet ne pouvait manquer de faire des prosélytes à la conception du général. Aussi, passant de la théorie à l'application, le comte Van den Bosch fonda bientôt une société destinée à réaliser l'idée qu'il avait conçue.

Cette société, dite *Société néerlandaise de bienfaisance*, se constitua en 1818 sous le haut patronage du prince Frédéric, oncle du Roi actuel. A l'abri d'un nom si justement vénéré par tout le pays, 21,000 souscripteurs, dès la première année, répondirent à l'appel de la Société de bienfaisance, 55,368 florins (116,826 fr. 48 c. de notre monnaie) entrèrent dans la caisse des colonies.

Nous donnons à la fin du volume (tableau n° 14) le nombre des souscripteurs et le produit des souscriptions depuis l'origine. On est tristement affecté en lisant ce tableau d'un fait malheureusement trop commun dans l'histoire des institutions charitables. L'enthousiasme, la ferveur, la générosité, à leur apogée dès le début de l'œuvre, vont ensuite en déclinant d'année en année ; si bien que de 22,478 souscripteurs que la Société comptait en 1819, il ne lui en restait plus en 1848 que 6,953 !

Voici maintenant les bases et l'organisation de la Société de bienfaisance :

Tout Hollandais jouissant *de son honneur* et de ses droits civils peut, sur la présentation d'un sociétaire et l'approbation de la commission, faire partie de la Société :

A la condition de payer un sou de Hollande par semaine ou annuellement deux florins douze cents,

(4 fr. 48 c.) comme souscription à l'œuvre. Les autres contributions sont volontaires.

Le but de la Société est d'améliorer l'état des indigents en les éclairant sur leurs devoirs, en les arrachant à la fainéantise et à la dépravation où ils croupissent dans leur métier de mendiants, en remplaçant enfin l'aumône, qui favorise l'oisiveté, par l'assistance donnée au travail.

Il y a un président à vie. On a écrit que le général Van den Bosch l'avait été d'abord. C'est une erreur : le prince Frédéric a toujours été président de la Société depuis la fondation.

Deux commissions, en partie soumises à l'élection, sont à la tête de la Société.

L'une, appelée commission de bienfaisance [1], est

---

(1) *Membres actuels de la commission de bienfaisance.*

S. A. R. le prince Frédéric des Pays-Bas, président ;
MM. Van Nes, ancien membre des États-Généraux, 1er assesseur ;
    Faber Van Riemsdyk, conseiller d'État, 2e assesseur ;
    Van Hoorn Van Burgh, membre du conseil d'État ;
    Ruitenschild, pasteur de l'Église réformée, secrétaire ;
    Le baron Van Pallandt Van Keppel, ministre d'État ;
    Fabius, membre de la Cour de justice d'Amsterdam ;
    Teixeira de Mattos, banquier ;
    Enschedé, anc. memb. de la seconde chambre des États-Gén. ;
    Falter, général major de l'artillerie ;
    Uytwerf Sterling, proc. gén. de la Cour de just. d'Amsterdam ;
    Meyer, médecin ;
    Kinker, vérificateur du grand-livre de la dette publique.

composée de douze membres, plus le président, et y compris le secrétaire choisi parmi eux. Elle s'assemble à La Haye une fois par an, ou plus souvent si les intérêts de la Société le commandent.

Sur ces douze membres, trois sont désignés[1] pour former le comité permanent chargé de la direction de toutes les affaires; il siége à La Haye et se réunit une fois par mois, ou plus si le cas l'exige. Le secrétaire de la commission est un des trois membres de ce comité; chacun de ces membres tient la correspondance relative à la partie de l'administration qui lui est plus spécialement attribuée.

Trois autres membres[2] forment le comité des finances, qui réside à Amsterdam et se réunit toutes les fois que le demandent les besoins du service. Un de ces trois membres est le caissier central de l'œuvre.

La seconde commission, dite de surveillance, est composée de vingt-quatre membres. Elle doit recevoir et contrôler annuellement tous les comptes dressés par la première commission; des extraits de ces comptes-rendus sont ensuite envoyés à chacun des membres de la Société. Cette commission, char-

---

(1) Membres du comité permanent : MM. Faber Van Riemsdyk, Van Hoorn Van Burgh, Ruitenschild.
(2) Membres du comité des finances ; MM. Fabius, Teixeira de Mattos, Kinker.

gée en outre de visiter les colonies, délègue chaque année trois de ses membres pour faire cette inspection.

Administration d'un côté et contrôle de l'autre, rien ne semble plus simple et plus rationnel que cette organisation. Mais, au fond, qu'y a-t-il de réel dans cette élection et dans cette surveillance?

Les membres de la commission de bienfaisance, qui se renouvelle par douzièmes, sont nommés pour douze ans par le président à vie : leur nomination n'est définitive qu'après l'assentiment du comité de surveillance. Vaine formalité : les membres sortants sont rééligibles, c'est-à-dire qu'ils sont toujours réélus. Il n'y a guère que la mort qui vienne modifier le personnel de la commission.

Quant aux vingt-quatre membres de la seconde commission, ils sont censés choisis annuellement par des délégués, dont chacun doit être nommé par cent membres de la Société. Mais cette élection à deux degrés n'est que fictive; des personnes nous affirment que, membres de la Société depuis un grand nombre d'années, elles n'ont jamais été appelées à coopérer à l'élection. En réalité, les choix se font sous l'influence plus ou moins directe du comité permanent, élisant de la sorte la commission qui le surveille. Il est facile de concevoir qu'un contrôle exercé par des personnes élues par les contrôlés eux-mêmes se borne, pour l'ordinaire, à des formalités de louange et d'admiration.

Donc, contrôle nul ou à peu près, et direction fractionnée et non responsable, voilà, au fond, à quoi se réduit cette organisation en apparence si rationnelle. Aussi, depuis le différend de 1842, dont nous parlerons plus loin, le gouvernement salarie[1] un délégué, qui assiste, avec voix délibérative, aux réunions des deux commissions et contrôle l'administration dans tous ses détails à La Haye et aux colonies.

Au-dessous de ce rouage central, des commissions ont été établies dans toutes les villes, à l'effet de faire connaître le but de la société, de recueillir les dons et souscriptions, et de fournir à la commission de bienfaisance tous les renseignements nécessaires. Ce sont autant de centres de propagande, d'action et de perception disséminés par tout le royaume, qui ont l'avantage de donner à l'œuvre générale un ca-

(1) Un crédit de 2,500 florins est affecté à ce contrôle ; en voici l'emploi :

Traitement du délégué..... florins.	1,200
Frais de bureau et de voyage.....	500
Traitement d'un attaché........	800
	2,500

ractère de localisation, en affectant les souscriptions personnelles au placement des familles ou individus pauvres de la ville ou de l'arrondissement.

Des règlements ont fixé les conditions auxquelles sont admis, aux différentes colonies, les familles indigentes, les mendiants, les orphelins pauvres et les enfants trouvés ou abandonnés. Ces conditions ont pour objet de déterminer les sommes qu'un particulier, une association, une commune, un hospice, un corps militaire, l'État enfin, doivent payer, en une seule fois ou par annuités, pour le placement aux colonies, soit des mendiants, soit d'une famille, soit d'un homme seul, soit d'un enfant; conditions qui, pour les colons placés par le gouvernement dans les colonies forcées en vertu des contrats passés par lui avec la Société, ont été successivement modifiées, à cette fin de proportionner la rétribution au plus ou moins de validité des personnes admises.

CHAPITRE IV.

Opérations de la Société.

Contrats passés. — Idée qui préside à ces contrats.— Emprunts.
— Achats de terrains. — Constructions. — Absence du général
fondateur. — Relations de l'État avec la Société.

La Société une fois constituée, dès le 1er mars 1848, se met à l'œuvre activement, hardiment; elle passe des contrats pour le placement des colons; elle négocie des emprunts, achète des terrains et commence des constructions.

Ces diverses opérations, dont nous étudierons plus tard les résultats, s'enchaînaient à l'origine et s'expliquaient de la sorte :

Les contrats et les engagements avaient été basés sur cette idée spécieuse que le colon, soit libre, soit forcé, couvrirait, par son labeur propre, toutes les dépenses de son entretien, la Société lui donnant l'abri, l'instrument du travail et le travail.

Restaient, dans cette hypothèse, à la charge de la

Société, les frais d'établissement, achat de terres, construction de bâtiments, acquisition de mobilier, dépenses auxquelles on pourvoirait avec les sommes versées par les contractants.

Mais comme ces sommes n'étaient, en grande partie du moins, payables que par annuités, en attendant leur rentrée, la Société, pour faire face aux frais de premier établissement, crut pouvoir emprunter les fonds nécessaires et affecter en garantie à ces emprunts les contrats qui assuraient, selon elle, le remboursement du capital et des intérêts.

Vaste opération financière dont nous verrons bientôt les conséquences et les effets!

La Société néerlandaise de bienfaisance s'était formée et organisée en 1818. Dès la même année, elle fonda les trois colonies libres de Frédériks'oord, Willeminas'oord, Willems'oord.

En 1822, elle créa la colonie forcée d'Ommerschans. L'école agricole de Wateren date de la même époque.

Enfin, en 1823 et 1824, elle organisa trois colonies nouvelles à Veenhuizen.

Ces six ou sept années représentent, sous le rapport des fondations premières et des bâtiments, toute la sphère des développements de l'œuvre.

L'institution, de 1824 à 1827, progresse et réussit, en apparence du moins. L'absence du comte Van den Bosch, nommé en 1827 gouverneur général des Indes néerlandaises, vint, on l'a prétendu depuis, entraver la marche et compromettre le succès des opérations de la Société. De retour en 1834, le général donna une nouvelle impulsion à l'œuvre qu'il dirigea jusqu'à sa mort (28 janvier 1844).

Nous devons nous arrêter un instant pour faire quelques réserves et émettre quelques considérations. Sans anticiper sur une discussion qui viendra plus tard, il nous semble utile d'indiquer avec précision certains faits, qui serviront de bases à nos déductions ultérieures.

On a voulu rattacher à l'absence du général fondateur les mécomptes et les insuccès de l'œuvre. Qu'elle y ait eu sa part, nous sommes loin de le nier; mais la marche et le succès des opérations de la Société se trouvaient déjà entravés et compromis longtemps avant le départ du comte Van den Bosch pour les Indes; c'est ce que nous prouverons par les plaintes mêmes de l'honorable général et de la commission permanente.

L'analyse que nous avons faite de l'organisation de la Société de bienfaisance, toute succincte qu'elle soit, suffit à démontrer ce que cette organisation a de défectueux, quant à l'administration et quant au contrôle. Sans exagérer l'importance de ces vices constitutifs, il était nécessaire de les signaler au début de cette étude.

L'idée première, l'inspiration initiale qui présida à la conception du général Van den Bosch, c'est que le colon, une fois établi, n'obtiendrait rien de l'œuvre qu'en échange de son travail; réalisation pratique au sein d'une société factice de ce qui se passe dans la société naturelle. Comment ce principe a-t-il été appliqué? Quelles sont les déviations plus ou moins forcées qu'il a subies? Quelles ont été les conséquences de ces déviations? C'est ce que nous nous sommes efforcés de constater et de faire toucher au doigt, dans les diverses appréciations ainsi que dans les conclusions de notre travail.

Ce qu'il importe encore de mettre en évidence dès à présent, c'est l'origine, la cause et la nature des relations de l'État avec la Société de bienfaisance.

Ces relations sont de trois sortes :

Contrats ou engagements réciproques;

Achats ou commandes de travail;

Prêts et subventions volontaires.

Nous ne parlons ici que de la première espèce, les engagements réciproques ou contrats. Successivement modifiés, ils traduisent en actes extérieurs et officiels les crises intérieures de l'œuvre, et forment ainsi une partie essentielle et intéressante de l'histoire de l'institution.

Les colonies libres existaient déjà, lorsqu'à la demande de l'administration supérieure la Société de bienfaisance fonda la colonie d'Ommerschans, puis les autres colonies de répression. L'intention de l'État était de verser peu à peu dans ces établissements la population des dépôts de mendicité de Hoorn et de Veere. De même que la commission de permanence avait traité avec les communes, les hospices et les particuliers, pour le placement des colons libres, de même elle traita avec le gouvernement pour le placement des autres colons. Mais tandis que les premiers traités sont demeurés immobiles, les autres ont subi des changements successifs, dont la portée et la cause méritent d'être signalées dès à présent.

Le gouvernement des Pays-Bas a d'abord passé, en 1822 et 1823, trois premiers contrats avec la Société de bienfaisance.

En résumé, par ces contrats, la Société se chargeait de recevoir dans ses colonies 9,200 individus pris dans les catégories suivantes : orphelins, enfants trouvés et abandonnés, mendiants, ménages d'indigents et familles de vétérans. De son côté, le gouvernement s'engageait à payer à la Société, sans défalcation aucune, quel que fût le nombre des

9,200 places non occupées, la somme annuelle de 222,000 florins (468,420 fr.), pendant seize années consécutives, c'est-à-dire jusqu'en 1838.

Ces seize années expirées, les neuf mille deux cents places resteraient pour toujours à la disposition du gouvernement, qui n'aurait plus à payer que 12 florins (25 fr. 52 c.) à l'entrée de chaque individu admis en remplacement des colons décédés ou renvoyés.

Inutile de faire remarquer les avantages respectifs que chacune des parties contractantes trouvait dans ces traités. D'une part, l'État, au prix de sacrifices modérés et transitoires, se débarrassait à toujours d'une population inquiétante et onéreuse, et, d'autre part, la Société avait, dans les annuités garanties par le gouvernement, de quoi répondre à ses créanciers, fournisseurs ou prêteurs. Les avantages de l'État, presque tous dans l'avenir, n'étaient qu'une lettre de change à échéance lointaine; ceux de la Société, présentement et successivement réalisables, pouvaient être immédiatement escomptés en emprunts productifs.

Cependant, dès 1825, la commission permanente se plaignit des pertes que la Société essuyait par suite de l'invalidité d'un grand nombre de colons. Le gouvernement, pour faire droit à ses réclamations, passa avec l'œuvre trois nouveaux contrats en 1826 et 1827.

Par ces contrats, l'expiration des annuités fut remise au 1ᵉʳ juin 1842 ;

La somme de 12 florins pour admission de chaque remplaçant a été portée à 15 florins (31 fr. 65 c.) ;

En sus des 222,000 florins, payés annuellement jusqu'en 1842, l'État s'engageait à donner à l'œuvre, continuellement, à titre d'indemnité annuelle, par tête de colon, une somme proportionnelle à son âge et à son invalidité,

Savoir :

35 florins (75 fr. 85 c.) pour chaque orphelin, enfant trouvé ou abandonné, de l'âge de 2 à 6 ans ;

30 florins (63 fr. 30 c.) pour chaque orphelin, enfant trouvé ou abandonné, de l'âge de 6 à 13 ans ;

50 florins (105 fr. 50 c.) pour chaque enfant, au-dessus de 13 ans, physiquement incapable de tout travail colonial ;

37 florins 50 cents (79 fr. 12 c.) pour chaque individu des autres catégories, à demi invalide ;

50 florins (105 fr. 50 c. pour chaque mendiant aveugle, incurable ou entièrement invalide.

Dans les calculs de la Société, les 222,000 florins annuellement payés par l'État jusqu'au 1ᵉʳ juin 1842, joints aux bénéfices qu'on espérait d'une partie spéciale du travail des colons, devaient suffire à solder les emprunts, intérêts et principal; lesquels emprunts étaient eux-mêmes destinés à couvrir les frais d'établissement des 9,200 individus. Après le 1ᵉʳ juin 1842, les produits du travail des colons, joints aux indemnités continuellement payées par l'État pour les enfants, les demi-invalides et les invalides, devaient pour toujours faire face à toutes les dépenses d'Ommerschans et des trois Veenhuizen ; les colonies libres se soutenant, de leur côté, par une combinaison analogue, à l'aide de leur travail propre et des souscriptions des particuliers, des communes et des hospices.

CHAPITRE V.

Du paupérisme et des secours publics en Hollande.

De la statistique.— Le paupérisme dans les Pays-Bas. — Constatation exacte et annuelle du nombre des pauvres dans ce royaume.— Chiffre réel de la dépense en secours.— Le Werkhuis (maison de travail) d'Amsterdam. — Cet établissement, l'une des portes des colonies forcées.—Domicile de secours : commune responsable. — Associations de bienfaisance : diaconies.— Rétributions exigées pour les mendiants admis dans les colonies. — Recours de l'État contre les communes : part des communes ; part de l'État.

Si le lecteur nous a suivis jusqu'ici avec quelque attention, il doit être suffisamment édifié sur les circonstances impérieuses et les généreux sentiments qui ont inspiré et entraîné les fondateurs des colonies néerlandaises. Il connaît l'organisation de la Société de bienfaisance, les opérations auxquelles elle s'est livrée et les calculs qui ont servi de base à ces opérations. Il sait enfin, au degré où la chose est nécessaire pour l'intelligence de ce qui suit, quels sont les traités qui lient ensemble le gouvernement des Pays-Bas et la Société.

Au seuil même des colonies forcées, avant de

faire de chacune d'elles une monographie spéciale et distincte, nous devons donner ici quelques détails sur la manière dont ces établissements se recrutent. L'indigent, le mendiant étant la cause et le sujet même de l'institution, appelle une étude toute particulière. Puisque c'est la plaie du paupérisme que la Société de bienfaisance s'est proposé de guérir, n'est-il pas raisonnable, avant de poursuivre, d'en sonder la profondeur et d'en mesurer l'étendue ?

Au dire de certains statisticiens plus ou moins économistes, le paupérisme a acquis en Hollande des développements excessifs. Dans l'échelle comparative des nations européennes classées par rapport au nombre des indigents[1], les Pays-Bas tiennent le se-

(1) Angleterre . . . 1 indigent sur 6 habitants.
    Pays-Bas. . . . 1 — 7 —
    Suisse . . . . . 1 — 10 —
    Allemagne . . . 1 — 20 —
    France . . . . . 1 — 20 —
    Autriche . . . . 1 — 25 —
    Danemark . . . 1 — 25 —
    Italie . . . . . . 1 — 25 —
    Portugal . . . . 1 — 25 —
    Suède . . . . . . 1 — 25 —
    Espagne . , . . 1 — 30 —
    Prusse . . . . . 1 — 30 —
    Turquie . . . . . 1 — 40 —
    Russie . . . . . 1 — 100 —

Dans toute l'Europe, il y aurait 11 millions d'indigents sur 226 millions d'habitants, ou 1 indigent sur 20 habitants.

cond rang; on y compte un indigent sur sept habitants, proportion qui, trois fois plus forte qu'en France, s'accroît encore dans quelques villes où elle est de un sur quatre. Aussi, malgré les efforts de la charité privée, et bien que, selon les mêmes statisticiens, les secours publics s'élèvent annuellement à plus de 34,000,000 de francs, c'est-à-dire au tiers environ des dépenses générales de l'État, on est loin de pourvoir à tous les besoins. De là naît la mendicité. On a beau l'interdire et prendre pour la réprimer les mesures les plus énergiques, elle y croît sans cesse, à tel point qu'un économiste avance qu'il y a au moins trente mille mendiants dans le royaume des Pays-Bas, ou un mendiant sur quatorze indigents et un mendiant sur cent-deux habitants.

Nous donnons ces chiffres tels que nous les trouvons dans les auteurs spéciaux, et, bien entendu, sans en prendre la responsabilité. En général, il ne faut se servir de la statistique qu'avec une certaine défiance. Nous n'avons ni le devoir ni le loisir de faire ressortir ici tout ce qu'il y a de surprises, d'illusions, d'erreurs dans ces trompe-l'œil, dans ces tableaux artificiels où l'on rapproche les choses les plus dissemblables, où les mêmes chiffres servent de dénominateurs à des quantités si peu similaires. Ces tables du paupérisme, cette échelle comparative des indigents, à les prendre au pied de la lettre, seraient la condamnation la plus terrible de la civilisation moderne. Il faut avoir quelque intérêt d'ambition ou de système à calomnier son époque pour admettre sans discussion de pareils résultats. Ceux dont la crédulité n'a ni les mêmes excuses ni les mêmes prétextes se garderont bien de baser aveuglément leurs appréciations sur les sables mouvants et souvent perfides de la statistique.

En ce qui touche la Hollande, prenant les assertions des statisticiens comme des points de départ et des cadres d'observations, nous les avons vérifiées sur place, aux sources officielles et auprès des hommes compétents ; voici quelques-unes des observations que nous avons recueillies.

Les malheureuses années de 1845, de 1846 et de 1847 ont été désastreuses en Hollande comme dans la plupart des contrées européennes ; mais depuis que la cherté des grains a diminué, l'état des choses s'est amélioré. Le nombre des pauvres et le montant des secours ont subi une réduction considérable en 1848 et en 1849.

Conformément à la loi fondamentale du royaume des Pays-Bas, le ministre de l'intérieur adresse chaque année aux États-Généraux un rapport sur le nombre et la situation des indigents, sur les asiles qui leur sont ouverts, sur les secours de toute nature qui leur sont donnés ; ce rapport, qui s'occupe aussi des caisses d'épargne, des monts-de-piété, des institutions de sourds-muets et d'aveugles, est accompagné de vingt tableaux aussi développés qu'exacts.

Nul doute que si une constatation pareille était faite partout avec un soin aussi rigoureux, elle ne changerait les termes et les rapports de l'échelle comparative de la misère dans les États européens. En Hollande, toutes les misères sont connues ; de plus, on comprend dans les dépenses de bienfaisance des sommes qui, n'ayant qu'une relation indirecte avec l'indigence, sont classées, sous d'autres titres, dans les budgets des autres nations.

Évidemment, c'est faute d'avoir fait cette défalcation que l'on a porté à trente-quatre millions de francs le chiffre annuel des secours publics dans le royaume des Pays-Bas, lorsque le chiffre réel n'atteint pas même la moitié de cette somme. En effet, si l'on retranche des dépenses de toutes les institutions de bienfaisance celles qui ne servent pas à secourir les indigents, il ne restera, en 1848, que 7,966,289 florins, ou un peu plus de seize millions de francs, y compris les frais d'instruction aux écoles pour les pauvres ; total net qui ne forme qu'environ le dixième des dépenses générales de l'État[1].

Quoi qu'il en soit, même avec les réductions qu'il y a lieu de faire subir aux chiffres exagérés de la statistique, le paupérisme est en Hollande une source abondante où s'alimente nécessairement la population des colonies agricoles. La mendicité étant passible de peines correctionnelles, tout individu surpris par un agent de police à demander l'aumône

---

(1) Ces 7,966,289 florins se décomposent ainsi :

Dépenses des communes. . . . . . . fl.	3,108,912	96
Dépenses des provinces ou de l'État. . .	20,379	10
Dons des particuliers.	1,792,152	06
Paiements de l'État, des communes, etc., à la Société de bienfaisance.	190,894	86
Revenus propres des différentes administrations de bienfaisance.	2,553,950	46
Total égal	7,966,289	44

Cette somme fait face aux dépenses des

Administrations de secours à domicile ;
Sociétés de secours aux pauvres honteux :
Commisssions de bienfaisance distribuant pendant l'hiver des aliments, des combustibles, etc.;
Sociétés de charité maternelle ;
Hospices pour orphelins, vieillards, etc.;
Hôpitaux pour malades ;
Ecoles primaires gratuites pour les pauvres ;
Ecoles de travail ;
Etablissements pour les sourds-muets ;
Etablissements pour les aveugles ;
Ateliers de charité ;
Etc., etc.

est conduit devant le tribunal voisin. Une ordonnance royale du 6 novembre 1822, rendue en vue de peupler les colonies, laissait à l'indigent arrêté pour délit de mendicité le moyen de prévenir le jugement en déclarant qu'il était disposé à aller aux colonies agricoles. La plupart réclamaient le bénéfice de cette disposition; car les statistiques criminelles ne donnent à cette époque qu'une très faible proportion de détenus pour mendicité et vagabondage.

Cette disposition a été révoquée en février 1845. Depuis lors, nul ne peut entrer à Ommerschans qu'en vertu d'une condamnation; il n'y a d'exception qu'à l'égard des indigents qui, sans avoir été arrêtés pour délit de mendicité, demandent à être admis aux colonies, en s'appuyant du consentement de la commune où ils ont leur domicile de secours, consentement que peu de communes accordent aujourd'hui.

Nous avons à mentionner ici un autre mode de recrutement des colonies forcées.

Il existe en Hollande une institution philanthropique, tout originale, qui a pris naissance et s'est développée surtout à Amsterdam. Le Werkhuis ou maison de travail diffère des établissements tristement connus sous le même nom en Angleterre. Anciennement il y avait à Amsterdam deux maisons spécialement destinées à loger les condamnés à des peines légères, les mendiants et les filles débauchées. Les lois de ce temps laissaient une grande liberté à la municipalité, qui réunissait à l'autorité administrative l'autorité judiciaire, et qui procédait, sommairement et sans forme de procès, à l'arrestation et à l'emprisonnement des mendiants, vagabonds et filles publiques.

Il y a soixante-dix ans que ces deux anciennes maisons, tombant en ruines, ont été remplacées par le Werkhuis actuel. Un décret du conseil de la ville, en date du 5 janvier 1779, a fondé le nouvel établissement. Outre son caractère de prison préventive et répressive, le Werkhuis a encore celui d'une institution charitable; espèce d'auberge gratuite et hospitalière, dont la porte, au moindre signal, s'ouvre à toutes les heures du jour et de la nuit, devant toutes les détresses et toutes les misères. En un mot, il sert à la fois, pour la ville d'Amsterdam, de dépôt de mendicité, de maison de correction et de prison pour dettes.

Le mode et les conditions d'admission et de sortie ont été successivement changés, conformément aux formes protectrices de la liberté individuelle introduites successivement dans les lois.

Le but et l'administration de l'établissement ont subi des modifications correspondantes. Quant au régime intérieur, il est resté à peu près le même qu'à l'origine.

En échange de l'abri et de la nourriture qu'on leur donne, on occupe les habitants du Werkhuis à certains ouvrages. La vie y est dure, le travail obligatoire. Les sexes sont séparés. Les couchettes sont de paille. Séjour de passage pour le plus grand nombre, on ne veut pas que les pauvres s'y complaisent et s'y habituent. Pendant leur séjour au Werkhuis, les membres de l'association charitable qui administre l'œuvre cherchent dans la ville de l'ouvrage pour leurs hôtes. On les place selon leurs aptitudes et leurs métiers, et si l'on ne réussit pas à leur trouver un emploi ou du travail, on les envoie à Ommerschans ou bien à Veenhuizen. Voilà comment le Werkhuis est une des portes des colonies de bienfaisance, porte qui est devenue beaucoup plus étroite depuis 1845. Jusqu'à cette époque, les communes étant obligées d'envoyer aux colonies tous les indigents qui désiraient y être placés, les caisses municipales pouvaient à peine subvenir à ces dépenses qui s'élevaient pour la seule ville d'Amsterdam à cent mille florins.

Depuis le décret royal qui a affranchi les communes de cette obligation, on ne fait plus d'envois de volontaires à Ommerschans et Veenhuizen, si ce n'est dans des cas rares, lorsqu'on veut se débarrasser d'hommes dangereux.

Parmi les sept classes de personnes qui forment aujourd'hui la population du Werkhuis, il n'y en a guère plus qu'une qui fournisse des sujets aux colonies forcées, la classe des mendiants qui ont été condamnés pour délit de mendicité. Ils restent en dépôt au Werkhuis, jusqu'à ce qu'ils soient en nombre suffisant ; ce nombre atteint, on loue un navire pour les transporter au delà du Zuyderzée, dans les colonies agricoles [1].

Le Werkhuis d'Amsterdam a eu des imitateurs. Dans les provinces de Frise et de Groningue, il a été établi, surtout depuis douze ou quinze ans, un assez grand nombre de werkhuizen (maisons de travail) sur une moindre échelle qu'à Amsterdam. La plupart de ces asiles ont été fondés par les administrations de secours à domicile qui ont remplacé ces secours par l'offre d'admission au Werkhuis. En général, ces établissements produisent de bons résultats au début pendant un certain nombre d'années ; mais plus tard, lorsque les indigents s'y habituent et que la rigueur de l'administration cesse, les bons

---

[1] Nous devons à l'obligeance de M. Messchert Van Vollenhoven, substitut du procureur du roi à Amsterdam, des détails curieux sur le Werkhuis. *Voir* la note A, à la fin du volume.

effets deviennent de plus en plus rares et le but de l'institution est manqué.

Dans le royaume des Pays-Bas, l'assistance des pauvres est à la charge des communes. La commune où l'indigent est né, ou bien celle où il a demeuré, depuis qu'il est majeur, quatre années consécutives, en acquittant sa quote-part de contributions, est responsable de lui, en ce sens qu'il y a son domicile de secours. Tel est le principe; mais dans l'application, l'assistance des pauvres est à la charge des administrations de bienfaisance des différentes communions religieuses, appelées diaconies chez les protestants, du nom de diacres, selon l'acception primitive des actes des apôtres. Dans presque un tiers des communes de la Néerlande, il ne se trouve que des administrations de bienfaisance de cette espèce, et pas une seule qui émane de la commune civile. C'est donc aux frais de la commune responsable ou des associations charitables formées dans son sein, que les indigents sont conduits dans les colonies forcées et qu'ils y sont reçus[1].

(1) On a d'abord à payer 15 florins une fois par tête pour frais d'admission. Quant à la rétribution annuelle due pour chaque colon, on l'a établie de la manière suivante Nous avons vu que le gouvernement avait payé, jusqu'en 1842, 222,000 florins pour les 9,200 places dont il disposait dans les colonies. Cette somme, en 1843, par un traité nouveau, a été portée à 322,000

L'État fait l'avance de ces déboursés, sauf recours sur les communes responsables. En un mot, il est le débiteur de la Société, et les communes sont débitrices de l'État. Mais le gouvernement paie à la Société de bienfaisance des annuités fixes pour la totalité des 9,200 places mises à sa disposition, et en outre une indemnité convenue pour chaque individu demi-valide ou invalide, tandis qu'il n'exerce son recours sur les communes que seulement pour les individus placés.

Nous allons maintenant, prenant l'institution telle qu'elle existe aujourd'hui, raconter la visite que nous avons faite dans chacun des établissements de la Société. Si nous suivions l'ordre chronologique, d'après les dates de la fondation des colonies, nous devrions commencer par les colonies libres. Mais nous préférons, suivant la marche de notre initiation

---

florins, ce qui, pour 9,200 places, donne 35 florins par chaque place. Tel est le prix fixe et commun par tête de colon valide ou non, enfant ou adulte. A ces 35 florins, on ajoute une indemnité variable suivant l'âge et le plus ou moins d'invalidité du sujet ; nous avons donné plus haut le détail de cette indemnité.

La rétribution annuelle, prix fixe et indemnité variable compris, est donc :

Pour chaque valide, de. . . . . 35 fl. (73 fr. 85)
   — orphelin de 6 à 13 ans . 65 (137 15)
   —   — de 2 à 6 ans . 70 (147 70)
   — demi-invalide. . . . . . 72 50 (153 »)
   — invalide. 85 (179 35)

personnelle, conduire d'abord le lecteur dans les colonies forcées ; cette marche d'ailleurs est plus conforme au développement progressif de l'idée qui s'est incarnée, à des degrés différents, dans les divers établissements agricoles de la Société néerlandaise de bienfaisance.

CHAPITRE VI.

Première colonie forcée, à Ommerschans.

Situation d'Ommerschans. — Étymologie du nom. — Aspect du pays, nature du sol. — Aspect de la colonie. — Attitude des colons revenant du travail. — Un vétéran français adjoint au directeur. — Description des bâtiments. — Séparation incomplète des sexes. — Agglomération des colons. — Infirmerie. — Quartier de punition des colonies libres. — Nombre des fermes. — Superficie d'Ommerschans. — Valeur des terres. — Population. — Maladies. — Mortalité. — Naissances. — Liberté des cultes. — Les mendiants non classés par catégories.

L'établissement d'Ommerschans est situé dans la province d'Over-Yssel, à trente kilomètres de Zwolle, et près d'Ommen, d'où paraît lui venir son nom. L'Ommerschans, ou redoute d'Ommen, y compris les remparts et fossés qui l'entourent, appartient à l'État. Ce terrain, avec les bâtiments existant en 1822, a été donné en usufruit par le gouvernement à la Société de bienfaisance. C'est la seule portion des terrains ou bâtiments des colonies néerlandaises que la Société n'ait point achetée ou construite.

Pour arriver à cette colonie, on traverse un pays plat, où des eaux stagnantes interrompent seules des landes couvertes de bruyères. On a comparé cette triste région à la partie la plus désolée de la Sologne. Cette comparaison, à demi juste au point de vue pittoresque, ne l'est guère autrement. La terre à l'entour d'Ommerschans a, d'après les connaisseurs, les qualités des terres moyennes du royaume des Pays-Bas. Au lieu de tourbières basses, comme celles de la Drenthe, de la Frise et des bords du Zuyderzée, dont le fond est situé sous le niveau des eaux environnantes, ce sont des tourbières hautes, à fond sablonneux qui se prête bien à l'écoulement des eaux pluviales, et dont le sable mêlé avec la matière tourbeuse forme un sol arable assez fertile.

Ce qui, aux environs d'Ommerschans et des autres colonies néerlandaises, prolonge aux yeux de l'observateur distrait la zone des landes et des bruyères stériles, c'est le genêt à la culture duquel le sol se prête merveilleusement et dont on y ensemence presque tous les champs de seigle d'hiver, afin de l'utiliser, deux ans après, comme engrais vert, en le versant par la charrue. Le genêt de deux ans atteint dans ce sol tourbeux une hauteur de deux mètres, et sa valeur comme engrais est évaluée alors par hectare à soixante charges de fumier d'étable.

Le général Van den Bosch est l'applicateur de ce

système d'engrais dans les colonies ; système depuis longtemps en usage en Belgique, notamment dans la Flandre orientale [1].

A mesure qu'on approche de la colonie, l'aspect change : les défrichements ont fait disparaître la bruyère ; des saignées, des rigoles, des canaux servent à l'écoulement des eaux dans les rivières qui les portent à l'Océan. La main de l'homme a mis son empreinte sur cette terre, qui, améliorée par le travail, produit de belles récoltes.

L'Ommerschans, trahissant son ancienne origine et justifiant son étymologie, ressemble à un fort et à une caserne. Il apparaît sous la forme d'un vaste quadrilatère, construit en rez-de-chaussée seulement avec des combles. Un canal l'entoure ; deux ponts-levis et portes, militairement gardés, en protégent l'entrée et la sortie.

Nous sommes arrivés à Ommerschans à la tombée

---

(1) On sème le genêt sous le seigle, en même temps et avec la même main. Le genêt grandit sous le seigle ; on le voit poindre dès le mois de mai. Quand vient l'automne et que les seigles sont récoltés, le genêt est déjà haut de 30 à 40 centimètres. On a soin de le couper avec la charrue et la bêche. Puis, dans la terre ainsi préparée et sans autre engrais, on cultive des pommes de terre. On assure que le genêt versé ainsi est plus qu'équivalent à la quantité de fumier employé avant le nouvel engrais, si bien que l'année suivante ou la troisième année, avec moitié de l'ancien engrais, on peut obtenir encore une bonne récolte de seigle.

du jour. Les colons rentraient du travail. Nous avons cheminé pendant près d'une demi-heure au milieu d'eux. La plupart nous saluaient avec indifférence et sans curiosité. Une sorte de tristesse morne, ou plutôt d'apathie, régnait sur leur visage et dans leur attitude. Le portier d'Ommerschans nous a conduits à un vieux soldat français de l'époque impériale. Ce vétéran, adjoint au directeur d'Ommerschans, a été notre cicerone et notre interprète. Ce n'est pas sans une certaine émotion que nous avons retrouvé sur la terre étrangère ce vieux débris de nos grandes armées, à la tête de ces forçats du travail. Après avoir rejoint le directeur, nous avons procédé à la visite de la colonie.

Les deux grands côtés du rectangle sont doubles, c'est-à-dire que, pour répondre au développement de la population, on a construit deux ailes intérieures, parallèles aux deux grands côtés. Au milieu est une cour immense, que traverse une longue allée formée par deux cloisons à claire voie; cette allée, de deux mètres et demi de large, partage la cour et les bâtiments en deux moitiés, dont l'une est réservée aux hommes et l'autre aux femmes.

Un spectacle étrange nous frappe tout d'abord et nous révèle les inconvénients de cette séparation incomplète des deux sexes. Sous nos yeux, en présence du directeur et des gardiens, les colons, à travers les barreaux, échangent des regards, des aveux, des rendez-vous; les grilles servent de parloir à ces victimes cloîtrées; des lettres sont lancées par-dessus les clôtures. De plus, à certaines heures de la journée, les hommes mariés admis dans le quartier des femmes, pour y converser avec leurs épouses, se font les intermédiaires et les vaguemestres officieux de ces correspondances amoureuses. Plus tard, le travail aux champs abaissant les barrières, les relations ainsi commencées se noueront. Comment? On le devine sans peine.

Chaque division de la colonie présente dans ses rez-de-chaussée de vastes salles, contenant chacune de soixante à quatre-vingts colons, qui y mangent et y couchent dans des lits-hamacs. Ces salles qui servent tour à tour de réfectoire, de promenoir et de dortoir, sont loin de réunir les conditions suffisantes d'air, d'espace et de salubrité, sinon pour le jour pendant lequel il est rare que les colons y séjournent, du moins pour la nuit. Quand on y pénètre après onze heures du soir, l'air y est infect et l'on se demande comment des êtres humains peuvent y vivre. Il est juste d'ajouter qu'il y a des vasistas que les habitants ferment eux-mêmes, préférant sans doute le mauvais air au froid. C'est là un des inconvénients de toute agglomération d'individus dans un même local, inconvénients que peut-être on éviterait en faisant une meilleure répartition des mendiants dans les trois colonies forcées.

Cette critique s'applique avec plus de force encore aux combles qui, régnant au-dessus des rez-de-chaussée, étaient sans doute destinés dans l'origine à servir de magasins. L'accroissement successif de la population est cause qu'on les affecte, en général, aujourd'hui aux ateliers de fabrication.

En dehors du quadrilatère central se trouvent plusieurs dépendances, entre autres :

Une infirmerie assez mal tenue et dont les lits sont trop pressés ;

Un vaste atelier récemment construit ;

Les logements du médecin et du directeur ;

Une série de chambres occupées chacune par un ménage de vétérans ;

Le quartier de punition pour les fugitifs des colonies libres et pour ceux qui s'y sont rendus coupables de fautes graves ;

Enfin, une chapelle qui sert d'école pendant la semaine et où le dimanche se célèbrent tour à tour les offices des cultes protestant et catholique. Il ne paraît pas que l'élément religieux ait une grande part dans la réforme morale des habitants.

Aux confins de la colonie, on a bâti les maisons des gardes champêtres chargés d'empêcher les évasions et de veiller sur les récoltes des vingt et une grandes fermes répandues dans la campagne. Chacune de ces fermes, dont les dispositions nous ont paru convenables, a un bâtiment qui contient le logement du fermier et de sa famille, une étable, une écurie et une aire où l'on bat le blé avec des fléaux.

La superficie de la colonie d'Ommerschans est de 755 hectares 58 ares de terres ; tout est cultivé, à l'exception seulement de 8 hectares 50 ares. La valeur des terres et bâtiments était portée, à la fin de l'année 1848, à 418,764 florins [1] (885,592 fr.).

La population totale, employés, vétérans, fermiers, mendiants des deux sexes et quartier de répression, s'est élevée :

```
En 1846, à 2,192 habitants dont 1,780 mendiants.
En 1847, à 2,414      —      1,972      —
En 1848, à 2,546      —      2,102      —
```

Parmi les mendiants, on comptait à peu près deux tiers d'invalides et un tiers seulement de valides.

La diarrhée, la phthisie, l'hydropisie et les fièvres

---

[1] Dans la province d'Over-Yssel, où est situé Ommerschans, le prix de l'hectare varie de 400 à 800 florins.

intermittentes sont les maladies qui règnent le plus dans cet établissement, ainsi que dans les autres colonies de mendiants. A l'époque de notre visite, le 20 septembre 1849, Ommerschans avait échappé au choléra.

La mortalité varie suivant les catégories d'habitants ; la moyenne des décès parmi les mendiants est de 10 p. 100 environ.

Les naissances sont peu nombreuses : quinze à peine par an; les enfants, nés à Ommerschans ou entrés avec leur famille, y sont tenus dans un quartier spécial. Ils ne sont dirigés sur la colonie des orphelins, Veenhuizen n° 1, qu'en cas de décès de leurs parents.

Fidèle aux lois, aux mœurs et à la politique hollandaises, la Société de bienfaisance a voulu garantir à chaque colon la liberté de son culte; à Ommerschans comme à Veenhuizen, les catholiques, les protestants et les israélites ont leurs quartiers respectifs, séparation qui est poussée à tel point qu'au mépris de toutes les règles économiques les cuisines même sont distinctes.

Cette attention exagérée à séparer les cultes nous donne le droit de regretter vivement que la Société n'ait pas pris une mesure bien autrement importante sous le rapport de la morale : le classement par catégories des habitants de ses colonies forcées. Cette réflexion pénible a presque constamment pesé sur notre esprit pendant notre visite dans les établissements. Souvent les âges et quelquefois même les sexes y sont confondus. Ici, l'ignorance coudoie le vice, et la misère innocente cohabite avec la perversité ; là, un ménage est préposé à la garde d'un quartier de filles ou de garçons, c'est-à-dire qu'un homme est placé au milieu de soixante jeunes filles et une femme au milieu de soixante jeunes gens. Pourquoi la Société de bienfaisance, à qui l'espace ne fait point défaut, qui a à sa disposition quatre vastes établissements, ne s'est-elle point appliquée à y établir les catégories indispensables, afin de ne pas confondre ce qui doit être isolé ? Est-ce par insouciance ? Est-ce par système ? Est-ce par nécessité ? A quel point une telle confusion, un si affreux pêle-mêle était-il une des fatalités de l'œuvre ? C'est ce qui ressortira de la suite et de l'ensemble même de notre étude.

CHAPITRE VII.

Colonie forcée d'Ommerschans. — Suite.

Personnel de l'administration et de la surveillance. — Appointements de ce personnel. — Formalités remplies à l'entrée des mendiants. — Costumes des colons. — Emploi de la journée. — Peines disciplinaires. — La bastonnade et le fouet. — Monnaie conventionnelle. — Régime alimentaire. — Le pain. — La cantine. — Dépenses et mouvement de la cantine en 1848. — Dépense alimentaire du colon. — Dépense totale. — Prix de journée. — Comparaison avec la rétribution payée par l'État ou les communes. — Déficit présumé.

Le personnel de l'administration et de la surveillance de la colonie d'Ommerschans est ainsi composé :

POUR L'INTÉRIEUR.

1	Directeur en chef.	1,200 fl.	par an.
1	Sous-directeur.	500	—
1	Médecin.	700	—
1	Teneur de livres.	364	—
1	Maître d'école.	452	—
1	Sous-maître.	156	—
1	Maître de boutique.	364	—
1	Maître de magasin.	312	—
1	Maître des fabriques.	416	—
1	Sous-maître.	104	—

1 Maréchal-ferrant.	364 fl.	par an.
1 Maître sabotier.	312	—
1 Boulanger.	260	—
1 Surveillant en chef.	166	—
1 Surveillant adjoint.	156	—
1 Apothicaire.	156	—
1 Blanchisseuse en chef. . . .	130	—
7 Surveillants de salles. . . .	270	—

POUR L'EXTÉRIEUR.

1 Sous-directeur.	500	—
1 Teneur de livres.	312	—
4 Maîtres de section.	300	—
1 Laboureur à demeure. . . .	247	—
32 Surveillants et gardiens, dont 9 militaires et 23 de la colonie.	130	—

Chaque employé, en sus de ses appointements, a le logement et un petit jardin.

Ce personnel est peu considérable ; il est composé d'environ soixante personnes, ce qui donne, sur une population moyenne de 2,400 mendiants, un employé, un surveillant ou un gardien pour quarante colons.

Nous devons faire remarquer en passant que, contrairement aux règles prescrites et observées partout en France, tout le service de surveillance est confié à des hommes, même dans le quartier des femmes.

Dès qu'un mendiant arrive à la colonie, le directeur l'inscrit immédiatement sur un registre qui indique les nom et prénoms, la date de naissance, la religion, la date de l'entrée, le lieu et les causes de l'arrestation, le signalement, le nom de la commune qui doit payer, la date de la sortie. Une colonne d'observations sert à constater la conduite du colon, s'il est récidiviste, s'il est sorti après avoir fini son temps, s'il a déserté, s'il a été repris, s'il n'a plus reparu, enfin s'il est mort dans l'établissement.

La formalité d'inscription remplie, le mendiant a les cheveux coupés; ensuite, après qu'il s'est baigné, on lui fait revêtir le costume de la maison : pour les hommes, l'habit brun avec collet vert, le pantalon brun et la casquette brune; pour les femmes, le justaucorps rouge, la jupe blanche et le fichu à carreaux rouges.

Ainsi habillé, le colon est installé dans le quartier désigné par le directeur et commence les travaux, en se soumettant au régime commun et à la discipline sévère qui régit l'établissement.

Le lever a lieu à cinq heures un quart en été, et à six heures un quart en hiver.

Le colon a trois quarts d'heure pour s'habiller, se laver et déjeuner.

Puis, jusqu'à onze heures et demie, travail aux champs ou dans les ateliers.

De onze heures et demie à une heure, retour à la colonie, dîner et repos.

De une heure à six heures, travail aux champs ou dans les ateliers.

Souper à six heures, appel à sept, ensuite repos jusqu'à huit et demie, enfin coucher.

Parmi les peines disciplinaires infligées aux colons, nous avons eu le regret de trouver des punitions proscrites depuis longtemps, et à juste raison, de nos codes et de nos règlements : la bastonnade et le fouet.

Voici les peines réglementaires :

Ivrognerie. — Emprisonnement de un à cinq jours ; en cas de récidive, de un à dix jours.

Injures envers les autres colons. — Emprisonnement à la salle de discipline de trois à quatorze jours.

Immoralité en paroles ou en actions. — Emprisonnement à la salle de discipline ; en cas de récidive, au cachot de un à huit jours.

Complots. — Emprisonnement de trois à huit jours au cachot.

Contrefaçon ou altération de la monnaie coloniale. — Emprisonnement de quatorze jours dans les fers.

Refus d'obéir. — Temps de l'emprisonnement réglé d'après les circonstances plus ou moins aggravantes du délit; en cas de récidive, en outre, de dix à vingt coups de bâton.

Vol ou dilapidation d'objets appartenant à autrui. — Restitution de deux fois la valeur de l'objet volé ou dilapidé, emprisonnement de trois à quatorze jours avec les fers; en cas de récidive, emprisonnement de quatorze jours au cachot; pour les cas graves, tradition devant les tribunaux.

Désertion. — Emprisonnement de un à dix jours au cachot; en cas de récidive, de un à quatorze jours et, en outre, de quinze à quarante coups de bâton. Après trois désertions, le fouet.

Pendant son emprisonnement, le condamné reçoit seulement de l'eau et deux livres de pain de deux jours l'un. Après avoir subi sa peine, le déserteur porte, pendant trois mois, un habit à raies noires et blanches. Indépendamment de la honte qui y est attachée, cet habit, comme celui de nos forçats, rend l'évasion plus difficile en désignant l'évadé aux surveillants de la colonie, ainsi qu'aux agents de la force publique.

C'est surtout dans le but de prévenir encore mieux les évasions, en ôtant aux fugitifs le moyen d'y appliquer leurs épargnes, que la Société a créé une monnaie conventionnelle à l'usage exclusif de ses divers établissements. La monnaie coloniale, sans valeur intrinsèque, ne peut servir d'échange que pour le salaire entre la Société et le colon, et que pour les achats entre le colon et les marchands. On évalue environ à trente mille francs le numéraire ainsi journellement en circulation dans toutes les colonies de la Société de bienfaisance.

Le régime alimentaire se compose de deux parties, l'une fixe et l'autre mobile ; l'une formant le fond et l'autre l'assaisonnement de la nourriture du colon. La première est une quantité d'aliments distribuée à chacun suivant sa classe, quantité suffisante quant au poids, puisqu'il n'est pas rare de trouver des restes après les repas, mais insuffisante quant à la variété des aliments. Le colon la complète au moyen d'achats faits à la cantine avec la portion de salaire qui lui revient chaque jour. La cantine joue ainsi un rôle important dans la vie des colons.

Le pain, qui est la base de l'alimentation dans toutes les colonies de bienfaisance, est fait avec trois cinquièmes de seigle non bluté et deux cinquièmes de pommes de terre décortiquées. Le kilogramme de pain coûte, en seigle seul, 5 cents 5 dixièmes (11 centimes 6 dixièmes) ; en seigle et pommes de terre, il revient à 4 cents 6 dixièmes (9 centimes 7 dixièmes). C'est un cinquième de réduction quant au prix. Quoiqu'il soit noir d'aspect, en général les colons le préfèrent pour le goût au pain composé uniquement de seigle.

Les paysans des environs n'ont pas adopté ce pain qui est particulier à tous les établissements de la Société. Seulement, dans les infirmeries, on donne aux colons malades un pain moins grossier.

Les cantines des colonies sont au nombre de six. Leur débit consiste principalement en sel, café, sucre, lard et tabac. Les liqueurs fortes y sont prohibées, et, grâce à la monnaie conventionnelle, les colons ne peuvent en acheter au dehors. La personne qui tient chaque cantine pour le compte de l'administration reçoit, à Ommerschans et à Veenhuizen, un salaire fixe de 7 florins par semaine; dans les colonies libres, on accorde au cantinier 10 p. 100 sur les ventes. La Société prélève un gain de 6 p. 100, plus 2 p. 100 pour frais de transport, ce qui établit la vente à 18 p. 100 au-dessus du premier achat.

Le mouvement de la cantine, à Ommerschans, a été, en 1848, de 30,500 florins (64,355 francs). Or le nombre des mendiants ayant été cette année, dans cette colonie, d'environ 2,100, il en résulterait que chaque colon aurait dépensé moyennement, en achat à la cantine, 14 florins 1/2 (30 francs 60 centimes), ou à peu près 4 cents (8 centimes 4 dixièmes) par jour. Mais la totalité des dépenses alimentaires, plus le blanchissage, l'éclairage et les deniers de réserve, s'étant élevée cette année à 126,484 florins (266,881 francs 24 centimes), si l'on suppose que les deux tiers de cette somme ont été affectés à la dépense purement alimentaire, on peut en déduire que la dépense de cantine, comprise dans cette somme, représente environ le tiers de la dépense alimentaire ; en d'autres termes, que, la moyenne de l'argent dépensé par le colon à la cantine étant de 4 cents (8 centimes 4 dixièmes) par jour, le coût de son alimentation quotidienne a dû être à peu près de 12 cents (25 centimes 5 dixièmes). Maintenant, si l'on tient compte des autres dépenses, de logement, de vêtement, de chauffage, de frais personnels, etc., etc., qu'implique l'œuvre, on trouve que la dépense totale, en 1848, a été à Ommerschans de 224,906 florins 46 cents (1,474,551 francs), qui, sur une population de 2,461, défalcation faite seulement des employés, fait répartir la dépense par individu à 91 florins 39 cents (193 francs), ou 25 cents 4 dixièmes par jour (53 centimes).

Il a été fait tant de calculs divers à cet égard que ce n'est qu'avec réserve que nous hasardons celui-ci, sans en garantir la complète exactitude. La Société de bienfaisance le contesterait peut-être ; mais, avec d'autres personnes compétentes, nous croyons que nous approchons de la vérité.

Certes, ce prix de journée paraît assez modéré ; mais il faut remarquer que l'on n'a compris dans les éléments du calcul ni les frais d'acquisition, ni ceux de construction, ni ceux du mobilier, etc. Puisque la dépense du colon, même ainsi réduite, est de 91 florins 59 cents (193 francs) en moyenne, elle est donc supérieure encore au prix que la Société touche pour lui. En effet, nous avons vu que l'État, au nom des communes, ne payait que 85 florins (180 francs), au maximum, pour chaque mendiant, et 35 florins (74 francs) au minimum.

Il est vrai que ce minimum et ce maximum doivent être sensiblement augmentés. Sur les 9,200 places pour lesquelles l'État paie annuellement la somme fixe de 322,000 florins (679,420 francs), il y en a toujours un quart et même plus qui ne sont pas occupées. Comme cette somme ne subit de diminution que lorsque le chiffre des placements tombe au-dessous de 5,800, la Société de bienfaisance a intérêt à maintenir la population des colonies forcées aux environs de ce chiffre-limite. En 1850, il s'en fallait de 2,300 individus que le nombre total fût atteint ; d'où il suit que le diviseur des 322,000 florins étant plus faible d'un quart et quelquefois même d'un tiers, le quotient doit être plus fort. Au lieu de 35 florins par individu placé, on compte 45, ce qui, avec l'indemnité des invalides, porte le maximum à 95 florins (200 francs).

Mais, nonobstant cette augmentation, la moyenne des sommes payées par l'État est encore inférieure au prix moyen de journée que nous avons dégagé plus haut. Que serait-ce donc si le gouvernement, usant avec rigueur de son droit, ce qu'il a fait dans plusieurs années, remplissait ou à peu près les 9,200 places qui lui sont réservées? Approximativement, on estime que la somme entière payée par l'État pour les colons d'Ommerschans est de 40 à 50,000 florins au-dessous de la dépense totale, déficit qui, variant du quart au cinquième, doit être comblé par le travail du colon; c'est-à-dire, en d'autres termes, que, pour que le colon ne fût pas à charge à l'œuvre, son travail devrait rapporter en moyenne de 5 à 6 cents par jour, ou à peu près 20 florins par an. Par où nous sommes conduits à nous demander quel emploi on fait de son temps et de ses bras.

CHAPITRE VIII.

Colonie forcée d'Ommerschans. — Fin.

Travaux des colons. — Culture des terres. — Des fermes qui sont à l'entour d'Ommerschans. — Ce que sont les chefs d'exploitation préposés à ces fermes. — Travail industriel. — Ateliers et fabriques. — Nécessité de ce travail. — Besoins des colonies. — Commandes de l'État. — Répartition des salaires. — Valeur réelle du travail. — Ateliers nationaux en France (1848). — Épargne des colons. — Ce qu'ils en font. — Causes du grand nombre des récidivistes. — Causes du petit nombre des déserteurs.

Deux genres de travaux occupent, suivant l'aptitude et la spécialité, les bras plus ou moins valides de la colonie; la culture des champs et les ouvrages de fabrication.

La culture des terres se fait à bras, chaque ferme ne disposant que d'une charrue et de deux chevaux. Nous donnons, dans les notes et tableaux, des détails sur les produits de l'exploitation agricole des colonies, sur leur cheptel, sur leur système d'étable, d'écurie et de fabrication de fumier, etc.[1].

(1) *Voir* la note B et les tableaux n°⁸ 18, 19, 20, 26 et 27.

Nous avons dit qu'il y avait à l'entour d'Ommerschans 21 grandes fermes qui en dépendent. Chaque métairie, d'une étendue d'environ 35 hectares, a un chef d'exploitation, résidant et responsable, qui dirige les colons. Aux heures de travail, les gardiens ou surveillants conduisent les laboureurs aux chefs d'exploitation qui les emploient selon les besoins du moment. Ces préposés ne sont que des gérants pour le compte de la Société. Ils doivent donner pour chaque vache à Ommerschans 70 kilogr. de beurre, à Veenhuizen 67 kilogr. 60 gr. : ils sont comptables de ce qu'ils apportent en moins, et on leur paie ce qu'ils fournissent en plus, à raison de 60 cents par kilogr. D'autre part, ils ont à fournir tant de gerbes de blé, tant de bottes de foin par hectare. Inutile d'insister sur les inconvénients d'un pareil mode d'exploitation. Ces préposés, on le voit, sont plutôt des agents comptables que de véritables fermiers.

Les colons qu'on ne peut occuper aux travaux agricoles sont utilisés dans les ateliers et fabriques, dont les produits suffisent pour tous les besoins de l'établissement :

Ateliers de charpentiers,
— de charrons,
— de menuisiers,
— de confection d'instruments d'agriculture.

Ateliers de forgerons,
— de serruriers,
— de ferblantiers,
— de vanniers,
— de tonneliers,
— de boulangerie,
— de cordonniers,
— de sabotiers,
— de tailleurs,
— de couturières.

Fabriques de cotonnades pour fichus et cravates,
— de grosse flanelle rouge,
— de cotonnades blanches,
— de calicots,
— de sacs à café pour les Indes orientales.

On a blâmé la Société de bienfaisance d'avoir institué dans ses établissements le travail industriel parallèlement au travail agricole. Qu'il faille donner la préférence au travail agricole, cela est incontestable; mais les hommes spéciaux trouvent qu'il est désirable que la colonie se suffise à elle-même, et que par conséquent elle fasse assez d'industrie pour satisfaire à ses propres besoins. Si le travail industriel et manufacturier a pris de trop amples développements dans les colonies néerlandaises, c'est la force des choses qui l'a voulu. Qu'aurait-on fait de tant de bras invalides, de tant de mendiants invétérés, impropres aux travaux de l'agriculture? Si peu qu'on en tire, on en tire au moins quelque chose, en les appliquant à d'autres occupations. Et puis, les fournitures du gouvernement sont devenues une des branches indispensables du revenu des colonies. Ces fournitures et le travail industriel ont été depuis 1838 la planche de salut de la Société[1]. D'ailleurs, le travail des colons ne fait pas réellement concurrence au travail des ouvriers libres, puisque leurs produits ne viennent pas sur le marché public avilir le prix de la main-d'œuvre. Tout ce qu'on peut objecter, c'est que, le gouvernement ne faisant de commandes que dans la mesure de ses besoins, les colons enlèvent au commerce les fournitures que l'État leur réserve. Mais, en revanche, ils dégorgent le travail libre d'une foule de bras plus ou moins invalides, qui, sans cela, en multipliant l'offre, abaisseraient le niveau des salaires.

A Ommerschans, ainsi que dans les autres colonies

---

(1) La fourniture des calicots pour l'armée des Indes a commencé le 18 mai 1838, et celle des sacs de café l'année suivante. Voici quelques relevés qui donneront une idée du montant de ces commandes :

	Calicots.	Sacs de café.
En 1847...	165,927 fl. 15	236,000 fl.
En 1848...	97,168 65	236,000
En 1849...	160,827 25	323,080

néerlandaises, établissements populeux et composés de sujets si variés et si divers d'âge, de sexe, de force, de santé, de savoir et d'aptitude, une des difficultés, une des impossibilités même de l'œuvre que l'on tente, c'est, d'une part, l'organisation du travail, et de l'autre, la proportionnalité des salaires. D'où résulte forcément, d'abord le gaspillage du temps et des forces de la colonie, et ensuite l'abaissement à un minimum réduit du travail du colon.

On était parti de cette idée que, n'ayant que des mendiants valides, on donnerait à chacun d'eux pour son labeur, soit industriel, soit agricole, 50 cents (1 franc 5 centimes) par jour : ce qui, à 6 jours de travail par semaine, porterait à 3 florins (6 francs 33 centimes) le salaire de chaque travailleur.

Puis, sur cette base imaginaire bâtissant une comptabilité fictive, on faisait de cette paie l'économie suivante :

10 cents (21 centimes) affectés à chaque colon, d'une manière invariable; c'est une rétribution commune et universelle;

25 cents (48 centimes) destinés à l'entretien des vêtements;

28 cents (59 centimes) pour dépenses personnelles;

14 cents (29 centimes) formant l'épargne versée dans la caisse de la Société et remise à l'individu au moment de sa sortie ;

Total : 75 cents (1 franc 58 centimes).

Ces prélèvements effectués, il devait rester à la Société 2 florins 25 cents (4 francs 74 centimes) par semaine, soit à peu près 32 cents (67 centimes) par jour ; avec quoi elle devait pourvoir à tout, supportant la perte ou profitant du bénéfice.

Comme la dépense du colon d'Ommerschans, ainsi que nous l'avons vu plus haut, ne s'élève guère au delà de 25 cents (52 centimes) par jour, il est clair que, dans l'hypothèse, l'administration aurait pu se tirer d'affaire, même sans le secours de l'État. Mais la Société avait compté sans le colon, dont le travail, de moins en moins productif, est loin de valoir ce qu'on l'avait apprécié à l'origine. On estime aujourd'hui que 15 mendiants d'Ommerschans font, tout compensé, l'ouvrage d'un bon journalier. On se récriera, nous nous y attendons, contre cette évaluation. Nous l'avons faite, tant sur les dires des surveillants mêmes des colonies hollandaises que d'après ce qui se passe dans nos hospices et nos bagnes, et la déplorable expérience des travaux publics organisés à Paris en 1848. Or un bon journalier gagnant à peu près, en Hollande,

75 cents (1 franc 58 centimes) par jour, il s'ensuivrait que le travail moyen du colon d'Ommerschans ne vaudrait pas plus de 5 cents (10 centimes 5 dixièmes). D'où est née bientôt la nécessité d'obtenir de l'État des fournitures et des subventions pour compenser l'insuffisance d'un tel travail. Ce qui n'empêche pas la Société de maintenir son tarif primitif avec des variations de maximum et de minimum, applicables aux travailleurs, suivant leur âge et d'après la tâche qu'ils sont censés avoir faite.

Nous n'insistons pas davantage sur ce qu'il y avait de fictions et de chimères dans ces calculs et cette organisation du travail. Malgré tous les efforts de l'administration, la répartition du salaire entre tous ces travailleurs, de tous sexes et de tous âges, divisés en valides, demi-valides et invalides, ne pouvait être et n'est effectivement qu'une espèce de cote mal taillée entre tous les colons : c'est, en un mot, quelque chose d'analogue à l'égalité des salaires qui a été mise en pratique dans nos ateliers nationaux.

En effet, la Société se chargeant de toutes les dépenses du colon, logement, vêtement, nourriture, qu'est-ce qui peut l'exciter à travailler plus ou mieux? Dans l'hypothèse d'un meilleur travail, que gagnerait-il au delà du gain ordinaire assuré? quelques cents de plus à dépenser à la cantine. Quant aux

14 cents qui forment chaque semaine l'épargne du colon, pour peu qu'il travaille, on lui en tient compte. Ce pécule ne lui serait un aiguillon que s'il était vraiment en rapport avec le travail effectué, et que si le colon avait un intérêt bien réel à être mis en possession de son épargne.

Elle doit lui être remise à sa sortie, et il ne peut sortir que lorsqu'elle aura atteint un certain chiffre. D'après le règlement, il n'est libéré qu'à cette condition, à moins qu'il ne prouve qu'après sa sortie il pourra subsister, ou que la commune intéressée ne garantisse qu'il ne se livrera plus à la mendicité, cas qui se présentent quelquefois. En 1847, il est arrivé que, faute de place, on a relâché un assez grand nombre de mendiants, bien que leur épargne fût au-dessous du chiffre réglementaire; mais ce n'est là qu'une exception. L'intention des fondateurs a été d'allécher le colon au travail par l'appât de la liberté: comme l'esclave romain, il faut, sinon qu'il paie, du moins qu'il gagne le prix de son affranchissement, cette rançon devant le faire vivre en attendant qu'il ait trouvé du travail. Mais le sentiment de la liberté ne paraît pas avoir beaucoup d'empire sur ces reclus. On en trouve la preuve dans les faits et les chiffres suivants.

D'abord, sur la population totale des colonies

forcées, une grande partie étant composée d'invalides, de demi-valides et d'enfants, il ne peut guère être question pour ces individus d'amasser l'épargne de leur sortie. Ensuite, la plupart de ceux qui se libèrent de la sorte, après avoir dépensé plus ou moins vite leur épargne, se font de nouveau arrêter pour délit de mendicité. En sorte que les colonies, que les mendiants appellent plaisamment leur maison de campagne, sont presque à moitié peuplées de récidivistes. Quelques-uns de ces malheureux sont revenus aux colonies forcées jusqu'à neuf fois [1].

Enfin, si les récidivistes sont nombreux, les déserteurs ne le sont guère. Il y a eu, en 1847, pour toutes les colonies forcées, 201 déserteurs (180 hommes et 21 femmes), et en 1848, 152 (129 hommes et 23 femmes), soit 2 p. 100 la première année, et 1,56 p. 100 la seconde [2]. La vigilance des gardiens est-elle cause de ce petit nombre de désertions, ou un tel résultat n'est-il pas dû plutôt à la sévérité des peines infligées aux déserteurs? Nous croyons qu'il faut l'attribuer surtout aux conditions de repos et de bien-être relatif qu'y trouvent les colons. Pour les deux tiers, ce n'est guère qu'un hospice d'incurables avec peu ou point de travail. Pour le reste,

(1) *Voir* le tableau des récidivistes, n° 5.
(2) *Voir* le tableau des déserteurs, n° 6.

pour les invalides, c'est un dépôt de mendicité, où l'obligation du travail est aussi peu stricte que possible.

Ommerschans est la première et la plus importante des colonies forcées. Ce qui précède, s'appliquant en grande partie aux deux autres établissements du même genre, abrégera d'autant ce qui nous reste à dire pour les faire connaître.

CHAPITRE IX.

Deuxième et troisième colonies forcées.
À Veenhuizen n° 2 et n° 3.

Sibérie hollandaise. — Aspect du pays. — Système des constructions. — En quoi elles diffèrent d'Ommerschans. — Bâtiment à double face. — Nombre des grandes fermes. — Destination à l'origine des trois colonies de Veenhuizen. — Leur affectation actuelle. — Machine à vapeur à Veenhuizen n° 3. — Personnel des employés. — Sollicitude paternelle du roi Guillaume II pour son armée. — Institution des vétérans. — Institution des ménages d'ouvriers.

Il existait dans la province de Drenthe une contrée connue sous le nom de la Sibérie hollandaise : pas un arbre, pas un arbuste dans ces immenses plaines de bruyères, terre presque déserte, où l'on comptait à peine 26 habitants par cent hectares. C'est là qu'en 1823 la Société de bienfaisance vint hardiment fonder trois nouvelles colonies.

Parti de Meppel pour se rendre à Assen, capitale de la Drenthe, on quitte la grande route, avant d'arriver à Assen, pour s'enfoncer à gauche dans des chemins de traverse. Après avoir, pendant près de deux heures, péniblement piétiné dans ces terres sablonneuses, à travers la boue ou la poussière, on est agréablement surpris en apercevant au loin, comme une île de maisons et de verdure, les plantations et les bâtiments des trois colonies, appelées veenhuizen, ou maisons sur les tourbières (*huizen*, maisons, et *veen*, terre faite de tourbe). Assez rapprochées, elles se suivent sur une ligne de quatre kilomètres environ. Leur contenance était, à la fin de 1849 :

	hect. a.
En terres cultivées, de. . . .	1,077 99
En terres non cultivées, de. .	16 "
Total.	1,093 99

Les constructions des trois colonies ont été en grande partie faites d'après le système d'Ommerschans. Elles diffèrent seulement en ce que les bâtiments du quadrilatère sont doubles, ayant une face qui donne sur la cour et une autre face qui donne sur la campagne : le côté intérieur est consacré aux mendiants ou aux orphelins ; à l'extérieur, sont les chambres occupées par les employés et par les ménages de vétérans et d'ouvriers.

22 grandes fermes ayant chacune un chef d'exploitation sont disséminées autour des 3 établissements.

2 de ces colonies étaient destinées, à l'origine, à recevoir les orphelins et enfants trouvés. Mais

le nombre croissant des mendiants en a destitué une de sa destination première. Il n'y a plus d'affecté aux orphelins que Veenhuizen n° 1 ; comme Ommerschans, Veenhuizen n° 2 et n° 3 ne sont aujourd'hui que des dépôts de mendicité. Ce que nous avons dit d'Ommerschans s'appliquant aux 2 autres colonies de mendiants, nous ne nous étendrons pas davantage sur ce sujet. Population, régime intérieur, nourriture, paie, discipline, infirmerie, mélange des classes et des sexes, travail aux champs, travail dans les ateliers, tout se ressemble dans les 3 colonies forcées, si ce n'est qu'une modification importante a été introduite dans le travail industriel à Veenhuizen n° 3.

En 1857-1858, il a été établi dans cette colonie une machine à vapeur pour filer le coton :

Les constructions ont coûté. 56,400 fl. (119,004 fr.)
Et la machine 192,499   (406,172)
              Ensemble. . . . 248,889   (525,176)

Cette machine, de la force de 35 chevaux, est montée dans un vaste bâtiment à deux étages ; chauffée à la tourbe et non au charbon, elle fait mouvoir 5,500 broches et occupe 200 ouvriers, environ 67 adultes et 133 enfants.

Plusieurs observateurs trouvent que la Société a eu tort, en principe, d'installer une machine là où, au lieu d'économiser des bras, on devrait en employer le plus possible. La Société répond à cette critique que c'est pour en employer le plus possible à certains ouvrages qu'on leur prépare les matières premières à l'aide d'une machine, sans laquelle on serait obligé de les faire venir d'Angleterre à plus haut prix. Comme intention, nous reconnaissons la valeur de cette réponse; comme résultats, rien ne nous démontre qu'elle soit péremptoire. Il est permis de croire que, tout compensé, on tirerait d'Angleterre les matières premières à aussi bon marché.

Le personnel des 3 colonies de mendiants présentant quelques différences, nous allons donner le nombre des employés de Veenhuizen n° 2 et n° 3, avec la nature de leurs fonctions et le chiffre de leurs appointements.

Veenhuizen n° 2.

1 Directeur en chef.	1,000 flor.
1 Sous-directeur.	600
1 Teneur de livres.	600
1 Médecin.	700
1 Apothicaire.	460
1 Garde-magasin.	312
1 Cantinier.	365

1	Chef de fabrique..	365 flor.
1	Instituteur.	375
7	Surveillants (chacun).	273
1	Maître boulanger.	260
1	Maître maréchal.	365
1	Maître charron.	365
1	Maître sabotier.	312
17	Gardes champêtres pris parmi les colons (chacun).	130
1	Capitaine commandant les vétérans.	500
1	Brigadier de vétérans.	208
1	Sous-brigadier.	156
7	Gardes champêtres pris parmi les vétérans (chacun).	104

Veenhuizen n° 3.

1	Directeur.	1,300
1	Sous-directeur (intérieur).	600
1	Sous-directeur (extérieur).	500
1	Teneur de livres (pour l'intérieur)..	364
1	Teneur de livres (pour l'extérieur).	364
1	Maître d'école..	375
1	Garde-magasin.	312
1	Préposé à la boutique.	364
1	Surveillant (intérieur).	500
1	Surveillant (extérieur).	600
1	Directeur de fabrique.	364
6	Surveillants de salles (chac. 270 fl.).	1,620
1	Berger.	260
1	Médecin.	700
2	Maîtres de quartiers.	624

Avant de passer à la colonie des enfants, nous

sommes heureux d'avoir à louer ici sans restrictions deux institutions spéciales : les vétérans et les ménages d'ouvriers.

Le feu roi des Pays-Bas, Guillaume II, dans sa vive sollicitude pour son armée, a pris une mesure toute paternelle en faveur des vétérans. Il leur a assuré une retraite aux colonies agricoles, mais dans un nombre forcément limité par celui des places disponibles. Répartis entre les colonies forcées, c'est à Veenhuizen n° 2 que ces anciens soldats ont leur quartier général. Chaque vétéran a sa chambre où il loge avec sa famille; il ajoute à sa pension les appointements qui lui sont alloués pour les fonctions qu'il exerce. De plus, si sa femme travaille, elle a droit au salaire, ainsi que ses enfants qui reçoivent l'éducation commune.

Ainsi, encourager le service militaire en améliorant le sort de plusieurs vieux serviteurs de la patrie, assurer le maintien de l'ordre aux dépôts de mendicité par la présence d'hommes armés, et disposer des places non prises par d'autres catégories sur le nombre d'individus pour lequel le gouvernement a traité avec la Société de bienfaisance, telles sont les raisons et le but de l'institution des vétérans aux colonies hollandaises. Du reste, il n'y a nulle économie pour l'État, puisque les paiements faits à la Société à cause des vétérans surpassent le montant de leurs pensions militaires.

L'institution des ménages d'ouvriers est encore une œuvre de philanthropie à laquelle l'État coopère largement. Le personnel de ces ménages est compris dans les 9,200 individus pour le placement desquels l'administration supérieure a traité avec la Société de bienfaisance. Quoique le gouvernement paie pour tous les ménages, il n'en place cependant qu'un certain nombre. Le choix de 125 de ces ménages, de 5 individus chaque en moyenne, est réservé à la Société, qui met ces placements en partie à la disposition des sous-commissions qui se distinguent par leur zèle. Mais à l'égard des membres de ces familles qui ont été placées sans sa participation, l'État n'alloue point les indemnités stipulées dans les contrats, pour cause d'invalidité. Sa contribution, en ce cas, se borne à la part que chaque membre de la famille représente dans la somme annuelle de 522,000 flor. (679,420 fr.)

A l'origine, d'après les contrats primitifs, cette espèce de privilège laissé à la Société devait s'étendre à 250 ménages. Comme l'exercice de ce droit impliquait une certaine charge, la Société a consenti sans peine à une réduction dans le nombre des choix qui lui étaient attribués.

Les ménages d'ouvriers étaient, en 1849 :

A Veenhuizen n° 1, de..	49
A Veenhuizen n° 2, de..	90
A Veenhuizen n° 3, de..	24
Ensemble.	163

Ces ouvriers, quant au travail et au salaire, sont assimilés aux autres colons ; mais, tandis que ceux-ci sont confondus ensemble dans les mêmes dortoirs, les ménages d'ouvriers ont chacun leur logement spécial et distinct : petites maisons individuelles dans la grande maison commune, ainsi que M. Faye l'a judicieusement observé avant nous.

Cette institution est un pas vers la société ordinaire : sorte de transition entre les colonies forcées et les colonies libres, c'est la localisation, la séparation simplement matérielle d'un certain nombre de familles au milieu de ce vaste phalanstère moral qui est l'essence même de l'œuvre.

CHAPITRE X.

Colonie d'orphelins, à Veenhuizen n° 1.

Age de l'admission et de la sortie des orphelins. — Ce qu'ils deviennent. — Population et personnel de l'établissement. — Travail industriel et agricole. — Infirmerie. — Le choléra, ses ravages. — Mortalité. — Disposition intérieure des bâtiments. — Quartier réservé pour les orphelins en bas âge. — Réforme dans le service des enfants trouvés à Amsterdam. — Le palais de justice et l'hospice. — Les maisons d'orphelins en Hollande. —Fondation remarquable de madame Rendswoude.

Nous avons dit que Veenhuizen n° 1 était aujourd'hui la seule colonie d'orphelins. Sous ce nom général d'orphelins, on comprend :

Les enfants qui sont envoyés des colonies forcées après le décès de leurs parents ;

Les enfants des familles indigentes ;

Les enfants trouvés et abandonnés.

Presque tous les enfants de Veenhuizen n° 1 appartiennent à cette dernière catégorie.

Les orphelins entrent ordinairement à la colonie à l'âge de 6 ans ; toutefois, par une décision spéciale du ministre de l'intérieur, ils peuvent y être reçus dès l'âge de 2 ans.

Ils en sortent de 20 à 25 ans, âge de la majorité en Hollande.

En quittant la colonie, les orphelins ne reçoivent pas de trousseau; ils emportent seulement les vêtements qu'ils ont sur eux et leurs petites épargnes en argent. Sur l'autorisation des personnes qui ont fait le placement, on les reconduit à leurs communes respectives. La Société de bienfaisance ne s'en occupe plus; pas de patronage organisé pour leur venir en aide et les accompagner dans le monde qui s'ouvre devant eux. En un mot, l'œuvre, purement matérielle, arrête son action au seuil de la colonie et ne l'étend pas au delà.

245 enfants sont sortis de l'établissement en 1848, 101, près de la moitié, pour devenir domestiques dans les villes, 54 pour entrer dans l'armée, quelques-uns pour se marier, très peu pour être artisans ou valets de ferme. Un seul est resté au service des colonies.

La population, qui à l'origine était de plus de 1,800 enfants, tend, chaque année, à décroître; elle est à peine aujourd'hui, en moyenne, de 1,500. Nous donnerons tout à l'heure les raisons de cette diminution.

30 à 32 personnes forment le total des employés.

instituteurs et surveillants ; c'est un adulte pour 50 enfants.

1	Directeur adjoint.	1,200 flor.
1	Sous-directeur (intérieur)	600
1	Sous-directeur (extérieur).	500
1	Teneur de livres (intérieur).	364
1	Teneur de livres (extérieur).. . . .	312
1	Maître d'école en chef.	450
2	Maîtres d'école en second (250).. .	500
3	Maîtres d'école en troisième (150)..	450
1	Maître de magasin.	312
1	Maître de boutique	364
1	Chef d'atelier.	364
8	Surveillants de salle (6 de 2ᵉ et 2 de 1ʳᵉ classe)..	2,246
1	Berger.	234
1	Médecin..	700
3	Maîtres de quartiers (312).	936
1	Maîtresse couturière.	156
1	Maîtresse blanchisseuse.	143
1	Préposé à la boulangerie.	156
1	Adjoint.	104
1	Portier.	130

A ce personnel, il faut ajouter 150 orphelins, les uns, commis dans les bureaux, sous-maîtres dans les écoles, gardes-magasins, surveillants des classes ou des petits enfants; les autres, attachés au service de l'infirmerie, de la blanchisserie, de la lingerie, de la cuisine et de la boulangerie.

L'instruction religieuse, l'enseignement dans les écoles et le régime disciplinaire n'offrent rien de remarquable.

Le travail industriel et agricole est organisé sur les mêmes bases que dans les autres colonies ; c'est le même système de salaire et de retenue ; seulement ici point d'argent de poche, point d'argent pour la cantine. Nous avons remarqué avec satisfaction que les enfants sont plus occupés aux travaux des champs que dans les ateliers et fabriques.

Dans l'infirmerie, qui peut recevoir 200 malades au moins, nous en avons trouvé 60, presque tous convalescents des suites du choléra qui avait sévi pendant 3 semaines. Sur 200 orphelins attaqués, il en avait emporté 66. Le choléra avait sauté par-dessus Veenhuizen n° 2, où il n'y avait pas eu un seul cas, pour aller s'abattre sur Veenhuizen n° 3, où il faisait encore de nombreuses victimes et où, sur une population de 1,940 mendiants, au 24 septembre, jour de notre visite, il y avait eu 500 cholériques et 165 morts. En temps ordinaire, la mortalité est beaucoup plus faible parmi les orphelins que parmi les mendiants ; en moyenne, elle est à peine de 5 p. 100. Les affections, causes principales des décès, sont la diarrhée, les maladies de langueur et les fièvres.

La disposition intérieure de Veenhuizen n° 1 est la même que celle des autres colonies; il y a, tant au rez-de-chaussée qu'à l'étage, 16 grandes salles qui contiennent chacune 130 lits. L'établissement est divisé en 5 quartiers placés sous la surveillance d'un ménage. Comme dans toutes les maisons d'orphelins de la Hollande, le mari et la femme portent le nom de *père* et de *mère;* paternité toute nominale et dont les bons effets sont nécessairement bornés.

Dans un quartier, complétement isolé des autres, sont placés les enfants en bas âge. Nous sommes arrivés au moment où on lavait, de la tête aux pieds, ces petits malheureux debout dans un baquet. Pour la plupart, ils nous ont paru d'une maigreur déplorable.

Ce quartier ayant une destination toute spéciale, c'est ici le lieu de parler d'une réforme qui n'a pas peu contribué à le peupler.

A la fin du siècle dernier, il existait à Amsterdam un hospice des enfants trouvés qui était une des plaies honteuses de cette capitale. Plusieurs observateurs l'avaient signalé à l'attention, à la conscience, à la pitié des administrateurs. En 1796, André Thouin avait vu avec dégoût 3,000 malheureux enfants entassés pêle-mêle dans cet hospice. Cette triste population croissait toujours malgré la mortalité qui y était si effrayante qu'on a fait le calcul qu'en 22 ans les quatre cinquièmes des enfants admis avaient péri, tandis que le dernier cinquième était allé recruter les hospices d'incurables, les ateliers d'indigents et les lieux de prostitution. Et cependant, quels que fussent les ravages de la maladie et de la mort, le nombre de ces petits misérables allait toujours croissant : en 1818, on en comptait 4,000.

Les facilités ouvertes aux abandons contribuaient à cet accroissement indéfini, entre autres l'allocation d'une prime de 10 florins à chaque agent qui apportait à l'hospice un de ces pauvres petits êtres abandonnés. Prise dans un intérêt d'humanité, cette mesure n'avait pas tardé à devenir une spéculation lucrative au profit des agents, qui même s'entendaient avec les mères pour l'exposition et la remise de leurs enfants à l'hospice.

Quoique le prix de revient de chaque enfant ne fût pas exagéré, le nombre en était tel que la ville était écrasée du poids de la dépense totale.

D'après le rapport du ministre de l'intérieur, du 6 juillet 1821, le prix moyen de chaque enfant trouvé était de 112 florins (236 francs 32 cent.), ce qui faisait, pour 4,000 enfants, le total de 448,000 florins (945,280 francs),

En 1814, M. C. Vollenhoven, depuis secrétaire général du ministère de l'intérieur, publia une brochure sur cette grave question. Après avoir exposé le mal, il cherchait le remède et concluait à ce que l'on supprimât l'hospice, établissement qui lui semblait être doublement coupable, attendu qu'il blessait à la fois l'humanité et la moralité.

En effet, selon lui, c'était tout ensemble une porte ouverte aux criminels abandons de la débauche et une tombe immense creusée aux enfants qu'on y entassait pour mourir.

Plusieurs années se passent sans qu'aucune suite soit donnée à la réforme proposée par M. Vollenhoven.

Il ne suffisait pas de supprimer un asile, il fallait le remplacer. En 1823 et 1824, les colonies de Veenhuizen sont fondées. A partir de cette époque, le gouvernement commence cette réforme en évacuant successivement sur Veenhuizen les enfants de l'hospice d'Amsterdam, conformément aux traités qu'il avait passés avec la Société. Cet hospice ne servit plus que de séjour temporaire aux enfants destinés à être envoyés aux colonies et de dépôt à ceux qui se trouvaient dans des cas exceptionnels.

En 1824, une question d'édilité vint de nouveau rappeler l'attention sur la brochure de M. Vollenhoven. Il s'agissait de doter la ville d'un palais de justice. On jeta les yeux sur le monument qui servait de dépôt aux enfants trouvés et qui, par sa forme et sa position centrale, paraissait convenir à la nouvelle destination qu'on songeait à lui donner. On chercha dans le livre de M. Vollenhoven des raisons pour supprimer tout à fait un établissement si longtemps coûteux et mortel, et un prétexte à le transformer en maison de justice. Bref, la ville reprit aux enfants trouvés l'immeuble qui leur était naguère affecté, espèce d'expropriation pour cause d'utilité publique. On ne garda de l'ancien hospice que deux pièces pour bureaux d'admission.

Les expositions devinrent l'objet de mesures sévères; seulement, ces mesures furent prises une à une et à intervalles. La prudente lenteur hollandaise n'arriva pas tout de suite à supprimer les primes données si maladroitement aux agents qui rapportaient des enfants exposés; elle chercha d'abord à en contrebalancer l'abus par d'autres primes plus fortes promises aux agents qui découvriraient les mères abandonnant leurs enfants.

De là des dénonciations, dont une donna lieu à un scandaleux procès.

L'administration, voulant faire un exemple, poursuivit devant les tribunaux un capitaine comme prévenu d'avoir fait un abandon criminel, de complicité avec une mère coupable. On profita de l'impression produite par ce procès pour flétrir les expositions et exercer sur elles une surveillance extrême. Grâce à ces mesures, à l'effet moral du procès, à la fermeture de l'hospice, au déplacement qui s'ensuivit, le nombre des expositions ne tarda pas à diminuer[1], diminution telle que de 536 qu'il était en 1847, il était tombé en 1848 à 11.

La ville d'Amsterdam a vu réduire ainsi à d'infimes proportions une charge auparavant si énorme. Les colonies agricoles n'ont pas été la cause, mais l'occasion et le moyen de cette économie et de cette réforme, dont elles ne sont pas peu fières et dont elles ont bien soin de revendiquer l'honneur.

Nous ne quitterons pas Veenhuizen n° 1 sans dire que la Hollande est le pays le plus riche en institutions privées consacrées aux orphelins. Il n'y a guère de ville de quelque importance qui n'ait un asile de ce genre. Nous regrettons de ne pouvoir ici les énumérer et en parler comme elles le méritent. Éloges et critiques, ce serait une étude curieuse et instructive. Nous ne pouvons résister pourtant au plaisir de citer, en passant, une fondation qui nous paraît méri-

---

(1) *Voir* le tableau n° 28.

ter une mention particulière. En 1654, M. Crispyn Van Boshuizen et sa femme Agneta Pieters affectèrent leurs biens à la création d'asiles pour les orphelins : les enfants de ces maisons portent encore sur leur habit le chiffre des fondateurs, A C. Cette création a été plus tard complétée par madame Rendswoude, et c'est précisément la fondation de cette femme charitable que nous tenons à faire connaître.

Madame Rendswoude a partagé toute sa fortune entre les trois hospices d'orphelins du culte réformé de La Haye, de Delft et d'Utrecht, pour y faire élever, d'une manière toute spéciale, un certain nombre d'enfants du sexe masculin.

Les régences ou administrations doivent choisir les sujets les plus distingués par les qualités du cœur et de l'esprit. Ainsi, complétement adoptés par l'œuvre, ces orphelins reçoivent une éducation appropriée à leurs dispositions.

On les prépare aux carrières libérales, comme la médecine et les arts ; suivant le vœu de la testatrice, on excepte le barreau et l'Église. L'œuvre est grande jusqu'au bout envers ses élèves ; elle les envoie à ses frais compléter leurs études aux universités et même aux écoles d'Italie, s'ils sont artistes. Enfin, quand leurs études sont achevées et qu'ils sont pourvus d'un état, l'institution, en mère attentive et généreuse, leur donne les moyens d'attendre le travail, les commandes ou la clientèle.

N'y a-t-il pas un exemple et un enseignement dans cette idée éclose au cœur d'une femme de bien, idée qui, sous une charité individuelle, cache une prévoyance sociale? Il y a de la sagesse à s'emparer ainsi des forces vives et intelligentes de ces orphelins, et, en leur faisant une place certaine dans la société, à les empêcher de tourner contre elle leurs qualités et la supériorité même qu'ils tiennent de la nature.

CHAPITRE XI.

Ecole d'agriculture de Wateren.

Situation.— Forme et distribution du bâtiment.— Population.— A quel âge entrent les élèves. — Instruction professionnelle qu'ils reçoivent.— Sortie des élèves.— But et résultats de l'institution.

Wateren, pays d'eau selon l'étymologie, est à quatre kilomètres de Frederiks'oord et à près de huit kilomètres de Veenhuizen. En 1822, la Société de bienfaisance y a fondé, au milieu de cent hectares de terrain cultivés, un nouvel établissement, dont elle a fait plus tard un institut agricole pour soixante-dix élèves choisis parmi les orphelins de Veenhuizen qui annoncent des dispositions spéciales. C'est l'instituteur de Wateren qui fait ce choix, sur les rapports du directeur de Veenhuizen et avec le consentement du directeur général.

Le bâtiment de la colonie est construit en forme de croix et entouré de jardins à l'anglaise. Il se compose de deux salles, où les élèves couchent dans des hamacs, d'une école qui occupe le centre du bâtiment, des logements du directeur et des employés.

Cet institut agricole a été longtemps dirigé par un élève du célèbre agronome suisse, M. de Fellenberg.

C'est de douze à quinze ans que les enfants entrent à Wateren, pour en sortir de vingt à vingt-trois ans. Ici pas d'état industriel. Mieux habillés et mieux nourris, les élèves reçoivent une éducation agricole avancée et des leçons de géométrie et de botanique. Ils ont une pépinière d'arbres fruitiers et forestiers et un jardin botanique, renfermant les plantes les plus usuelles.

Tous les ans, à partir de leur vingtième année, on les examine. Un rapport est fourni par le directeur sur leur conduite et leur capacité, d'après lequel on leur donne leur congé, ou bien on les garde encore un ou deux ans. Passé cette limite, s'il en est qui demandent à rester, cas très rare, le ministre de l'intérieur prononce sur leur demande, d'après les notes de la direction et l'avis de la commune intéressée.

En fondant cet établissement, dont le prix de journée est plus élevé qu'à la colonie des orphelins, la Société se proposait de former des employés pour diriger l'agriculture dans ses colonies. Ce but a-t-il été atteint? Non. D'après une note qui nous a été remise par l'administration elle-même, de 1831 à 1841, dans une période de dix années, sur 145 jeunes gens sortis de l'institut, 18 seulement sont restés employés au service des colonies, et 36 se sont placés comme domestiques à la campagne [1]. D'où il résulte que pour 91, ou les deux tiers de ces jeunes gens, la Société a fait d'inutiles sacrifices.

Il ne paraît pas que Wateren, pas plus que les autres colonies de bienfaisance, ait beaucoup d'influence sur le développement de l'agriculture aux environs.

On ne cite guère, sous ce rapport, que la culture du genêt comme engrais et les épreuves faites de l'orge de l'Himalaya, qui a plus de substance que le seigle et est d'un meilleur produit.

Wateren est donc une institution incomplète. L'éducation qu'on y donne, aboutissant presque toujours à des non-valeurs, quant au but qu'on se propose, ne profite ni aux colonies de bienfaisance, ni au pays.

(1) *Voir* le tableau n° 11.

CHAPITRE XII.

Colonies libres.
Frederiks'oord. — Willems'oord.
—Willeminas'oord.

Etymologie. — Situation.—Aspect et caractère de ces établissements. — Description des maisons ou petites fermes. — Leur nombre, leur tenue. — Division par quartiers. — Ateliers. — Écoles. — Bibliotheque. — Cultes. — Superficie des colonies.— Population. — Ce que deviennent les enfants des colons. — Personnel des employés. — Résidence du directeur général. — Surveillance qu'il exerce sur toutes les colonies. — Système correctionnel.— Traits distinctifs de la population des colonies libres.

Dans notre voyage d'exploration à travers les colonies néerlandaises, nous finissons par celles qui ont été, en 1818, le point de départ, le commencement de l'entreprise de la Société de bienfaisance. Quoique les premières en date, elles n'en sont pas moins, selon nous, dans leur conception du moins et dans l'idée qui a présidé à leur fondation, le complément et le couronnement de toute l'œuvre qu'elles inauguraient. Nous le prouverons tout à l'heure, quand nous aurons dit quelques mots sur la situation, l'aspect et le caractère de ces établissements.

Les trois colonies libres sont situées près de Steenwijk, sur les confins des provinces d'Over-Yssel, de Drenthe et de Frise. On les a baptisées *contrée de Frédéric, contrée de Guillaume* et *contrée de Wilhelmine*, avec les noms des protecteurs, le prince Frédéric, feu Guillaume II, alors prince royal, et feu la reine, alors épouse de Guillaume Ier.

En sortant de Meppel, après avoir parcouru quelque temps une charmante route pavée de petites briques, comme la plupart des routes en Hollande, bordée d'arbres et si étroite que deux voitures peuvent à peine y passer de front, on se jette dans un chemin de traverse, au milieu de plaines arides et couvertes de bruyères. Les chevaux, ralentissant le pas, font à grand'peine une lieue hollandaise en soixante minutes. Nous cheminons ainsi pendant trois mortelles heures, lentement, péniblement, à travers l'aridité même et la désolation, par des sentiers qui se perdent et se retrouvent dans les landes, rencontrant çà et là, éparses à de grandes distances, quelques tristes cabanes, sans cheminée, où s'abritent les rares habitants de ces déserts. Bientôt des arbres se montrent, puis se groupent : des champs cultivés côtoient la route ; on est sur les terres des colonies libres.

Ce n'est plus le même aspect qu'à Ommerschans et à Veenhuizen. Au lieu d'un vaste bâtiment central, on aperçoit de petites maisons ou petites fermes, distantes de cent à cinq cents mètres les unes des autres, s'élevant au nombre de 425, sur une étendue de plus de huit kilomètres. Construites toutes sur le même modèle, elles sont échelonnées le long de larges chemins bien plantés, ou aux bords d'un canal creusé pour servir aux défrichements et aux transports de la colonie. Chaque habitation se compose d'une pièce principale avec une cheminée ou poêle placé entre les deux fenêtres qui donnent sur le chemin. Au fond se trouvent les lits, renfermés dans des espèces d'armoires, comme les lits clos des paysans de la Basse-Bretagne. Derrière la maison, il y a une étable pour une ou deux vaches, une grange et un emplacement pour faire le beurre et préparer la nourriture du bétail. Autour de la maison un petit jardin de vingt-cinq à trente mètres carrés, enclos de haies, avec trois hectares de terre pour les cultures.

Ces maisons, carrelées à l'intérieur, sont lavées tous les jours ; le poêle, la table, les lits et armoires sont vernis : en toutes règnent un soin et un ordre irréprochables. La propreté, ce luxe des pauvres, y reluit partout, avec une recherche qu'on ne voit qu'en Hollande.

Les produits des vaches et du jardin, beurre et lait, fruits et légumes, appartiennent à chaque famille qui les consomme et en vend le surplus à qui veut les acheter parmi les employés ou les colons. Le beurre seul peut être vendu au dehors. Du reste, chaque ferme produit rarement de quoi dépasser les besoins de sa propre consommation, et par conséquent ces sortes de ventes se réduisent à peu de chose.

Le grenier ou la grange de chaque maison sert à conserver la partie de la récolte de seigle que l'administration de la colonie y fait déposer. Les pommes de terre sont remises au quartier-maître, après la moisson; on en donne à chaque famille une provision de quelques semaines.

C'est l'hiver qu'on bat en grange le seigle et l'avoine; puis les grains sont versés à la direction, qui les emmagasine dans les greniers de la Société.

De dix maisons en dix maisons, on trouve un puits banal, et pour chaque quartier composé de vingt-cinq maisons il y a un chef pris parmi les colons, qui dirige les ateliers de travailleurs et annonce les heures de travail et de repos. C'est dans un bâtiment annexé au logement du chef qu'est placé l'atelier de tissage de coton, où travaillent une partie des colons du quartier. On compte, en outre, cinq ateliers de tissage, ayant chacun 40 métiers, et de plus 200 petits métiers répartis dans les maisons : ce qui fait en tout 400 métiers.

Les ouvriers doivent rester aux ateliers de cinq heures du matin à six heures du soir, y compris le temps donné au repos et aux repas. On estime qu'un bon ouvrier peut fabriquer environ douze mètres de toile de coton par jour.

Il y a trois écoles grandes ou supérieures et quatre écoles petites ou primaires. On y apprend à lire, à écrire, un peu de mathématiques, de géographie, d'histoire et de dessin.

Une seule bibliothèque sert à toutes les colonies. Les protestants vont aux églises des villages voisins.

Comme il n'y avait pas d'église catholique romaine dans le pays, on en a construit une en 1846, pour les besoins du culte du tiers de la population qui est catholique.

Les habitants des colonies libres peuvent se visiter entre eux, se fréquenter et aller dans les villages environnants. Il leur est défendu de s'absenter même pour une nuit, défense qu'ils enfreignent quelquefois, mais peu souvent. C'est surtout le dimanche qu'ont lieu ces promenades et ces visites. Il faut qu'ils soient très régulièrement au travail le lundi.

La superficie de Frederiks'oord, Willems'oord et Willeminas'oord était en 1849 de 1,075 hectares 55 ares de terres cultivées, plus 69 hectares 97 ares de terrains incultes. Ce sont les meilleures terres de toutes les colonies ; on en porte l'estimation de 800 à 1,500 florins l'hectare, tandis que pour celles d'Ommerschans cette valeur n'est que de 400 à 800 florins, et de 100 à 250 florins pour celles de Veenhuizen.

A l'époque de notre visite, la population des colonies libres s'élevait à 2,500 habitants à peu près :

Hommes.	1,260
Femmes.	1,240
Protestants.	1,800
Catholiques.	600
Israélites.	100

Le mouvement de cette population est très faible. On se demande ce que deviennent les enfants parvenus à l'âge d'homme. La plupart restent dans les colonies à l'état d'ouvriers. Quelques-uns, avec leurs petites économies, retournés à la ville, les y dépensent, et on les réintègre, après jugement, en qualité de mendiants, non plus à Frederiks'oord, mais à Ommerschans ou à Veenhuizen. D'autres enfin demandent à se marier, et forment, c'est le très petit nombre, à l'entour des colonies libres, de petites fermes indépendantes, louées ou acquises avec les produits de leurs épargnes. Voilà un des succès de l'œuvre, qu'elle fait remarquer avec complaisance : inefficace presque toujours sur les pères, chez qui la paresse est une habitude invétérée et la pauvreté un état naturel, l'institution produit au moins quelques bons résultats dans les enfants mieux élevés et de bonne heure façonnés au travail. Nul doute que ces résultats n'eussent été autrement nombreux et importants, si l'œuvre avait pu se développer suivant l'idée qui a présidé à sa naissance.

Pour la direction, l'administration, la surveillance et l'éducation d'une telle population, un petit nombre d'employés (44 environ) paraît suffire, savoir :

```
 1 Directeur. . . . . . . . . . . . . . .   1,200 fl.
 1 Médecin.. . . . . . . . . . . . . .       500
 3 Sous-directeurs (1,000 fl.). . . . . .   3,000
10 Chefs de quartier (300 fl.). . . . . .   3,000
 3 Teneurs de livres (500 fl.). . . . . . . 1,500
```

6 Commis (150 fl.).	900
6 Préposés aux boutiques (250 fl.). . . .	1,500
7 Maîtres d'école (375 fl.).	2,625
7 Sous-maîtres (250 fl.).	1,750

C'est à peine un employé, commis, gardien, boutiquier ou instituteur par 54 habitants.

Il y a peu de changement dans le personnel des employés et instituteurs : on cherche à les conserver pour maintenir leur ascendant sur les colons.

C'est à Frederiks'oord que réside le directeur de toutes les colonies de bienfaisance; les autres colonies n'ont que des sous-directeurs. En face l'habitation qu'il y occupe, se trouve la première maison dont le général Van den Bosch posa la première pierre, le 25 août 1818.

De Frederiks'oord, la haute surveillance du directeur rayonne vers tous les établissements que son inspection doit embrasser dans l'espace de vingt et un jours. La première semaine, il visite Ommerschans, la seconde Veenhuizen, et reste, pendant la troisième, aux colonies libres. Suivant nous, l'autorité du directeur, trop dépendante de l'administration qui siége à La Haye, n'a ni assez d'initiative en ce qui regarde les choses, ni assez d'étendue en ce qui touche les personnes. C'est un vice d'organisation que nous signalons ici, d'autant plus volontiers que le directeur actuel, M. Van Konijnenburg, est un homme vraiment supérieur.

Le système correctionnel est à peu près le même qu'aux autres colonies. Ici pourtant le fouet et la bastonnade sont prohibés. On mène les délinquants devant un conseil de discipline composé de trois colons et de quatre employés.

Ce conseil acquitte ou condamne soit à la réprimande, soit à l'emprisonnement dans une chambre, soit à l'amende, soit, pour certaines fautes, à l'envoi à Veenhuizen, parmi les ménages d'ouvriers, ou même, en des cas très graves, au quartier de punition d'Ommerschans.

Du reste, les crimes sont rares. Population sinon morale, du moins dépourvue de passion, une sorte d'apathie y tient lieu de vertus. Nulle force armée pour la contenir. En 1842, le directeur actuel, en se chargeant de conduire la colonie, où quelques symptômes de vie et d'indépendance s'étaient manifestés, refusa l'aide des militaires qu'on lui offrait; il ne s'en chargea même qu'à cette condition. A l'origine, il y avait vingt soldats à Ommerschans; ils y étaient plus nuisibles qu'utiles. C'était trop, ou trop peu. Mieux vaut la force morale. Pourquoi réveiller d'ailleurs dans l'âme des colons le sentiment de la résistance?

Ceci est tout un système. Nous y reviendrons plus d'une fois dans le cours de notre travail. Contre l'exemple des colonies libres, on a objecté les qualités spéciales du caractère hollandais ; nous inclinons à penser que les raisons de ce système sont prises dans le cœur humain qui est le même partout, malgré de légères différences.

CHAPITRE XIII.

Colonies libres. — Suite.

Destination des colonies libres.—Conditions et mode d'admission.
—Idée première de l'institution.—Ce qui a fait dévier l'idée.—
Loi agraire.—Nombre des fermes qui ont suivi le plan primitif.
—Régime, droits, obligations et bénéfices des fermiers libres et
responsables.—Abandon complet de l'idée initiale du fondateur.
—Conséquences morales de cet abandon. — Conséquences économiques.— Rapprochement entre les colonies libres néerlandaises et les colonies françaises fondées en Algérie.

Les colonies libres sont destinées à recevoir les familles indigentes et honnêtes, qui s'y rendent volontairement, placées par les sous-commissions de bienfaisance ou par les hospices, au prix de 1,700 fl., somme qui représente les dépenses suivantes :

	florins.	fr.	c.
Construction de la maison. . .	500	(1,055	»)
Meubles et instrum. aratoires..	100	(211	»)
Vêtements	150	(316	50)
Deux vaches..	150	(316	50)
Mise en valeur des terres et semailles.	400	(844	»)
A reporter. . . .	1,300	(2,743	»)

	florins	fr.
Report	1,300	(2,743 »)
Avances en vivres pour la première année	50	(105 50)
Avances diverses	50	(105 50)
Lin et laine à filer et à tisser	200	(422 »)
Achat de 3 hectares de terre	100	(211 »)
Total	1,700	(3,587 »)

Moyennant ce capital payé en seize annuités, les contractants peuvent disposer à toujours d'une maison ou petite ferme en faveur d'une famille pauvre composée en moyenne de six personnes, le père, la mère et quatre enfants ; en cas de décès ou de sortie, le remplacement se fait de droit sur un simple avis adressé à la commission permanente et en payant une somme de 31 florins 65 cents (67 francs) pour le trousseau d'admission.

Si un enfant meurt ou si la famille n'a pas assez d'enfants, on la complète par des orphelins, qui trouvent ainsi un père et une mère. Quand le père vient à mourir et que le reste de la famille peut suffire au travail de la petite ferme, la veuve y demeure avec ses enfants; sinon la veuve demande pour son fils ou pour sa fille nubile la permission de se marier, et, avec le consentement des contractants, le gendre ou le fils aîné devient ainsi le chef du ménage. Si la veuve n'a pas de petits enfants, on complète la famille avec un orphelin ou une orpheline en état de l'aider. Enfin, lorsque le père et la mère sont morts laissant des enfants en bas âge, on les répartit dans d'autres fermes.

Le capital de 1,700 florins fixé dans l'origine a été maintenu. Est-il suffisant? Tout prouve le contraire; et c'est une des causes de la gêne financière où se trouve l'institution. Quoique la Société conteste cette vérité, elle n'en est pas moins évidente aux yeux de tous ceux qui ont étudié la question librement et sans influence.

Par suite de circonstances que nous analyserons plus loin, l'État est devenu propriétaire de toutes les colonies néerlandaises, à l'exception des colonies libres. La Société n'a pas eu le droit de céder à l'État ces colonies, à cause des contrats qui la lient avec les patrons des familles des colons. En effet, en vertu de ces contrats, deux tiers des fermes appartiennent aux sous-commissions de bienfaisance ou aux communes, et un autre tiers aux hospices, qui, moyennant le prix convenu, y ont placé leurs familles indigentes. La Société a reçu 1,700 florins par maison, en seize annuités : soit, pour 425 petites fermes, un total de 722,500 florins (1,524,475 fr.); en sorte que depuis longtemps cette source de recettes est tarie pour elle, et que l'institution des colonies libres étant aujourd'hui tout entière à sa charge, elle en supporte seule les pertes.

L'idée première de l'œuvre était d'affecter une ferme à chaque ménage, qui en aurait eu la direction. Dès que le chef de famille aurait prouvé par son aptitude et son travail qu'il pouvait, avec les forces dont il disposait, se nourrir lui et les siens, on lui aurait laissé la jouissance de la ferme et de ses produits moyennant un prix de fermage de cinquante florins par an. C'eût été la vie de famille, avec ses charges et ses avantages, ses devoirs et ses plaisirs. Voilà pourquoi nous disions plus haut que cette conception nous semblait le couronnement même de l'œuvre de la Société néerlandaise de bienfaisance.

Ce système de liberté et de responsabilité pratiques présentait de nombreuses difficultés d'exécution qui firent qu'on y renonça vite et trop vite peut-être. D'abord le général Van den Bosch avait pensé que des familles établies dans des petites fermes de trois hectares, défrichés en partie, pourraient vivre des fruits de leur travail, sans aucune assistance, et que la Société n'aurait à faire que les frais d'établissement.

Mais, au lieu de bras valides et d'hommes laborieux, les sous-commissions et les hospices n'ont guère envoyé que des gens sans première éducation agricole, débiles de santé comme sont d'ordinaire les pauvres, façonnés à la paresse, sinon à l'immoralité, et incapables de prévoyance, cette vertu de l'épargne, la plus difficile de toutes pour les classes indigentes.

Ensuite, par une sorte de loi agraire, on avait partagé les terres de la colonie en autant de petites fermes de trois hectares chaque. Que la terre fût ici fertile à peu de frais, là rude au travail, et improductive ailleurs, on n'en tint compte : il n'y eut d'égalité que dans une sorte de partage métrique. De là une suite de mécomptes et de revers qui rebutèrent bientôt les colons et les fondateurs de l'œuvre.

Comme les fermes isolées étaient construites, on continua à envoyer une famille dans chacune d'elles ; mais l'habitation seule fut personnelle. La ferme avec la responsabilité du colon n'exista plus, et la culture s'exécuta en commun, sous la direction d'un employé, et pour le compte de la Société générale.

Il n'y a, jusque aujourd'hui, que vingt-cinq ménages qui aient, suivant le plan primitif, réussi à devenir fermiers libres et responsables, payant les 45 florins (95 francs) de louage et jouissant des produits de leur exploitation. C'étaient de meilleurs travailleurs, connaissant un peu l'agriculture et ayant déjà des enfants en état de gagner leur vie, en partie du moins.

Ces fermiers libres cultivent leurs trois hectares comme ils l'entendent; ils n'ont d'autre dépendance que celle de la discipline générale et de la police de la colonie, ainsi que les habitants d'une ville sont soumis aux autorités locales. Chaque semaine et suivant la mercuriale du marché de la colonie, ils sont libres de vendre le surplus de leurs produits à la Société; le seigle, par exemple, l'avoine et les pommes de terre. Il leur est défendu de vendre ces denrées extérieurement : cette défense a pour but d'empêcher la fraude que pourraient commettre les colons ordinaires avec des produits semblables que la Société leur donne à garder, et qui leur doivent être distribués pour leur subsistance. Quant au lait, au beurre et aux fruits de leur jardin, fermiers responsables et colons ordinaires peuvent, soit les consommer, soit les vendre à qui bon leur semble.

Ces fermiers responsables (*vrijboeren*, paysans libres) doivent payer, soit en numéraire, soit en denrées, annuellement à la Société :

- 25 » fl. pour loyer de leur ferme.
- 13 50 pour frais d'entretien de cette ferme.
- 2 50 pour assistance médicale.
- 4 » pour frais d'administration et d'instruction de leurs enfants.

45 » fl. (95 fr.)

On évalue à 250 florins (527 fr. 50 c.) les bénéfices de l'exploitation de chaque fermier responsable, sur lesquels il doit vivre lui et sa famille. Il y a de plus les salaires que peuvent gagner les membres de la famille. Ils ont, d'une part, la faculté d'aller travailler ailleurs, ce qui a lieu surtout au moment des récoltes et pour faire les tourbes. D'autre part, les enfants sont reçus aux métiers de tisserands, et le salaire qu'ils y gagnent leur est payé en monnaie des colonies. Les fermiers eux-mêmes sont aussi quelquefois admis à travailler pour la Société, mais uniquement pour des travaux qui exigeraient sans cela des mains étrangères aux colonies. Dans ce cas, on leur paie salaire, ainsi qu'aux enfants, en la même monnaie.

On remarque que les colons responsables ont plus de bien-être que les autres. Ils sont mieux nourris et mieux entretenus. La conscience de leur indépendance et de leur liberté paraît être leur premier mobile et la marque de leur véritable supériorité sur leurs voisins.

Du reste, on n'en voit pas qui louent des champs en dehors de leurs fermes, si ce n'est peut-être quelquefois des pâturages pour leurs bestiaux. Aucun n'est encore parvenu à acheter des terres.

A part ce petit nombre de fermiers responsables,

25 sur 425, pas même 6 p. 100, les autres colons, hommes, femmes, garçons et filles, travaillent, comme ouvriers, aux champs ou dans les ateliers. C'est, comme on le voit, l'abandon, la désertion complète du plan initial des fondateurs.

Soit que ce changement de système pût être évité, soit qu'il fût une des fatalités de l'institution, il a eu de fâcheuses conséquences. Il a commencé d'abord par détruire dès l'origine, par étouffer en germe ce principe fécond et chrétien, qui aurait vivifié et développé l'œuvre : la moralisation du colon par un travail libre et productif, et son élévation à la responsabilité.

Nous avons vu, en décrivant Ommerschans et Veenhuizen, comment cette notion morale de la famille s'émancipant par le travail, notion qui, à très peu d'exceptions près, n'existe plus dans les colonies libres que sous le rapport de l'habitation isolée et personnelle, avait, même sous ce rapport, complétement disparu dans les autres, puisque tout s'y passe en commun, les repas, le travail, le repos, l'existence enfin, et que dans ce triste pêle-mêle s'éteignent et se perdent, avec la responsabilité et la personnalité de chacun, tous les sentiments qui sont l'âme humaine et qui font la vie intime.

Ensuite la substitution d'un travail rétribué, fait

pour le compte de la Société, au travail respousable du colon, a nécessité l'attribution et la distribution d'un salaire, dans les colonies libres comme dans les autres colonies.

Les ouvriers des manufactures ainsi que les laboureurs sont à la tâche, mais seulement en ce sens qu'il y a pour les divers âges un maximum et un minimum de salaire. Le quartier-maître tient note du travail de chacun.

Un compte courant est ouvert à cet effet à chaque travailleur et un livret lui est remis. A la fin de la semaine, la rétribution est soldée, partie en aliments, c'est-à-dire en pain et pommes de terre, et partie en monnaie conventionnelle, avec laquelle le colon achète, dans les boutiques ou cantines, tout ce qui lui est nécessaire.

Nous donnons dans le tableau n° 12 le maximum et le minimun des salaires, avec l'emploi et la dépense. Le salaire des colons adultes oscille entre 1 florin (2 francs 11 centimes) et 80 cents (1 franc 68 centimes) par tête et par semaine. C'est souvent le père seul ou le père et la mère qui doivent gagner ce salaire pour tous les membres de la famille. Quoique ce salaire, même maximum, soit peu de chose comparativement à celui du travailleur valide dans les colonies forcées, où chacun travaille pour soi seul, il est pourtant supérieur au gain réel des colons.

L'administration applique rarement le minimum, obligée qu'elle est de prendre en considération la situation de la famille, et de lui donner plus qu'elle n'a vraiment gagné. Le minimum n'est infligé que dans les cas où il y a paresse flagrante, et non pas seulement insuffisance de forces. Partant, la Société est continuellement en perte sur le travail des colons libres. Aussi y a-t-il un déficit dont on se garde bien de parler; on estime que les colons libres devraient aujourd'hui à l'œuvre plus d'un million de florins; ce qui fait, pour environ quatre cents familles, à peu près 2,500 florins par ménage, en sorte que la perte de la Société par chaque famille dépasserait, à ce jour, de 800 florins le prix même de fondation, fixé à l'origine pour la dépense totale. Preuve nouvelle que le travail des colons est insuffisant à les faire vivre, même mal ; tant est défectueuse cette organisation du travail, qui n'est, nous le répétons, autre chose au fond que celle de nos ateliers nationaux, avec l'égalité des salaires !

Nous avons essayé de faire comprendre quel est le caractère spécial des colonies libres ; libres en ce sens que les colons y arrivent volontairement, à la différence des autres colonies où, à part les vétérans et les ménages d'ouvriers, on les mène de force.

Mais qu'on n'y cherche pas cette vie vraiment vivante, cette liberté active, aux manifestations spontanées, variées et multiples, qui distinguent les sociétés modernes. Ici règne l'apparence d'un bonheur négatif et sans nom qui n'est que le repos d'une existence végétative assurée, sans préoccupation du lendemain, sans horizon, sans espérance d'amélioration ou d'un progrès quelconque.

Où manque la responsabilité et la personnalité, l'âme s'éteint et l'homme disparaît; ainsi s'explique et l'insouciance du colon et la tiédeur de l'ouvrier, incompréhensibles autrement, quelle que soit l'opinion exagérée qu'on se fasse de la froideur et de l'indolence hollandaises.

En lisant ce qui précède, de l'étude que nous venons de faire des colonies libres des Pays-Bas, la réflexion est naturellement amenée sur celles que la France a fondées naguère à tant de frais en Algérie. Nous croyons l'avoir démontré, la principale cause de l'insuccès des colonies néerlandaises de bienfaisance, en général, et des trois colonies libres en particulier, ce qui les a fait dévier fatalement de leur direction primitive, c'est l'aveugle prétention qu'on a eue de créer des laboureurs de toutes pièces, avec toutes sortes de gens. Et cette faute originelle commise, ce qui continue à en prolonger les suites, ce qui tend à perpétuer, en les aggravant d'année en année, les pertes de l'œuvre, c'est la mauvaise organisation du travail, autrement dit de la vie, dans les colonies néerlandaises.

Après avoir donné carrière aux louanges officielles et officieuses, si, tout en rendant justice à l'institution, on en avait signalé franchement les vices constitutifs, sans doute la triste expérience faite par nos habiles voisins, mieux connue en France, nous eût été profitable, et, en nous montrant les écueils, nous eût préservés d'y tomber. La chose était possible peut-être, même en obéissant aux nécessités politiques qui dominaient la situation.

Que du moins les sacrifices consommés par la France ne soient pas stériles. Les exemples que nous venons de citer le prouvent : il faut que la main de la bienfaisance soit libérale avec discernement et prodigue avec intelligence. La mère-patrie doit se garder d'étouffer, même sous ses bienfaits, les sentiments qui font qu'une colonie vit de sa vie propre et se développe ; sans quoi, au lieu de fonder une société d'hommes laborieux et libres, elle ne fera que produire une espèce de polype qui, à jamais incapable de se suffire à lui-même, sucera incessamment le sang de sa mère.

Ce n'est pas ici le lieu d'insister sur ces considérations dans leur rapport avec le grave sujet auquel elles s'appliquent. Notre devoir était de les soumettre, en passant, aux méditations des hommes d'État dont les yeux tomberont peut-être sur ces pages.

CHAPITRE XIV.

Etudes d'ensemble. — Histoire critique de l'Institution.

Epreuves que l'institution a eu à subir. — Fautes commises. — Terrain choisi par le général Van den Bosch.— Essai de quelques travailleurs, conséquences de cet essai. — Direction de l'agriculture. — Centralisation excessive, ses effets. — Opérations financières, conséquences de ces opérations.—Opérations nouvelles, nouvelles fautes.— Demande de secours au gouvernement.— Phase curieuse de l'existence de l'institution. — Le gouvernement menace de cesser les paiements.

Après avoir expliqué l'organisation et la constitution de la Société néerlandaise de bienfaisance, après avoir conduit successivement le lecteur dans tous les établissements qu'elle a fondés jusqu'à ce jour et les lui avoir fait connaître, chacun dans son caractère spécial et distinctif, nous devons maintenant, appréciant dans son ensemble l'institution que nous avons étudiée dans ses parties, signaler les épreuves qu'elle a eu à subir et les fautes qui ont entravé sa marche ; en un mot, dresser, autant que possible, le bilan économique et moral de l'œuvre.

Le général Van den Bosch, en praticien habile et en tacticien consommé, voulant livrer une bataille décisive à la misère, avait cherché à mettre de son côté tous les avantages. D'abord, il s'appliqua à bien choisir le lieu du combat. Pour expliquer sa défaite, on a prétendu depuis qu'il avait été malheureux dans le choix du terrain. Dans toute l'étendue du royaume actuel des Pays-Bas, il aurait été impossible, au dire de la plupart des connaisseurs, de trouver une situation mieux appropriée à la fondation d'une colonie agricole de pauvres que la situation d'Ommerschans, de Veenhuizen, et pour la plus grande partie aussi que celle des colonies libres. Nulle part ailleurs on n'aurait pu acheter un terrain si propre à la culture, à un prix si modéré, trente florins l'hectare, et qui eût été en même temps aussi à portée des canaux navigables, pour le transport des fumiers, des fourrages, et de tout ce qui compose le nécessaire des fabriques et les besoins de la population. Nulle part ailleurs, le sol, couche inférieure de tourbes épuisées, n'aurait pu produire dès le début plusieurs récoltes successives, sans autres frais que ceux de la main-d'œuvre payée pour faire brûler la tourbe qui recouvre toujours ces couches inférieures à une profondeur de quelques décimètres.

Après avoir choisi le terrain, le général fit l'essai

des compagnons de son entreprise, des soldats du travail. C'est ici que nous avons à relever sa première erreur. Le général prit avec lui des ouvriers valides, et, sous ses yeux, il les employa à des travaux agricoles bien dirigés ; il tira de cet essai, quant au travail et aux produits, des conséquences qu'il se flatta de réaliser en grand. Malheureusement il avait raisonné sur un échantillon trompeur. Au lieu d'ouvriers laborieux et valides, on ne lui envoya que des ouvriers non valides ou paresseux.

En supposant même qu'il eût pu trouver en nombre suffisant des bras robustes et courageux pour cultiver les terres de la Société, l'obligation de congédier les colons au bout de trois ans, terme moyen, passés aux colonies forcées, véritables dépôts de mendicité, ne se serait-elle pas à jamais opposée à la solution du problème poursuivi par l'honorable général? Un séjour d'une si courte durée aux colonies est loin de suffire à transformer des mendiants adultes, fussent-ils même valides et laborieux, en ouvriers agricoles, ayant assez de pratique et d'énergie pour chercher de l'ouvrage et gagner leur pain. D'ailleurs, le général fondateur pouvait-il conduire des milliers de travailleurs, comme il avait dirigé le petit nombre qui avait servi à son expérience?

Les bras sur lesquels il avait compté manquaient ainsi à l'idée du général. S'imaginant que le produit du colon couvrirait la dépense, on avait établi d'abord que l'œuvre ne donnerait rien au colon qu'en échange de son travail. Mais on s'aperçut bien vite qu'avec les ouvriers dont on disposait, le maintien d'un principe si juste, si social, était ou impossible dans l'application, ou cruel dans ses conséquences. En effet, admettons que la loi du travail salarié eût été applicable; la proportionnalité du salaire au travail effectué, quand bien même on eût usé de la plus grande rigueur, n'aurait conduit le colon qu'à la plus extrême misère; ce qui, dès l'origine, eût discrédité l'œuvre coloniale aux yeux du public. Pour prévenir un tel résultat, on changea de principe. Au lieu de dire au colon libre : *Voici une ferme, exploitez-la;* et au colon forcé : *Travaillez, vous aurez tel salaire;* l'on renversa les termes de la proposition, et l'on dit aux colons libres ou forcés : *La Société va vous nourrir et vous entretenir, vous la rembourserez par votre travail.*

Cette déviation des principes constitutifs de toute société libre et naturelle amena pour conséquences fatales une suite de mécomptes et d'insuccès qui ne tardèrent pas à infirmer les calculs du général fondateur et à déconcerter ses espérances.

Un des vices originels de l'organisation de la Société vint compliquer bientôt ces résultats négatifs. Nous avons vu que le gouvernement de l'œuvre appartient à un conseil supérieur résidant à La Haye, sous le nom de commission de bienfaisance. Quelle direction utile, intelligente, spéciale sous le rapport agricole, peut donner un tel comité, résidant à plus de douze myriamètres des colonies, composé presque toujours de membres étrangers à l'agriculture ? C'est pourtant de ce centre que partent les modes d'assolement, les projets de culture, les plans de chaque campagne; modes, plans et projets que les directeurs des établissements doivent exécuter à la lettre, comme des instruments aveugles et passifs.

Il est évident que les traditions et les habitudes du commandement militaire avaient, sur ce point, égaré les idées du général. En assujettissant à cette centralisation excessive et despotique tous les éléments et tous les agents de l'exploitation, il oubliait ou il méconnaissait ce qu'il y a de forcément individuel dans tout travail agricole où, dans une certaine mesure, les progrès et les résultats sont toujours en raison directe de la division et de la spontanéité des efforts, de l'inspiration et de l'intérêt propre du travailleur, en un mot, de l'appropriation de l'intelligence et des bras de l'homme au sillon qu'il cultive.

A ces deux causes d'insuccès, il s'en ajouta tout aussitôt une troisième d'une nature différente, mais plus désastreuse encore dans ses effets. Une opération financière, indispensable aux vastes développements donnés à l'œuvre dès son début, vint la grever, à peine née, d'un intérêt énorme à servir. Pour suffire à l'acquisition de tant d'hectares de terre, à leur défrichement, à la construction et à l'ameublement de tant d'édifices, il fallut emprunter et emprunter beaucoup. La somme totale des emprunts s'est élevée, de 1848 à 1854, à plus de quatre millions de florins [1]. Nous l'avons déjà dit : s'imaginant qu'avec les produits de l'exploitation l'œuvre suffirait à l'entretien des colonies, on s'était flatté de pouvoir, à l'aide des versements annuels stipulés dans les contrats, faire face au service des intérêts et à l'amortissement du capital avant la dixième année.

La plupart des colonies agricoles commencent ainsi par de folles mises de fonds, en acquisition de terrain, en constructions et en mobilier, c'est-à-dire qu'elles déposent dans les fondements mêmes de l'œuvre un germe de mort ou de ruine prochaine.

Dans l'ordre naturel qu'il s'agit d'imiter le plus possible, quelle marche la nécessité même impose-

---

(1) *Voir* le tableau n° 15.

t-elle au développement des sociétés primitives? Les premiers colons d'une terre nouvelle commencent par l'occuper : chacun cherche son abri et sa nourriture, cultive le sol et construit sa cabane. Peu à peu, les habitations s'agglomèrent, la cité se forme et s'élève d'autant plus facilement et d'autant mieux qu'elle n'a pas pris sur ses épaules l'écrasant fardeau d'une dette originelle. Au contraire, que se passe-t-il dans les colonies de mendiants artificielles comme celles de la Néerlande? L'on construit à grands frais la ruche, avant d'appeler l'essaim; puis, au lieu de faire don à l'essaim de la ruche, on grève le travail de la communauté, présent et avenir, de l'intérêt des fonds engagés et de l'amortissement du capital. N'est-ce pas condamner la colonie naissante à un désastre infaillible? Nous aurons souvent l'occasion de revenir sur cet écueil des établissements agricoles à l'instar de ceux de la Hollande. En ce moment, nous nous bornons à émettre cette proposition :

Pour qu'une colonie agricole de bienfaisance naisse viable, de deux choses l'une ;

Ou bien il faut que la commune, le département, l'État, la société fondatrice de l'œuvre, la charité privée ou publique enfin, fasse à la colonie l'avance des premiers frais d'établissement, comme une mère qui donne la vie à son enfant lui fait un don, et non pas seulement un prêt à intérêts onéreux et exigibles ;

Ou bien il faut que l'œuvre, proportionnant ses développements à ses ressources, n'acquière et ne construise qu'au comptant, avec les produits déjà réalisés des opérations antérieures. C'est une vie de travail, de luttes, de privations et de sacrifices, mais au bout de laquelle la victoire est certaine.

Hors de ces deux hypothèses, il n'y a pas de succès possibles pour les colonies agricoles de bienfaisance.

Ainsi, les colonies néerlandaises ont débuté par trois fautes plus ou moins capitales :

1° Un vice d'administration qui, dans le but d'astreindre la partie agricole à une direction centrale trop éloignée de l'exploitation, en paralysait les efforts et en retardait les développements ;

2° Une erreur de calcul qui, infirmant d'avance toute l'opération, entraînait des mécomptes certains, puisqu'on avait tiré du travail de quelques ouvriers valides des conséquences non applicables au travail de la plupart des mendiants ;

3° Une opération financière désastreuse, puisque, écrasant au début les maigres produits d'un travail insuffisant, d'intérêts à servir et de dettes à éteindre, elle condamnait l'œuvre à une déconfiture inévitable.

Remarquons, quant à cette troisième faute, que, non impliquée forcément dans le plan primitif, elle n'a été qu'une conséquence de la seconde. En effet, la Société avait cru qu'elle couvrirait toutes les dépenses de premier établissement, ainsi que les emprunts, avec les sommes que lui assuraient les contrats; mais d'erreur en erreur, elle s'est vue forcée d'emprunter encore, d'emprunter toujours, sans pouvoir amortir le capital, et même sans pouvoir servir les intérêts dus à l'État.

Au bout de la troisième année, les directeurs fondateurs de la Société de bienfaisance, administrateurs de l'œuvre, durent être convaincus, et ils le furent, de la fausseté de leurs prémisses, du moins quant au travail qu'ils attendaient des colons et aux produits qu'ils espéraient tirer de ce travail. C'est pourquoi, dès 1825, ils réclamèrent contre les premiers contrats passés entre l'État et la Société. Il y a plus : le comte Van den Bosch lui-même, en 1827, après que ces contrats eurent été modifiés, avoua, par écrit, dans le sein de la commission de bienfaisance, qu'en 1842 l'œuvre ne pourrait suffire à ses besoins, si le gouvernement ne continuait pas au delà de cette époque le paiement des 222,000 florins (468,420 fr.) qui, même d'après les seconds contrats, n'étaient dus que jusqu'au 1ᵉʳ juin 1842. Imputant à l'État les revers de l'œuvre, à cause de l'invalidité des colons par lui placés, le général donnait à cet aveu, fait en présence de ses collègues, la forme d'une prétention dont il soutenait la justice. Mais alors ces dires n'étaient point rendus publics. Nonobstant la conviction et la déclaration du comte Van den Bosch, la commission permanente écrivait encore, en 1830, au gouvernement, que la Société de bienfaisance serait en mesure de remplir les engagements qu'elle avait contractés.

Nous ne manquerons pas de signaler ici une qualité ou un défaut qui se rencontre plus ou moins chez tous les inventeurs, quel que soit le mobile de l'invention, égoïste ou sympathique; c'est l'obstination et l'orgueil du succès. Maintes fois, en parlant de nos établissements, nous aurons à montrer les tristes effets d'un pareil entêtement. On s'est trompé, on a fait fausse route, on s'en aperçoit : des témoins, des chiffres irrécusables, viennent éclairer les convictions les plus aveugles; n'importe, on s'obstine, et plutôt que de rétrograder quand il en est temps encore, on se précipite tête baissée devant soi, sauf à rejeter plus tard la faute et la responsabilité de l'insuccès, de la ruine de l'œuvre sur les circonstances extérieures, sur l'indifférence du public, sur la parcimonie de l'État.

Donc, la commission de bienfaisance, véritable pouvoir exécutif de la Société, poursuit sa marche, et cachant aux actionnaires et à l'État la vérité, qui déjà sautait aux yeux des initiés, elle continue à promettre le succès, et se livre à deux opérations également funestes.

Elle emprunte à de nouveaux prêteurs, pour rembourser ostensiblement les premiers, ajoutant ainsi à la première dette les frais inséparables d'un nouvel emprunt.

Elle réduit l'exploitation agricole des colonies, pour se réserver, sur les fonds empruntés, de quoi parer aux découverts des premières années et aux nécessités courantes ; ce qui rendait stérile l'argent emprunté et diminuait d'autant le champ des bénéfices qu'on s'était promis.

Ici commence, avec les épreuves que la Société a eu à subir, une phase curieuse à étudier dans la vie de tout établissement philanthropique : c'est le moment où la confiance en ses propres efforts abandonnant le fondateur ou le directeur de l'entreprise, il se retourne du côté de l'État et l'accable de sollicitations pour en obtenir le plus d'argent possible.

La Société néerlandaise de bienfaisance, en inaugurant son œuvre, avait compté, pour le faire vivre et prospérer dans la suite, sur les seuls produits du travail des colons. Les 222,000 florins (468,420 fr.) que, d'après les contrats primitifs, le gouvernement s'engageait à payer, pendant seize ans, étaient destinés, nous le répétons, au remboursement des capitaux empruntés pour couvrir les frais de premier établissement d'Ommerschans et de Veenhuizen et au service des intérêts de ces capitaux. A moitié désabusée, la Société demanda bientôt à l'État de lui accorder, outre la subvention annuelle, une indemnité par tête de mendiant, proportionnelle à l'invalidité du sujet, pour combler le déficit présumé du travail effectué par les colons de cette catégorie. L'État accède à cette demande, en prorogeant même jusqu'en 1842 le terme des subventions annuelles. La commission de bienfaisance, regardant comme une faveur ce qui lui était ainsi donné, écrit au gouvernement des lettres de remerciement, où elle annonce que l'œuvre pourra vivre à ces conditions. Ces lettres, conservées précieusement, ont servi plus tard de défense à l'administration contre les plaintes du comité permanent qui en avait perdu le souvenir.

Quant aux colonies libres, quoique l'on se fût abusé tout autant dans les calculs sur lesquels on avait basé l'institution, on n'osa pas revenir sur ces calculs et se donner un démenti public, en demandant de résilier ou de modifier les contrats. N'avait-on pas annoncé dans les prospectus que seize années suffiraient pour solder les emprunts, se passer des subventions et mettre l'institution à même de se soutenir par ses seules forces et ses propres produits? C'est sur ces promesses de prospectus que l'on avait passé des contrats, soit avec des particuliers, soit avec les communes, soit avec les hospices, et que le prix de 1,700 florins avait été stipulé pour le placement de chaque famille aux colonies libres. Nous avons vu de combien ce prix est inférieur aux dépenses réelles d'une famille de colons, et de quel déficit cette erreur d'évaluation a chargé les finances de la Société. Ainsi, voilà donc que l'œuvre périclite dans ses deux parties, sous ses deux faces.

Aux colonies libres, un déficit énorme provenant de calculs erronés, sur lesquels la commission directrice n'ose pas revenir.

Aux colonies forcées, même impossibilité de couvrir la dépense du colon par son travail, et recours au gouvernement pour qu'il comble la différence par des subventions.

Mais le gouvernement devait se lasser à la fin et s'arrêter dans cette voie de subvention et de sacrifices. Après avoir, outre la rétribution annuelle fixée dans les premiers contrats, accordé une indemnité par colon plus ou moins invalide; après être venu au secours de l'œuvre, en lui commandant des fournitures considérables; après avoir même excédé en paiements, prêts et subventions, le prix de ces fournitures et le total des rétributions convenues, si bien qu'en 1842 l'État était en avance de 3,604,474 florins (7,605,440 francs) versés à la Société en sus de ce qu'il s'était engagé à lui donner; après tant de preuves de sollicitude et de bienveillance, le gouvernement des Pays-Bas crut de son devoir de faire des remontrances, en menaçant de cesser ses paiements, jusqu'à ce qu'on eût réglé le passé.

CHAPITRE XV.

Histoire critique de l'Institution. — Suite.

Récriminations et attaques réciproques entre l'État et la Société de bienfaisance.— Plaidoyer de la Société contre l'État. — Réponse de l'administration supérieure. — Analyse du débat. — Crise et traité de 1843.

Nous arrivons à cette phase prévue des récriminations et des attaques réciproques entre une société en détresse et un gouvernement qui se lasse de donner, phase que l'histoire de plusieurs de nos colonies ne manquera pas de reproduire exactement. Les attaques de la Société de bienfaisance et la défense du gouvernement hollandais se sont formulées dans deux pièces officielles : une brochure du général Van den Bosch et un mémoire explicatif de l'administration supérieure.

En résumé, le comité permanent, rejetant sur le gouvernement la responsabilité de l'insuccès, produit contre lui trois chefs d'accusation.

Premier grief.—Soit impéritie, soit malveillance de l'administration supérieure, au lieu de fournir à l'œuvre des bras valides, on lui a envoyé des impotents. Ne serait-ce point par jalousie que la direction des services de bienfaisance a joué ce tour à la Société, transformant de cette manière les colonies en dépôts de mendicité? Comment est-il possible de faire des agriculteurs avec des mendiants invétérés, valides ou non, dont quinze font au plus l'ouvrage d'un laboureur? Or, depuis l'origine, le nombre des mendiants n'a fait que croître d'année en année. Telle est, selon le comité, la cause de l'altération, de la corruption de l'idée du général fondateur, et la cause de la dégénérescence de l'institution. Donc, la faute de cette dégénérescence doit être imputée à l'État.

L'État répond qu'il ne fait pas les ouvriers valides ou non valides; qu'il n'est que l'intermédiaire des communes qui désirent les placer. Est-ce lui qu'il faut rendre coupable des inévitables conséquences d'une chimère qu'il n'a pas conçue et qu'il n'a jamais épousée, celle de trouver, en nombre suffisant, des ouvriers valides et laborieux, qui consentiraient à s'expatrier, pour aller, dans la Sibérie hollandaise, défricher des terres incultes au compte d'une société de bienfaisance? Que si une pareille idée est jamais entrée dans la tête d'hommes sensés, à eux seuls doit revenir la responsabilité de la conception, louange ou reproche. Loin d'entraver l'œuvre, l'État a cherché, au contraire, à la favoriser, et c'est dans cette intention qu'il a successivement accordé les diverses rétributions qui lui ont été demandées, et que l'on recevait d'abord avec force remerciements. Les lettres que le comité permanent écrivait à l'administration supérieure sont là pour le prouver.

Deuxième grief. — Le second chef d'accusation produit par la commission permanente n'est qu'une variante du premier, sous une autre forme. Elle se plaint, en effet, de l'insuffisance du subside accordé par l'État. Après avoir maladroitement et perfidement détourné l'institution de son but, le gouvernement, selon elle, l'a mise dans une gêne financière extrême, par la parcimonie de ses allocations et rétributions. Le prix par tête de colon et les indemnités pour cause d'invalidité, tout était évidemment trop faible. Bref, il aurait fallu subventionner les colonies à raison de 120 florins (255 fr.) par tête, au lieu de 85 florins (179 fr.), dernier et plus fort maximum.

Mais, dit le gouvernement, cet état de choses, dont se plaint la Société, n'a-t-il pas été accepté par elle avec une gratitude dont on ne marchandait pas alors les termes? La Société n'a-t-elle pas commencé son œuvre avec l'espérance qu'elle n'aurait besoin d'aucune subvention? Est-elle bien fondée à venir aujourd'hui incriminer son bienfaiteur sur la prétendue insuffisance d'un bienfait qui a été regardé par elle comme le gage même de son salut? N'est-ce pas plutôt à de faux calculs, à de déplorables opérations financières qu'il faut attribuer la gêne où se trouve l'institution? D'ailleurs, en calculant rigoureusement tout ce qu'a versé l'État en rétributions convenues, en indemnités pour les invalides, en prêts, subventions et dons gratuits, on arrive à ce résultat que la somme annuelle versée par lui à la Société, de 1830 à 1842, divisée par le chiffre réel des mendiants, ménages d'ouvriers et orphelins placés, donne plus de 100 florins (214 francs) par tête de colon valide ou non valide, enfant ou adulte.

Troisième grief. — Enfin, poussant la prévention jusqu'à ériger en système la conduite du gouvernement, la commission permanente prétend qu'à l'aide de cette gêne croissante, l'État travaillait à réaliser le projet, qu'il a, à moitié du moins, exécuté depuis, de se rendre propriétaire de la majeure partie des terres de la Société et de faire tomber entre ses mains la direction suprême de l'œuvre.

Le gouvernement réplique que, s'il a pris certaines mesures conservatoires dans l'intérêt du trésor public, c'était son devoir encore plus que son droit. Tout en blâmant des erreurs de calcul et des opérations fatales, il rend justice à la commission de bienfaisance, qui a bien administré, avec fermeté et à peu de frais ; et, loin de chercher à devenir propriétaire définitif et directeur de l'œuvre, l'État désire que la Société puisse à l'avenir remplir ses obligations avec les ressources dont les nouveaux contrats l'ont pourvue.

Nous avons analysé ce débat avec quelques détails, parce qu'il nous a paru aussi instructif que curieux. Il renferme plus d'un exemple et plus d'un enseignement dont il importe de prendre note, afin d'en profiter à l'occasion.

Ces accusations et récriminations réciproques devaient tôt ou tard se terminer par une crise; elle arriva en 1842. Comment les choses se passèrent-elles ? Il y a deux versions, celle de la commission et celle du gouvernement. D'accord sur les faits, elles ne diffèrent que par les causes que chaque partie leur assigne.

Voici d'abord comment la Société explique la crise et le traité qui en a été la conclusion. Le roi Guillaume Ier, dans un arrêté de 1836, avait stipulé que l'on verserait à la Société, sur les fonds du département de la marine et des colonies, une somme annuelle variable, dont le minimum serait de 400,000 florins (244,000 francs)[1]. Le roi Guillaume II, au mois de décembre 1840, fit cesser les paiements effectués en vertu de cette clause. Par suite de cette mesure, la commission de bienfaisance s'est prétendue lésée d'une somme de 600,000 florins (1,266,000 francs) qu'elle a réclamée avec instance. Ne pouvant l'obtenir, elle donna sa démission, à la fin de 1842. Le gouvernement, à qui cette retraite imposait la charge d'administrer l'œuvre, recula bientôt devant les difficultés d'une telle direction ; il conjura le prince Frédéric et le général Van den Bosch de reprendre leurs fonctions. Le général y consentit pour sa part, à la condition que le prince daignerait lui donner l'exemple et que le gouvernement, sans préjudice des autres avantages faits à la Société, prorogerait indéfiniment les annuités, en les augmentant de 400,000 florins, c'est-à-dire en les portant à 522,000 (679,420 fr.). A

---

(1) Cette somme, l'État l'avait promise à la Société pour la mettre à même d'amortir le capital des emprunts et de servir les intérêts de sa dette envers le trésor ; mais il s'était réservé le droit de supprimer cette subvention au cas où la Société n'en ferait pas l'usage convenu. Comme la commission ne payait point lesdits intérêts et ne remboursait aucune partie des emprunts, l'autorité supérieure usa de la réserve écrite dans l'arrêté royal **de 1836.**

la prière du général, le prince rentra dans la commission, et le traité fut conclu.

Le gouvernement explique un peu différemment les choses. A la fin de 1841, une commission spéciale fut nommée à l'effet d'apurer les comptes de la Société. Dans le courant de 1842, cette commission proposa de régler, par un contrat nouveau, les droits et les devoirs réciproques du gouvernement et de la Société de bienfaisance. Les bases du nouveau contrat agréaient au gouvernement, mais ne satisfaisaient point complétement la Société. Les administrateurs de l'œuvre, pour forcer la main à l'État, menacèrent de se retirer : ils envoyèrent leur démission au ministère qui, nullement effrayé de cette résolution, les prit au mot et se borna à leur accuser réception de leur lettre d'avis. Il institua d'office une gérance intérimaire pour l'administration des colonies, en attendant de nouvelles élections. En vertu des dispositions du code civil relatives à la gestion volontaire du bien d'autrui, le directeur des colonies, M. Van Konijnenburg, se chargea de les gérer sous sa responsabilité personnelle.

L'attitude ferme du gouvernement donna à penser aux administrateurs démissionnaires. Craignant qu'on ne s'habituât à se passer d'eux, ils se ravisèrent bientôt. On décida le prince Frédéric, chez qui la bienfaisance est poussée jusqu'au dévouement, à revenir sur sa démission : les autres membres de la commission l'imitèrent. Le gouvernement, profitant de la circonstance, voulut lier davantage les mains à la Société ; il consentit à ajouter aux **222,000** florins payés jusqu'alors 100,000 florins de plus, mais à condition que la Société lui ferait l'abandon de la majeure partie des terres, et qu'elle se laisserait imposer des règles de comptabilité et le contrôle d'un agent de l'autorité supérieure. Ces conditions furent acceptées.

Pourquoi et comment l'État avait-il un droit de propriété sur les immeubles de la Société ? Il était, nous l'avons dit, en avance envers l'œuvre de 3,604,474 florins (7,605,440 francs). Or, l'arrêté de 1836 disposait que tous les biens meubles et immeubles de la Société serviraient de garantie au gouvernement pour toutes les sommes payées ou à payer, que le gouvernement pourrait en exiger le remboursement à toute époque et que la Société serait tenue, le cas échéant, ou de faire le remboursement, ou de céder à l'État toutes ses propriétés.

Armé de ces dispositions, le gouvernement, avant de continuer les annuités et de les augmenter d'un tiers en sus, réduisit la Société à cette alternative, ou de lui rembourser ce qu'elle lui devait, ou de lui céder ses droits de propriété pour l'équivalent des sommes avancées. Que si elle refusait de prendre un parti, l'État refuserait de conclure le contrat nouveau ; ce qui forcerait la Société à faire faillite. La cession des biens était trop légalement et trop justement réclamée pour que la commission osât la décliner ; mais elle élevait des contestations, d'abord sur la fixation de la somme pour laquelle l'œuvre devait se déclarer débitrice de l'État, prétendant la faire réduire à ce qui lui avait été donné explicitement à titre de prêt ; tandis que le gouvernement, au contraire, soutenait que la dette de la Société devait comprendre tout ce qu'il avait fourni à l'œuvre, en numéraire, au delà de la lettre même des engagements stipulés dans les six premiers contrats.

En second lieu, la commission permanente insistait pour obtenir les 600,000 florins (1,266,000 fr.) qui lui étaient dus en vertu de l'arrêté de 1836, tandis que l'État repoussait cette réclamation, en s'appuyant sur les réserves de ce même arrêté.

La Société de bienfaisance finit par se rendre soit à l'évidence de la raison, soit à l'empire de la nécessité. Un nouveau traité fut conclu en 1843, par lequel l'État s'engage : 1° à payer 322,000 florins (679,420 francs) annuellement, jusqu'à l'extinction des dettes de la Société ; 2° à continuer à toujours le paiement des indemnités pour invalidité, aux taux réglés par les précédents contrats ; 3° à faire à la Société le plus de commandes possible [1].

Les obligations de la Société restent les mêmes que par le passé, mais de plus elle se reconnaît débitrice de la somme précitée, portant intérêt à 4 p. 100, et elle cède à l'État la propriété d'Ommerschans et des trois Veenhuizen. Les colonies libres étant le gage des avances faites par les communes et hospices, et en quelque sorte leur propriété, n'ont pas pu être comprises dans cette cession. Le gouvernement, du reste, n'a jamais voulu s'immiscer dans les affaires des colonies libres. S'il attachait un certain prix à avoir la propriété des autres, c'est dans le désir légitime de se trouver chez lui, dans les établissements mêmes où ses colons sont placés, pour le cas, non désirable mais possible, où la Société de bienfaisance viendrait à se dissoudre ; ce qui désormais n'entraînerait plus l'écroulement de l'œuvre coloniale.

Ce qui prouve à quel point le gouvernement, même après tout ce qui s'est passé, est demeuré le protecteur bienveillant de l'œuvre, c'est que, non

---

(1) *Voir* la note C, à la fin du volume.

content de payer les sommes stipulées par le dernier contrat, il est venu depuis 1845 extraordinairement au secours de la Société par des subventions volontaires. La maladie des pommes de terre en 1846-1847, et la mauvaise récolte des seigles en 1848, lui ayant fait subir des pertes considérables, l'État lui accorda, à titre de dons :

En 1846. .	80,000 florins.
En 1847. .	161,536
En 1848. .	86,000
	327,536 flor. (691,100 fr.)

Malgré ces subsides, joints à tous les paiements ordinaires, les dettes courantes de la Société (autres que celles qui provenaient des emprunts primitifs, dont le total s'élevait dès 1830 à 3,629,500 florins), se sont accrues depuis 1845 et ont atteint un chiffre de 8 à 900,000 florins, outre la dette de 288,000 florins contractée en 1831. D'où il résulte que dettes flottantes et dettes consolidées, la Société doit aujourd'hui :

1° Emprunts antér. à 1831. 3,629,500 fl.
2° Créances de l'État. . . . 3,604,474
3° Dette flottante (approx.). 1,088,000
                                                       fr.
        Total. . . 8,321,974 (17,559,365)

En regard de ces dettes énormes, la Société possède :

1° La maison où se tiennent les bureaux de la commission permanente à La Haye et son mobilier ;

2° Les terres et bâtiments des colonies libres et de Wateren ;

3° Le mobilier agricole, industriel et d'habitation de ces mêmes établissements ;

4° Les matières premières, restes en magasin et objets confectionnés pour l'usage de tous les colons ;

5° 887 bonniers de bruyères d'une valeur très minime.

Toutes ces terres ou valeurs, ainsi que celles d'Ommerschans et de Veenhuizen, sont grevées d'hypothèques.

Balance faite de cet actif et de ce passif, quel serait, en cas de liquidation, le sort des créanciers ?

Nous avons expliqué comment l'État est devenu propriétaire de la plus grande partie des terrains de la Société, dont il a abandonné l'usufruit à l'œuvre. Seulement, le gouvernement a pris cette propriété dans la situation où elle se trouvait, c'est-à-dire grevée d'hypothèques au profit des premiers prêteurs. C'est pourquoi, pour mettre plus à couvert les intérêts du trésor, au cas d'une liquidation, il a pris une seconde hypothèque sur les autres biens non cédés de la Société.

Ces rigueurs, plus ou moins justifiées, de l'administration supérieure, ont été implicitement approuvées par les états-généraux, qui ont mis à la disposition du gouvernement les sommes nécessaires à l'exécution du contrat de 1848. Si la commission de bienfaisance a été quelquefois en butte à des attaques fort vives et même injurieuses, sorties du sein des chambres, aucun vote des états n'a sanctionné ces attaques, exprimées par des membres isolés, ou par des commissions *ad hoc*, ou par l'une ou l'autre section de la seconde chambre. La passion, incapable de justice, se renferme rarement dans les bornes d'une critique impartiale. Sans tenir compte des difficultés qu'on éprouve à réaliser même le bien, elle ne se contente pas d'accuser les actes, elle va jusqu'à incriminer les intentions les plus loyales et les plus généreuses.

CHAPITRE XVI.

Bilan de l'institution.

Espérances du général fondateur. — En quoi et jusqu'à quel point elles ont été réalisées. — Justice qu'il faut rendre au général Van den Bosch et à ses coopérateurs. — Bienfaits de l'œuvre. — Côté le plus brillant de l'entreprise : l'agriculture.

Le défrichement des landes et l'amélioration des indigents, la moralisation de l'homme par la culture de la terre, voilà le principe et le but, voilà le moyen et la fin de l'institution que nous venons d'étudier sous toutes ses faces et à travers toutes ses vicissitudes. C'était une noble ambition, et bien digne d'inspirer, de passionner des hommes tels que le général Van den Bosch et ses coopérateurs. Presque au terme de la route que nous avions à parcourir, nous éprouvons le besoin de reporter nos regards en arrière et de saluer encore de loin le berceau de l'œuvre et l'idée qui a présidé à sa naissance.

Quelles généreuses espérances, quels rêves généreux cette inspiration a fait éclore dans l'âme du comte Van den Bosch ! Que de paroles enthousiastes cette pensée a fait jaillir de son cœur et de ses lèvres ! Ouvrons son mémoire sur Frederiks'oord [1].

« Je crois avoir établi, s'écriait-il, que, d'après des calculs d'une grande probabilité, le nombre des indigents capables de travailler dans les provinces septentrionales du royaume s'élève, approximativement, à **72,000**; dans ce nombre ne sont pas compris environ 50,000 mendiants qui pourront être placés dans l'établissement d'Ommerschans, après qu'il aura reçu l'étendue et les développements convenables. Sur les **72,000** indigents aptes à peupler les colonies libres, 40 à 45,000 peuvent facilement y trouver à la fois une existence honnête et cette régénération morale qui est un véritable besoin et pour eux et pour la société.

« Si l'on ajoute à ceci, poursuivait l'honorable général, que par les moyens proposés plusieurs milliers d'arpents de terre aujourd'hui incultes seront rendus productifs ; si l'on pense que des milliers d'ouvriers trouveront des ressources nouvelles dans les besoins auxquels il faut pourvoir pour établir et

---

(1) Mémoire manuscrit sur les moyens de subvenir aux besoins de l'indigence par le défrichement des terres vagues et incultes, 1819-1820.

entretenir plus de 40,000 individus, qui, loin d'occuper maintenant l'industrie de leurs concitoyens, n'ont été jusqu'ici qu'une charge publique ; si l'on embrasse d'un seul coup d'œil la totalité de ces résultats possibles : plus de 40,000 indigents soustraits à la misère ! une économie considérable dans les dépenses de la charité privée et officielle ! un accroissement non moins marquant des richesses nationales ! l'amélioration morale d'une classe d'hommes aujourd'hui presque ravalés au rang des bêtes, et par conséquent le fléau de la société ! alors, il est sans doute permis de compter sur l'empressement toujours croissant de nos concitoyens à seconder efficacement des efforts philanthropiques couronnés de succès et susceptibles de succès ultérieurs........

« Non pas que nous ayons la prétention de vouloir transformer tout de suite en modèles de vertu des hommes démoralisés par la misère ; mais nous ne doutons point que, secondés par le gouvernement, nous ne réussissions, moyennant une discipline convenable, à maintenir les colons dans la ligne du devoir, et nous nourrissons les espérances les mieux fondées sur l'amélioration de leur progéniture. Nous l'offrirons un jour à la société, élevée sous la voûte des cieux qui constituera leur principal atelier, grandie au sein du travail, bien nourrie, vigoureuse, saine d'esprit et de corps, et par là capable de gagner son pain, propre au service de nos armées de terre et de mer, et enfin prête à remplacer utilement les étrangers qui actuellement viennent par milliers, tous les ans, faire nos travaux champêtres et exploiter nos tourbières. »

De ces espérances magnifiques, qu'est-ce que trente ans d'essais et de labeurs ont réalisé? Le lecteur le sait à présent aussi bien que nous.

Au lieu de 80 à 100,000 individus que le général plaçait en perspective aux colonies néerlandaises, 10,000 environ forment aujourd'hui le total de la population, qui, loin de s'accroître, tend à diminuer de jour en jour.

Sur 2,500 individus, répartis en 425 fermes aux colonies libres, 25 ménages seulement sont devenus fermiers responsables.

Aux colonies forcées, les infirmes, les invalides, les incapables sont en majorité.

Dans les unes comme dans les autres, le travail industriel, contrairement aux vues des fondateurs, s'est développé autant et plus que le travail agricole.

Le gouvernement a vu d'année en année grossir le chiffre de ses sacrifices sans que personne en puisse prévoir le terme.

Les communes qui, directement ou indirectement[1], supportent tous ces sacrifices ne s'aperçoivent pas d'ailleurs qu'elles aient retiré jusqu'ici de l'établissement des colonies des avantages bien sensibles.

Enfin, la Société de bienfaisance, obérée, écrasée d'une dette de plus de huit millions de florins (environ dix-sept millions de francs), a été obligée de céder en partie ou de laisser hypothéquer ses immeubles, dont la valeur totale n'excède pas deux millions de florins (4,220,000 francs).

Ceux qui nous ont précédés dans l'étude des colonies néerlandaises ont eu une tâche plus facile et moins pénible que la nôtre. Venus à une époque où les résultats de l'expérience n'avaient pas encore dessillé les yeux des fondateurs et des souscripteurs, en présence des prodiges de culture que l'œuvre réalisait sur une terre stérile naguère et maudite, ils se sont abandonnés à tout l'enthousiasme d'une admi-

---

(1) Sur les 322,000 florins (679,420 francs) que l'État paie annuellement depuis 1843 pour les 9,200 places dont il dispose aux colonies, on estime que les remboursements des communes vont aux deux tiers ou à la moitié de la somme totale. Les états généraux votent à chaque budget 200,000 florins (422,000 francs) pour faire face aux découverts ; mais le crédit n'est jamais épuisé en totalité. Pour 1850, cette somme a été réduite à 160,000 flor. (337,600 francs). Peu importe, du reste, que ce soit l'État ou les communes qui paient ; c'est toujours de la bourse des contribuables que l'argent sort.

ration naïve et confiante. Aussi, le récit de leur visite aux établissements de la Société n'est-il qu'une hyperbole continue, où la louange du présent n'est surpassée que par l'espérance de l'avenir.

Il nous a fallu beaucoup d'efforts pour ne pas imiter nos devanciers. C'est chose si douce de louer le bien, même au prix d'un rêve! Mais le temps des illusions n'existait plus; notre devoir nous condamnait à chercher et à dire la vérité. Après avoir fait largement et consciencieusement la part de la critique, nous sommes heureux de nous associer aux éloges que tous les observateurs ont tour à tour donnés à cette grande œuvre, à l'ordre matériel qui règne dans les colonies néerlandaises, au zèle et au dévouement des directeurs et des employés, à la fermeté et à l'économie de l'administration, aux efforts intelligents et courageux qui ont transformé, avec des bras inaptes et invalides pour la plupart, des plaines désertes et incultes en terres habitées et couvertes de moissons.

Quelles que soient les critiques, très fondées selon nous, qu'on peut adresser à la Société de bienfaisance, malgré les erreurs que nous avons relevées dans les calculs et les plans du fondateur, nous n'en croyons pas moins qu'on doit vénérer la mémoire du général Van den Bosch comme celle d'un bienfaiteur de l'humanité, et qu'à ce titre ses dignes collaborateurs ont droit à l'estime publique.

Quand ce ne serait que pour avoir conçu, tenté, poursuivi un essai pareil, une expérience aussi monumentale sur un problème qui intéresse à un si haut degré la société entière, les fondateurs des colonies néerlandaises mériteraient encore les applaudissements et la reconnaissance des gouvernements et des peuples, de ceux surtout qui, par nécessité ou par vertu, cherchent à deviner le mot du sphinx moderne, la Misère. Revers ou succès, issue possible ou passage infranchissable, c'est quelque chose, c'est beaucoup d'avoir, à ses risques et périls, avec un dévouement téméraire, frayé et montré la route par laquelle d'autres plus heureux pourront peut-être arriver un jour et toucher enfin au port.

D'ailleurs, l'œuvre des colonisateurs de la Néerlande n'a-t-elle pas produit des résultats réels qu'il serait juste de porter à son avoir dans son bilan définitif? Si l'insuffisance des produits du travail des colons a mis à la charge des contribuables une grande partie de leurs dépenses, l'État y trouve des avantages qu'il ne peut s'empêcher de reconnaître.

Les colonies d'abord le débarrassent, à des prix réduits, d'un grand nombre d'indigents qui lui coûteraient plus cher ailleurs. En effet, l'on établit que le prisonnier lui revient à 120 florins (255 fr.) par an. Or, beaucoup des mendiants des colonies iraient encombrer les prisons, et le reste retomberait à la charge des hospices, ce qui greverait d'autant les communes. Ce n'est pas tout : d'après le rapport du ministre de l'intérieur (6 juillet 1821), l'entretien de 750 mendiants dans le dépôt de Hoorn avait coûté dans une année 114.625 florins (241,858 fr.), ou par tête 150 florins (316 fr. 50 c.) Il est vrai que le dépôt de Hoorn était fort mal administré ; cette circonstance réduit seulement, mais ne détruit pas la valeur d'un pareil terme de comparaison.

Ensuite, n'est-ce pas grâce aux colonies que l'on a supprimé à Amsterdam l'hospice des enfants trouvés, qui, par les facilités ouvertes aux abandons, accroissant d'année en année le nombre des expositions, coûtait par an à cette capitale quatre cent mille florins (844,000 fr.)? économie considérable dont on doit tenir compte, en partie du moins, à l'œuvre des colonies agricoles de bienfaisance.

Enfin, le côté le plus brillant de l'entreprise, c'est la conquête que la Société a faite sur le désert et la stérilité du sol : transformation merveilleuse qu'on admire sans réserve, en oubliant à quel prix elle a été opérée! Ce que le général Van den Bosch et ses coopérateurs ont dépensé de patience, de connaissances et d'inventions agronomiques, pour le défrichement de ces landes, leur fumure, leur appropriation, leur ensemencement, leur fertilisation enfin, des écrivains plus compétents que nous l'ont surabondamment exposé[1]. Il nous suffit de dire que près de six mille hectares de terres incultes ont été achetés par la Société, dont trois mille au moins ont déjà été rendus à l'agriculture. Acquises au prix moyen de 30 florins l'hectare (**63 fr. 30 c.**), la valeur vénale de ces terres est aujourd'hui, en moyenne, de 300 à 400 florins (de **633 à 844 francs**).

Pour compléter cette partie de notre étude et mettre le lecteur à même de dresser, au degré où cela est possible, le bilan complet de la Société de bienfaisance, il ne nous reste plus qu'à placer sous ses yeux certains tableaux qui résument en chiffres tous les faits économiques et autres concernant l'œuvre coloniale[2].

Nous donnons ces tableaux tels que nous les tenons de l'obligeance de l'administration, sans en contester ni garantir l'exactitude. Pour peu qu'on

---

(1) Les connaisseurs qui seraient curieux de ces détails trouveront dans la note B des renseignements puisés dans les rapports de la Société, et reproduits depuis par la plupart des auteurs qui ont traité des colonies néerlandaises, notamment par M. Ramon de la Sagra.

(2) *Voir* ces tableaux à la fin du volume.

soit familiarisé avec ces sortes de lecture, on y remarquera des amalgames de dépenses qu'il eût été utile de ne pas confondre, et quelques lacunes regrettables qu'il nous a été impossible de remplir. Notre qualité d'inspecteurs officiels nous avait abandonnés à la frontière de France, et les administrateurs des colonies n'étaient pour nous que des hôtes bienveillants. Flattés et reconnaissants de leur confiance, nous devions respecter les limites qu'ils y mettaient eux-mêmes et deviner, sans le leur demander, le dernier mot d'une situation extrême, mot difficile à trouver dans les détails et le dédale d'une comptabilité si multiple et si compliquée !

CHAPITRE XVII.

Appréciation synthétique de l'œuvre.

Esprit général et principal des colonies néerlandaises de bienfaisance. — Ce qui a rendu presque stérile et impuissante une œuvre si belle de conception.— Où le général fondateur a pris l'idée et le modèle de l'institution. — Constitution de la propriété à Java. — Buts qu'on s'est proposé d'atteindre par la création des colonies. — Moyens et principes : négation de la famille; négation de la propriété. — Application des doctrines du Communisme.—Conséquences de ces principes appliqués.—Résumé et conclusion.

Dans ce qui précède nous avons d'abord, après avoir exposé l'organisation de la Société néerlandaise de bienfaisance, poursuivi l'étude des faits et des détails relatifs à chacune des colonies. Nous avons ensuite cherché à signaler, à discuter, à apprécier les qualités et les défauts, les vices et les vertus, les succès et les revers de l'institution dans un court précis des différentes phases qu'elle a eu à traverser. Nous allons à présent, nous élevant à des considérations plus hautes, résumer et concentrer toutes nos impressions dans une impression unique; toutes nos observations dans une observation générale ; nos éloges enfin et nos critiques dans un éloge et une critique suprêmes. Une œuvre est comme un homme ; elle a son individualité propre. A travers les mille accidents dont se compose son existence, parmi les traits divers qui forment sa physionomie, il se dégage un type et un caractère ; il rayonne une idée et une âme, qui sont la raison, le principe et la vie même de l'œuvre.

Les colonies néerlandaises remontent à 1818. Si, après trente-deux années d'existence, elles ne vivent que d'une vie factice ; si, malgré l'idée généreuse qui a présidé à leur fondation, elles apparaissent aux yeux de beaucoup comme un embarras et peut-être même comme un danger ; si, à part les bienfaits partiels et incontestables qu'elles ont produits, elles n'ont complétement réussi, ni au point de vue charitable, ni au point de vue économique, d'où cela vient-il, et à qui la faute? Les administrateurs prétendent que la responsabilité de l'insuccès doit remonter à l'État qui n'a pas accordé aux colonies des subventions assez larges. Le gouvernement impute aux fautes de la Société les résultats négatifs de l'institution. Qui a tort ou raison dans ce débat ? Nous serons plus justes envers les deux parties qu'elles ne le sont l'une envers l'autre. Malgré les griefs que l'on peut alléguer contre la Société, nous croyons que, le système une fois admis, sa marche a été ce qu'elle devait être ; et, malgré la parcimonie dont on fait un crime au gouvernement, nous pensons qu'il a donné au delà de ses forces, et, qu'eût-il donné davantage, il n'eût fait que couvrir sous de plus grands sacrifices des déficits inévitables.

Ce n'est pas dans les circonstances extérieures que nous avons cherché la raison de l'insuccès d'une œuvre si grande, mais dans sa constitution même. N'y a-t-il pas ici un défaut radical, un vice originel qui paralyse les efforts réunis de la Société et de l'État, rend stérile le divin principe de la charité, et qui d'une œuvre de bienfaisance et de colonisation n'a fait presque qu'un moyen de répression et une espèce de bagne agricole ?

La Société néerlandaise de bienfaisance a voulu bâtir un édifice grandiose ; tentative digne d'elle et que nous admirons ! Mais elle a entrepris de l'élever sur des bases impossibles. Que des hommes ayant l'audace et le génie du bien se soient flattés de faire une société correcte et honnête avec des éléments irréguliers, viciés et pervers ; ce n'est pas ce qui doit nous surprendre. Plusieurs anciennes cités ont commencé ainsi par être des asiles où se réfugiaient les bandits, les maudits, les réprouvés des villes voisines. Rome n'a-t-elle pas débuté par le fratricide, le vol et le rapt? Et cependant, malgré ce vice originel, ces cités se sont civilisées et moralisées. C'est que la société, forcément, instinctivement, s'y est constituée sur la double base de la propriété et de la famille.

Chose étrange! en Hollande, chez un peuple où la famille et la propriété sont non-seulement une doctrine, mais même une religion, il s'est rencontré des hommes de sens et de bien qui ont rêvé de faire une cité nouvelle, une société viable avec des institutions et des principes qui, à leur insu, n'aboutissaient à rien moins qu'à la négation même de la propriété et de la famille ; c'est-à-dire que, sans le vouloir et sans s'en douter, de nobles intelligences et des esprits généreux poursuivent en Hollande, depuis trente-deux ans, dans une œuvre de bienfaisance, l'essai et l'application des doctrines et systèmes communistes. Épreuve d'autant plus curieuse et d'autant plus concluante qu'elle se fait avec une bonne foi absolue, sans contradiction d'aucune sorte, avec le concours actif de toutes les forces vives d'une nation aguerrie aux entreprises hasardeuses, habituée à vaincre la nature et qui réalise plus que toute autre ce mot de Buffon : le génie, c'est la patience.

En effet, quel est le principe, l'essence, l'idée mère des systèmes communistes? n'est-ce pas l'absorption plus ou moins complète de l'individu dans l'État, la destruction de la liberté, de la personnalité, de la responsabilité de chacun au profit d'une communauté et d'une solidarité chimériques ? Notion fausse d'un prétendu progrès, à rebours de la civilisation et de la vie, qui consisterait à faire rentrer l'homme dans les entrailles de sa mère et l'humanité dans le sein de la nature; espèce de panthéisme social, enfin, qui rappelle le fatalisme de l'Orient, et dont le berceau se trouve au fond des Indes.

C'est justement par delà les Indes, dans les possessions néerlandaises, où le général Van den Bosch passa sa jeunesse et dont il fut gouverneur, qu'il a pris, il le dit lui-même, l'idée du système de colonies agricoles qu'il a importé dans son pays. La constitution de la propriété à Java date de plusieurs siècles. Les Hollandais n'y ont presque rien changé. Le sol, que les institutions traditionnelles locales placent dans le domaine exclusif du souverain, se trouve entre les mains du gouvernement néerlandais, devenu, par le fait de la conquête et de l'occupation, le seul propriétaire légal.

Les terres du gouvernement sont constamment réparties entre les Dessas ou communes, et affermées aux Javanais par l'intermédiaire et l'action directe des chefs de ces communes.

Parfois il y a des aliénations de terrains faites à des particuliers qui, se substituant à l'action du gouvernement, deviennent les seigneurs des terres, sorte de reproduction de la propriété féodale plutôt que de la propriété individuelle, libre, mobile et progressive.

C'est sur ce patron, en le rétrécissant encore dans le sens de l'absolutisme et de la négation de la propriété, que le général Van den Bosch, fondateur de la Société néerlandaise de bienfaisance, institua ses colonies agricoles d'indigents. La Société acquit des terres dans l'Over-Yssel, la Drenthe et la Frise. Exerçant ensuite sur les mendiants, par toute la Hollande, une sorte de presse analogue à celle par laquelle se recrute la marine anglaise, la police les déporta à l'intérieur sur les terrains de la Société avec ou sans jugement. Nous savons les deux buts qu'on espérait atteindre : premièrement, par un séjour plus ou moins long à la colonie, façonner ces nomades de la fainéantise et de la misère à une vie régulière, laborieuse, morale ; et, secondement, à l'aide de leur travail, trouver dans le produit des terres cultivées de quoi faire face aux dépenses des colons, et peut-être même, à la longue, de quoi couvrir en partie les frais d'acquisition, de construction et d'établissement. La terre ne nourrit-elle pas l'homme qui la cultive, en le moralisant?

Oui, le travail corrige et moralise; mais dans quelles conditions? Oui, la terre, notre mère commune, nourrit tous ses enfants; mais au prix de quel travail?

Nous touchons ici aux deux points principaux du grave sujet qui nous occupe : l'éducation par le travail agricole et l'existence avec les produits de ce travail. Voilà, dans sa formule la plus concise, la double question morale et économique constamment présente à notre esprit durant le cours de notre mission, et que nous avons partout cherché à dégager des mille détails ou accidents qui la compliquent et l'obscurcissent.

Dans les colonies néerlandaises, malgré des succès partiels, on a échoué en somme, sous le rapport moral et sous le rapport économique.

A Ommerschans et à Veenhuizen, afin d'empêcher le mal de pulluler, on a, traitant les mendiants adultes avec plus de sévérité que des Javanais, séparé les sexes, c'est-à-dire que l'on a pris pour premier fondement de l'édifice social à construire la négation même de la famille. Chose inévitable, nous le reconnaissons, dans le système suivi. Force était d'appliquer aux colonies de répression les règles, les séparations qui existent dans les hospices, dans les prisons et les bagnes. De là, des désordres que notre plume se refuse à peindre.

Mais en isolant, en cloîtrant les sexes, a-t-on obtenu du moins les bénéfices qu'on attendait de cette mesure? Non, et nous avons vu pourquoi. Dans de tels établissements, la claustration ne peut jamais être qu'incomplète. Grâce aux simples claires-voies qui les partagent, hommes et femmes sont toujours en présence, avec des passions excitées encore par la défense et l'obstacle. Sans compter que le travail aux champs abaissant les clôtures, les sexes s'y rencontrent; et l'on a ainsi les inconvénients d'une continence forcée sans en avoir les avantages; car, selon l'énergique expression d'un des gardiens d'Ommerschans, les enfants s'y font, non plus au compte de la famille, mais au compte de la Société de bienfaisance.

Le second fondement de l'édifice, c'est la négation de la propriété; négation qui existe aux colonies libres, comme aux colonies forcées. En effet, sauf de rares exceptions, les colons sont à l'état d'esclaves attachés à la glèbe et incapables d'acquérir. On ne peut même pas dire que leur travail est payé par la nourriture, le logement et le vêtement qu'on leur donne, puisque étant la chose de l'institution, ils sont à sa charge, quel que soit leur travail, et qu'à part des avantages insignifiants qui se dépensent à la cantine, le bon travailleur ne gagne guère plus que le fainéant. Ce n'est donc pas seulement leur liberté de citoyen, mais encore leur responsabilité d'homme, qu'on leur enlève au seuil de la colonie.

Et remarquons que, même aux colonies qu'on appelle libres, cette impossibilité d'acquérir, cette négation effective de la propriété, altère, sinon détruit, et ravale insensiblement la famille qui, de la sorte, est destituée peu à peu de ses vertus les plus hautes, de ses énergies les plus efficaces : la prévoyance du lendemain, le sacrifice du présent à l'avenir, la transmission de l'épargne des pères et mères aux rejetons de leur tendresse, la perpétuité de leur amour immobilisé dans la terre, conquête de leur travail.

A un autre point de vue, les conséquences financières du système sont tout aussi évidentes. Quel cœur et quels bras veut-on que mettent à l'ouvrage des êtres ainsi forcément dégradés? Travail de serfs, travail improductif pour eux et pour la colonie, insuffisant du moins à soutenir l'œuvre en entretenant l'ouvrier. Comment s'étonner alors que la Société de bienfaisance, loin de couvrir ses dépenses, se trouve toujours en face d'un déficit, malgré les subventions des communes, malgré les allocations ordinaires et extraordinaires du gouvernement?

L'insuccès moral et l'insuccès économique procèdent donc de la même cause : la violation des lois constitutives de toute société humaine. Obligés de nous restreindre, nous ne pouvons donner à cette proposition tous les développements dont elle est susceptible. Quoique nous fussions en garde contre ce qu'il peut y avoir de factice, de forcé et de trop absolu dans une formule aussi générale, nous n'avons pas pu nous refuser à l'évidence et ne pas déduire des faits observés les conclusions qui naturellement en découlent.

D'ailleurs, l'œuvre elle-même, en s'amendant jusqu'à un certain point, a pris soin de vérifier d'avance nos assertions par la contre-épreuve. L'institution a plusieurs degrés :

Aux colonies forcées, absence de la famille, absence de la responsabilité ;

Aux colonies libres, absence de la propriété, mais rudiments de la famille ;

Et seulement chez les vingt-cinq fermiers responsables, avec la famille constituée, le second degré de la propriété telle qu'elle existe à Java.

Ainsi, à mesure que l'œuvre se rapproche des lois sociales, l'insuccès diminue, non pas seulement parce qu'on élève à plus de responsabilité et de liberté ceux qui en sont plus dignes, mais encore parce que la liberté et la responsabilité sont le principe même et la cause de tout progrès.

Rien ne prévaut contre les lois éternelles de la société et de Dieu, ni la patience, ni le courage, ni le génie; et rien ne grandit et ne dure que conformément à ses lois. L'homme, il est vrai, c'est là sa liberté et sa gloire, travaille et réforme incessamment, améliore parfois et perfectionne le monde matériel ainsi que le monde moral; mais dans l'un et l'autre cas il ne réussit, en définitive, qu'en se soumettant aux lois morales autant qu'aux lois physiques, et même il enfreint moins impunément encore les premières que les secondes.

Voici une nation admirable entre toutes par son génie persévérant et aventureux, dont l'existence, toujours en lutte avec les éléments, est un continuel prodige: la Hollande, sous ce rapport, est vraiment la terre des miracles, conquête progressive d'un peuple de castors sur le domaine de l'Océan, où l'homme, au lieu de sortir du limon, comme à l'origine, le tire lui-même des ondes pour en pétrir le sol qu'il habite, où l'art, en un mot, a créé la nature.

Un jour, cette nation, personnifiée dans ses meilleurs citoyens, s'attaque à un problème social avec la confiance que donne le succès et la conscience d'un grand bien à accomplir. Pourquoi ses généreuses audaces n'ont-elles pas eu ici leur bonheur habituel? C'est que l'âme humaine est plus indomptable que l'Océan du Nord ; c'est qu'il n'y a ni canaux, ni digues qui puissent en contenir et en régler les passions, contrairement aux lois divines de la famille et de la société.

DEUXIÈME PARTIE

ASILES AGRICOLES DE LA SUISSE

DEUXIÈME PARTIE

ASILES AGRICOLES DE LA SUISSE

CHAPITRE PREMIER

Origine et but des asiles agricoles

En quoi ces asiles diffèrent des colonies de la Hollande. — Fondateurs : Pestalozzi, Fellenberg, Wehrli. — Exposition de leur idée. — La mendicité héréditaire. — Bilan des misères modernes. — Affaiblissement de l'esprit de famille. — Conséquences générales et particulières de cet affaiblissement.

Les établissements agricoles de la Suisse diffèrent complétement de ceux de la Hollande, et par le but qu'on s'y propose, et par les moyens qu'on emploie pour y atteindre.

Ramasser par les villes et les campagnes les indigents de tout âge et de tout sexe, dont diverses causes accroissent le nombre dans les Pays-Bas comme ailleurs, les déporter à l'intérieur dans des colonies spéciales, et dans ces espèces de bagnes plus ou moins agricoles où on les entasse deux, trois et quatre mille ensemble, demander au travail qu'on leur impose une compensation des dépenses qu'ils occasionnent ; telle est, en résumé, toute la portée économique et philanthropique de l'institution du général Van den Bosch.

Au lieu d'une agglomération de plusieurs centaines de mendiants, créer une famille artificielle de vingt, trente, au plus quarante enfants, orphelins, abandonnés ou trouvés ; en place d'une prison, une école ; une ferme, et non un bagne ; l'éducation plutôt que la répression : voilà, dans son admirable simplicité, l'idée féconde des asiles agricoles de la Suisse.

La conception première en appartient à Pestalozzi, l'application au grand agronome Fellenberg, la fécondation et la vulgarisation à Wehrli.

Pestalozzi, né à Zurich en 1746, se voua dès sa jeunesse à l'amélioration du sort des enfants pauvres. Ses idées de bienfaisance, il les mit en pratique, d'abord à Neuenhof, puis à Stanz, et enfin à Yverdun. Mais toujours il regarda son séjour à Stanz comme le plus beau temps de sa vie. C'est là, écrivait-il, qu'il apprit, au milieu de quatre-vingts enfants pauvres et souffrants, ce qu'il enseigna plus tard. Ses jours, qui devaient finir en 1827, se consumèrent à poursuivre vainement ce rêve généreux et jusqu'ici irréalisé encore de tous les fondateurs de colonies, que le produit du travail de ses élèves suffirait à leur entretien. Il mourut à la peine, en quelque sorte martyr de son idée. L'admiration de ses contemporains a écrit sur le monument élevé à sa mémoire : « Ici repose Henri Pestalozzi, sauveur des pauvres à Zurich ; à Stanz, père des orphelins ; à Yverdun, précepteur de l'humanité ; homme, chrétien, citoyen, tout pour les autres, pour lui-même rien. Béni soit son nom ! »

Le célèbre agronome Fellenberg, créateur du vaste établissement d'Hofwil, près de Berne, séduit et entraîné par les doctrines et les exemples de Pestalozzi, entreprit de continuer l'œuvre que ce grand homme de bien avait commencée avec tant de dévouement et de sacrifices. A côté du pensionnat destiné à recevoir les fils de familles nobles, il ouvrit une école pour les pauvres enfants délaissés. Rendre à une vie utile et régulière de misérables créatures, tel était le but ; l'agriculture et les industries qui s'y rattachent, tels étaient les moyens.

Rudes et difficiles furent les débuts de cette entreprise. Bien des instituteurs y échouèrent, malgré leur savoir et leur zèle; mais les obstacles s'aplanirent enfin, et les difficultés disparurent devant la vocation et le dévouement d'un jeune homme, nommé Wehrli, qui attaqua hardiment le problème, et à force d'aptitude, de talent et de persévérance, parvint à le résoudre victorieusement. Pendant vingt-quatre ans, il fut le maître, le guide, l'ami, le père des enfants abandonnés qu'on recevait à Hofwil. C'est dans les essais et les épreuves de cette pénible et délicate mission qu'il appliqua et perfectionna le système d'éducation justement appelé aujourd'hui *Méthode de Wehrli* [1].

Sans nous arrêter à rechercher quelle part revient à chacun des trois fondateurs dans l'œuvre commune, nous allons en poursuivre l'exposition.

L'histoire d'une idée réalisée déjà a cela de bon qu'elle permet de systématiser la conception après coup, *à posteriori*, et qu'en la dégageant des limbes d'une origine pénible et souvent confuse, elle la

---

(1) Pour les détails que renferme cette étude, nous avons consulté avec fruit l'ouvrage allemand de J. Zellweger, la brochure de M. Mathias Risler, maire de Cernay (Haut-Rhin), et les publications de MM. Pictet, de Genève.

rend plus évidente aux yeux des lecteurs qu'elle ne l'était à ceux de l'inventeur lui-même.

Parmi les traits caractéristiques de la misère, ce chancre rongeur des sociétés modernes, il y a un trait, un symptôme, un caractère, qui frappa surtout l'attention des trois philanthropes de l'Helvétie; c'est ce qu'ils ont appelé la mendicité héréditaire, espèce de reproduction de la misère par elle-même, qui, outre les autres causes plus ou moins inhérentes à notre état social, tend à accroître incessamment le nombre des mendiants, et à créer, pour ainsi dire, dans chaque nation européenne, une caste à part, une race de gueux, aristocratie du haillon et du ruisseau. Plus le flot de la civilisation grossit et monte, et plus ce limon impur s'épaissit et s'étend; de telle sorte que l'un est regardé comme la conséquence de l'autre. Ces pauvres invétérés, mendiants de père en fils, lazzaroni prédestinés, tout contribue, en effet, à en multiplier l'espèce; et les progrès de l'industrie, et le perfectionnement des machines, et les chômages que les révolutions occasionnent, et les conquêtes de la science sur la mort, et les envahissements de la paix, et la fécondité même de la misère, tout jusqu'aux efforts de la charité pour la guérir. Bien avant l'éloquent rapporteur de la commission de l'assistance publique, Pestalozzi, Fellenberg et Wehrli avaient distingué dans le bilan des misères modernes ce que M. Thiers appelle ingénieusement la dette flottante et la dette consolidée.

Non-seulement ils avaient fait cette distinction, mais ils s'étaient appliqués à résoudre la plus difficile partie du problème : tarir le flot à sa source, rendre stérile le sein de la misère, détruire, en un mot, la mendicité héréditaire.

Grâce aux progrès de la liberté et de la charité dans le monde, nous n'avons plus ces formidables remèdes, cent fois pires que le mal, fléaux de l'antiquité et de l'Orient : les castes, l'esclavage, les guerres d'extermination, les pestes, les famines. Comment remplacer ces moyens terribles? Est-ce par les workhouses, les dépôts de mendicité, les colonies à l'instar de celles des Pays-Bas? Ce ne sont là que des palliatifs, qui, masquant le mal au lieu de l'extirper, laissent s'élargir en dessous l'ulcère de la mendicité. Suivant Fellenberg et Wehrli, mieux vaut s'attaquer à la racine même du mal, c'est-à-dire à l'affaiblissement de l'esprit de famille dans nos sociétés modernes, à l'oubli, à la trahison des devoirs que Dieu et la nature imposent aux pères et mères.

En effet, par une tendance déplorable, dont l'explication se rattache à celle des plus grands malheurs du siècle, chacun, à tous les degrés de l'échelle sociale, déserte plus ou moins les charges de la paternité. De là, inévitables conséquences, la mauvaise éducation des enfants dans les classes élevées, et, dans les autres, leur abandon; des vices en haut, des misères en bas, des désordres partout. S'il en est ainsi, pour guérir le mal, il faut, de proche en proche, ramener chacun à l'accomplissement de ses devoirs, et retremper les générations naissantes aux vertus primordiales de la famille. Le but et le terme de la famille, c'est d'élever des enfants et d'en faire des hommes dignes et d'honnêtes citoyens. A défaut des parents, à l'égard de ces pauvres créatures que le vice ou la misère de leurs auteurs a rendus orphelins, la charité doit intervenir, et, les recueillant dans son cœur, les élever si bien qu'ils ne retournent pas un jour grossir le flot de la mendicité héréditaire.

CHAPITRE II.

Régime intérieur des asiles agricoles.

Moyens proposés et mis en pratique par Pestalozzi, Fellenberg et Wehrli pour la régénération du peuple par l'éducation des enfants pauvres. — École rurale ou asile agricole. — Ages de la réception et de la sortie. — Nombre des enfants admis. — But et moyens. — Instruction, éducation. — Travaux intérieurs et extérieurs. — Un seul maître : pourquoi. — Patronage des aînés à l'égard des cadets.

Nous venons d'exposer par quelle série d'observations et de déductions les philosophes praticiens dont nous analysons l'œuvre ont été conduits à éteindre la mendicité, en lui enlevant les enfants qui la recrutent, et à tenter la régénération du peuple par l'éducation des orphelins pauvres. Voici maintenant la méthode simple, facile, efficace, à laquelle ils se sont arrêtés, après plusieurs années d'essais et d'expériences.

Le but qu'on se propose est d'élever chrétiennement des enfants, en les façonnant, dès leurs plus tendres années, à une vie simple, sobre et laborieuse.

A cet effet, dans une maison d'éducation, entourée

de terres labourables, et sous la direction d'un maître capable, on réunit vingt, ordinairement trente, quelquefois quarante enfants, jamais plus, soit orphelins, soit abandonnés. Il est essentiel que le nombre des enfants réunis dans une même école rurale ne soit pas plus considérable, afin qu'un seul maître suffise à les diriger, à les conduire, à les élever : sorte de paternité adoptive qui, dans le système de Wehrli, ne peut être suppléée ni déléguée, et de laquelle, selon lui, dépend le succès de l'éducation.

Les enfants, ainsi reçus dans une ferme de quinze à vingt hectares, y sont élevés, comme des fils de paysans, proprement, mais rudement, dans les façons et habitudes de la vie agreste, dans l'exercice des travaux propres à développer leurs forces physiques, et dans la culture suffisante de leur âme et de leur esprit.

Il ne s'agit pas d'instruire des citadins amollis, mais de former de robustes travailleurs, endurcis à la fatigue, qui aient du cœur à l'ouvrage, pour qui le travail soit le jeu régulier de leurs organes, et qui ne conçoivent le progrès dans le bien-être que comme le fruit de leurs sueurs et la moisson de leurs propres efforts.

On s'attache à leur donner, non pas seulement l'instruction qui, seule et sans état, est regardée comme un instrument inutile et même dangereux, mais surtout, et avant tout, une profession qui leur assure le pain de chaque jour.

C'est vers les travaux des champs qu'on dirige leurs forces naissantes, réservant seulement pour les métiers ceux qui y sont appelés par une vocation spéciale, et encore parmi les métiers choisit-on de préférence ceux qui se rapportent à l'agriculture.

La culture de la terre réunit bien des avantages : en même temps qu'elle habitue le corps des enfants à des travaux manuels qui entretiennent leurs forces et leur santé ; elle les astreint à des occupations qui exercent leur intelligence et y développent le sentiment religieux.

Les enfants manquent d'ordre et de méthode ; en agriculture rien ne s'obtient sans méthode et sans ordre. Ils sont légers, elle les fixe ; ils sont impatients de résultats, la nature lente à les donner leur apprend à les attendre ; ils sont prompts à espérer, elle les plie à la résignation. Comment douteraient-ils d'une cause supérieure ? Elle parle à leur raison et frappe leur imagination, en leur rappelant à toute heure qu'ils sont sous la main de celui qui envoie les pluies fertilisantes, et qui permet les grêles dévastatrices.

Une sage dispensation de la Providence fait que

le travail le plus universellement nécessaire à l'homme est aussi le plus moralisateur et celui qui lui assure ici-bas le plus de bonheur possible dans une vie calme et régulière.

Admis de dix à douze ans, les enfants restent jusqu'à dix-huit ans à l'école rurale. L'expérience a démontré que c'était l'âge le plus opportun pour leur sortie. Plus tôt, ils ne sont pas assez habiles dans les travaux journaliers pour pouvoir vivre de leur propre travail. Plus âgés, ils supportent mal la discipline de la maison; et il n'est pas bon d'attendre que l'orgueil de leurs propres forces et l'impatience de la liberté aient envahi leur âme.

Tout en cultivant, dans une mesure convenable, leur intelligence, tout en formant leur cœur aux vertus chrétiennes, le directeur leur apprend l'agriculture théoriquement et pratiquement surtout.

L'éducation professionnelle est le principal, l'instruction n'est que l'accessoire.

La lecture, l'écriture, le dessin linéaire, le chant, quelques notions de grammaire et de géométrie, quelques explications sur les phénomènes journaliers et les productions de la nature ; tel est le cercle de l'instruction que l'on donne à ces enfants.

Dans la plus grande partie de l'année, le temps consacré à ces leçons ou études est d'une heure ou de deux heures ; en hiver, il prend jusqu'à quatre et cinq heures de la journée. La durée moyenne du travail est de dix heures en été, et de huit heures en hiver.

Le dimanche est consacré en partie aux devoirs de piété et à l'instruction, puis le reste du jour est donné aux exercices gymnastiques, aux jeux et à la promenade.

Confiés aux soins du directeur, les enfants sont à la fois ses élèves, ses laboureurs et ses compagnons. L'instituteur est généralement marié ; sa femme et lui sont comme le père et la mère de la famille. C'est par eux seuls ordinairement que se font, avec l'aide et le concours des enfants, tous les travaux de la ferme.

On comprend que dans les asiles mixtes, c'est-à-dire dans ceux qui réunissent filles et garçons, il est surtout indispensable que l'instituteur ait une femme. Elle doit être exercée dans les travaux manuels pour qu'elle puisse apprendre à ses élèves à faire les ouvrages de couture, de raccommodage, etc., tout ce qui constitue enfin le nécessaire d'un ménage rural ; aussi arrive-t-il souvent, et c'est un des résultats heureux de l'institution, que de jeunes fermiers viennent chercher leurs compagnes dans les asiles, assurés qu'ils sont d'y trouver des épouses sages et laborieuses, des ménagères habiles et économes, et plus tard, quand viendra la jeune famille, des mères capables de la bien diriger et de lui donner de bons exemples.

Pendant que la femme vaque aux travaux intérieurs, ménage, vacherie, basse-cour ; le mari conduit aux champs, aux prairies, au jardin la jeune colonie, et, prêchant d'exemple, il est lui-même le premier laboureur de son école. A l'imitation de Wehrli, on voit l'instituteur au milieu de ses élèves, la tête découverte et souvent nu-pieds comme eux, débarrasser les champs des cailloux, des mauvaises herbes, piocher, fumer le sol, faire les récoltes, et, pendant les journées d'hiver, éplucher les légumes, préparer le chanvre, nettoyer de la laine, tresser des nattes, enfin faire avec eux tous les menus travaux qui se présentent dans une exploitation rurale. Au travail, au repos, à la prière, à la promenade, au réfectoire, au dortoir, partout le maître accompagne son élève. C'est son exemple vivant, son guide, son ami, son père.

L'instituteur obéit à ce sentiment qui dominait tout l'esprit de Pestalozzi et qui respire dans ces paroles : « Je veux que mes enfants puissent à chaque instant, du matin jusqu'au soir, voir sur mon front, deviner sur mes lèvres que mon cœur leur est dévoué, que leur bonheur et leurs joies sont aussi mes joies et mon bonheur [1]. »

Pour le compléter, encore plus que pour le suppléer dans cette tendre sollicitude, l'instituteur, au lieu de recourir à un auxiliaire étranger, ce qui serait coûteux et dangereux, choisit les colons les plus âgés et dont la moralité est la plus éprouvée, pour servir de patrons aux plus jeunes, surveiller leur conduite et les guider dans la voie du travail et du bien : protection fraternelle de l'aîné envers le cadet, qui, par rapport à un plus jeune, deviendra l'aîné à son tour.

(1) Voir la note D, à la fin du volume.

CHAPITRE III.

Régime intérieur des asiles agricoles.—Suite.

Variété dans les travaux. — Système correctionnel : punitions et récompenses.— Comment on développe chez les enfants élevés en famille l'amour du travail par l'instinct de la propriété.— Des récréations, et comment on en tire parti pour moraliser les enfants.—Que la famille et la propriété, avec le travail et par le travail, sont les deux principes du système de Wehrli.

Afin d'obvier à l'ennui et au relâchement qui résultent de la monotonie des mêmes occupations, un règlement d'ordre intérieur fixe pour chaque journée et à chaque élève un travail varié et proportionné à ses forces.

Les travaux sont ordinairement distribués entre les élèves de manière que chacun est chargé, pendant une période déterminée, d'une seule et même partie : les uns l'écurie, les autres les étables, ceux-ci la porcherie et la basse-cour, ceux-là le jardin, etc. Ce temps expiré, une nouvelle répartition est faite ; ainsi tour à tour les élèves sont familiarisés avec tous les genres de travail.

C'est le dimanche qu'on distribue pour toute la semaine les fonctions du service intérieur, qui consistent à porter de l'eau et du bois, à laver la vaisselle, éplucher les légumes et aider à la cuisine.

La fermeture de la maison, la garde pendant la nuit, le balayage du matin se font chaque jour par un autre enfant.

A des jours fixes, le directeur réunit les plus âgés qui lui servent d'aides et de moniteurs, pour conférer avec eux sur tout ce qui peut intéresser l'établissement. Avec une bonté paternelle, avec une confiance qui les élève dans leur propre estime, il entre avec eux dans les moindres détails, soutenant les faibles, réchauffant les tièdes et dirigeant l'ardeur des plus courageux.

Tout est calculé pour arriver à l'amélioration graduelle des mœurs de ces jeunes gens. Dans la maison, ils ont tour à tour à veiller au maintien de l'ordre et de la propreté, et au dehors à surveiller l'entretien des instruments aratoires, à leur exacte rentrée au retour des champs. Pendant le travail, chaque surveillant, chef d'atelier ou d'escouade, a une section de petits travailleurs à conduire, à guider, distribuant sa besogne à chacun, relevant la leçon par l'exemple, et suivant l'exécution dans tous ses détails.

Pas de cachots, pas de cellules : renvoi des enfants incorrigibles ; admonestations individuelles, réprimandes devant les camarades et toute la colonie rassemblée, suppression d'un repas, amendes légères ; voilà l'échelle des punitions habituelles.

Mais le châtiment n'est qu'une des faces et la plus secondaire du système correctionnel, l'autre face est la récompense. L'une c'est l'ombre, et l'autre la lumière. La première corrige, et la seconde améliore.

Pour encourager les enfants au travail et à l'étude, on emploie divers moyens simples et faciles, qui se résument ainsi : diriger ces forces naissantes par de bons préceptes et surtout par de bons exemples ; les stimuler par l'émulation du bien, et les attacher à la culture de la terre par l'instinct conservateur de la propriété ; éloges donnés soit en particulier, soit devant les camarades, prix distribués aux plus méritants, et rémunérations aux plus laborieux.

Chaque enfant a un intérêt direct, immédiat, palpable, au travail qu'il fait ; une récompense pécuniaire est, dans certaines circonstances, liée à l'accomplissement de sa tâche : ces petites récompenses additionnées forment sa masse, *son avoir*, sur lequel est prélevé *son doit*, c'est-à-dire les amendes qu'il a encourues. Il n'est pas rare que des élèves sortent à dix-huit ans de l'école avec cent, cent cinquante et deux cents francs d'épargnes ainsi amassées.

Il n'est pas jusqu'aux récréations qui ne servent à moraliser l'enfant par le travail. On partage entre les jeunes colons un champ qui est livré, aux heures de la récréation, à leur culture libre et spontanée : mais ce n'est pas un abandon pur et simple, c'est un marché. On loue à chacun sa parcelle de terre en lui vendant la semence et l'engrais. Compte est tenu de ces avances; puis, la moisson faite, on lui achète sa récolte au cours du jour. Tant pis pour celui qui n'a pas su compenser les dépenses par les produits! une autre fois il fera mieux.

C'est ainsi, c'est par une éducation pareille qu'on initie de bonne heure, que l'on façonne dès leurs plus tendres années les enfants à l'usage de leur initiative personnelle et aux conséquences de leur propre responsabilité. Orphelins, fruits de l'abandon ou de la misère, issus d'un sang trop souvent corrompu par la fainéantise et la débauche, on retrempe de la sorte ces jeunes êtres dans des habitudes laborieuses, dans la vie de ménage, dans l'air pur et fortifiant de la campagne, dans l'exercice régulier et continu de leurs forces physiques et morales, dans tous les instincts et les sentiments préservateurs et réformateurs de l'individu et de la société. On s'applique, en un mot, à faire de ces enfants délaissés et dégradés des hommes sobres et vigoureux, intelligents et probes, capables enfin de gagner honnêtement leur vie par le travail de leurs mains.

La famille et la propriété sont les deux pôles du système d'éducation de Wehrli. Abandonnés de leurs parents et voués dès leur berceau à la misère, prendre de pauvres orphelins et les élever dans la famille et pour la famille, et, dans ce milieu régénérateur, les initier et les appeler à la propriété par le travail, c'est là toute l'œuvre de ce grand instituteur. Praticien moins audacieux, mais plus prudent que le général Van den Bosch, Wehrli n'a pas entrepris de faire violence à la nature morale de l'homme. Les grands spectacles qui entouraient le philosophe suisse lui avaient inspiré plus de modestie et plus de respect envers les lois éternelles de toute société. Loin de tenter de faire mieux que Dieu, c'est sur l'imitation des œuvres divines qu'il a basé sa méthode et le succès de ses réformes.

CHAPITRE IV.

Résultats de l'institution.

Nombre des asiles agricoles ou écoles rurales de la Suisse. — Cantons où ils ont été créés. — Attachement des élèves pour l'asile. — Formation et recrutement des instituteurs. — Prix qu'on dépense pour les enfants dans les diverses colonies suisses. — Dépense moyenne de l'élève.

Les établissements que Werhli a fondés ou qui ont été créés d'après sa méthode étaient, en 1849, au nombre de trente-deux.

Canton d'Appenzell . .	L'asile de Schœnebühl.
—	— de la Schurtanne.
—	— de Vægelinseck.
Canton de Bâle	L'asile de Gundoldingen.
Canton de Berne. . . .	L'asile de Baechtelen.
—	— de Bauttweil.
—	— de Bemgarten.
—	— de Bienne.
—	— de Gros-Affoltern.
—	— de la Grube.
—	— de Kœnig.
—	— de Kuggisberg.
—	— de Landorf.

Canton de Berne. . . .	L'asile de Langnau.
—	— de Neuve-Ville.
—	— de Schoren.
—	— de Trachselwald.
—	— de Wangen.
Canton de Genève. . .	L'asile de Carra.
Canton de Glaris. . . .	L'asile de Lintheolonie.
Canton des Grisons.. .	L'asile de Coire.
—	— de Floral.
—	— de Pfaukis.
—	— de Schirs.
Canton de Saint-Gall. .	L'asile de Saint-Gall.
Canton de Schaffhouse.	L'asile de Buch.
Canton de Soleure. . .	L'asile de Soleure.
Canton de Thurgovie. .	L'asile de Bernrain.
Canton de Vaud. . . .	L'asile d'Echichens.
—	— de Jean-des-Bois.
Canton de Zurich.. . .	L'asile de Frienstein.
—	— de Kappel.

Tous ces établissements se ressemblent, à peu de différences près. On les appelle tantôt asiles agricoles, tantôt écoles rurales.

Il y en a qui reçoivent des filles et des garçons. Pendant qu'on façonne les garçons aux travaux des champs, on forme les filles aux soins du ménage, ni plus ni moins que dans une véritable ferme de campagne. Non-seulement ce mélange ne paraît point avoir d'inconvénients, mais même trouve-t-on qu'il présente des avantages. Ce sont frères et sœurs qui vivent ensemble, dans les conditions ordinaires de l'existence, sous les yeux vigilants et la sollicitude éclairée du père et de la mère.

Les habitudes, les mœurs, les chances diverses de la vie, telle que Dieu nous l'a faite, se rencontrent là, jusqu'aux privations de la gêne qui parfois vient s'asseoir au foyer domestique, jusqu'aux enseignements de la maladie et de la mort, qui visitent tôt ou tard le toit paternel. Autour de la même table, dans cette maison qui est la leur, ces enfants adoptifs de la charité se réjouissent en commun et s'attristent ensemble. En même temps qu'ils fortifient leurs corps aux exercices du travail, ils développent leurs âmes aux épreuves de la souffrance. La douleur est la meilleure éducation de l'âme humaine. Il n'est pas possible, il n'est pas bon d'y soustraire complétement l'enfance. On ne ferait ainsi que des cœurs secs, froids, égoïstes. De la naissance au trépas, la famille est une chaîne dont les anneaux sont trempés dans les larmes. Qui n'a pas pleuré sur une tombe est presque incapable de s'attendrir sur un berceau.

Toutes les écoles rurales de la Suisse réussissent, en ce sens qu'elles élèvent à peu de frais des enfants dans la pratique des travaux agricoles, et qu'après leur sortie de l'école, les élèves persévèrent pour la plupart dans la profession de laboureurs.

Un autre résultat qui prouve à quel point les sentiments de famille ont été cultivés en eux, c'est que les élèves, après leur sortie, demeurent attachés par les liens d'une reconnaissance toute filiale à l'humble ferme qui a abrité leur enfance. Une touchante correspondance s'établit entre eux et le directeur, à qui ils écrivent, comme des fils à leur père. Ceux qui travaillent dans le voisinage s'acheminent aux jours de fête vers l'asile, leur maison paternelle, et quand on leur demande où ils vont, ils répondent avec une naïveté éloquente: « Nous allons chez nous. »

Les premiers directeurs de ces écoles furent des disciples de Wehrli. Véritables instituteurs primaires agricoles, le mode de leur formation et de leur recrutement est des plus simples. Les directeurs des écoles existantes choisissent parmi leurs élèves ceux que leur conduite exemplaire, leurs aptitudes spéciales et une vocation déterminée semblent destiner à l'enseignement. C'est à l'école des batailles que se forment les bons capitaines ; c'est à l'épreuve de l'enseignement que se révèlent les bons instituteurs. La société fédérale d'utilité publique s'applique à trouver des jeunes gens qui se vouent à l'état d'instituteurs primaires. On les envoie pendant deux ans dans un premier asile agricole, puis deux autres années dans un second asile. Après ces quatre années qui leur sont comptées comme école préparatoire, ils vont terminer leurs études au collége.

Une commune, une société de bienfaisance veut-elle fonder un asile? elle installe un de ces instituteurs dans une ferme de quinze, vingt, vingt-cinq hectares, avec vingt, trente enfants environ. Le directeur n'est pas propriétaire. C'est une espèce de fermier, qui gère la ferme pour le compte de la commune ou de la société de bienfaisance, représentée par une commission administrative. Cette commission est presque toujours composée de sept membres choisis parmi les personnes les plus recommandables du pays.

Pour chaque enfant admis dans l'asile, ses parents, s'il en a, sinon sa commune, ou l'hospice, ou la société de bienfaisance qui le patronne, paie à l'école rurale un prix de pension. Ce prix varie suivant les localités et les ressources propres de l'asile. Tel asile est doté, tel autre ne l'est pas. L'hospitalité est d'autant plus gratuite que la maison est plus à l'aise. Peu ou beaucoup, les répondants de l'enfant paient ordinairement quelque chose : le reste de la dépense est couvert par les revenus de l'œuvre, revenus qu'alimentent les legs et contributions volontaires.

Nous donnons ici quelques indications sur les différents prix de pension, dans les principaux asiles de la Suisse :

Asile de la Linthcolonie. Pension de		35 fr.
— de Berngarten		60
— de la Grube	30 à	75
— de Wangen	40 à	75
— de Bauttweil		75
— de Baechtelen		75
— de Bernrain	65 à	85
— de Buch		95
— de la Schurtanne		100
— de Carra		136
— de Bienne	120 à	150
— de Frienstein		150

Le prix de revient de chaque enfant, déduction faite de ce qu'a rapporté son travail, oscille, dit-on, entre trente et soixante centimes. Dans la composition de ce prix de journée entrent :

Le loyer de la ferme, quand la ferme est louée ;

L'entretien des bâtiments, quand ils appartiennent à l'œuvre ;

L'entretien du mobilier et ustensiles ;

Les émoluments du directeur ;

L'éclairage et le blanchissage ;

L'habillement et le linge ;

Les frais de médecin;

Et les dépenses de nourriture de la colonie.

Nos renseignements ne nous permettent pas d'établir une moyenne complétement exacte; mais d'après ce que nous connaissons, nous sommes persuadés que le prix de revient ci-dessus indiqué pèche plutôt par atténuation que par exagération. Dans l'asile agricole de Carra, qu'on regarde, il est vrai, comme un des mieux tenus et des plus chers, le prix moyen des dépenses, pendant les dix dernières années dont nous avons étudié les comptes, varie de soixante-quinze à quatre-vingt-dix centimes, tout compris, sauf le rendement du travail des enfants[1].

(1) *Voir* la note E, à la fin du volume.

CHAPITRE V.

Résultats de l'institution. — Suite.

Travail des enfants.— Quel en est le produit.—Succès de l'éducation morale et professionnelle.—Asile agricole de Carra.— Son directeur.— Ses fondateurs.— Résumé de cette étude.—Ce qui distingue les asiles agricoles de la Suisse. — Économie et simplicité des moyens.— Certitude et supériorité des résultats.— Causes de ces avantages.— Conclusion.

Une question intéressante dans tous les établissements agricoles, c'est de savoir quel est le produit du travail des colons. L'évaluation de ce travail n'est pas chose facile. Le problème se pose partout différemment, et la solution ne saurait se traduire en termes ou quantités similaires. Nous avons vu qu'en Hollande, dans les colonies forcées, le travail d'un colon était le quinzième au plus de celui d'un bon laboureur. Si nous en jugeons par les chiffres portés aux comptes de l'asile de Carra, trois, quatre, cinq enfants, de huit à dix-huit ans, y font le travail d'un bon journalier; ce qu'on évalue pour chacun de vingt à vingt-cinq centimes par jour, en moyenne.

Une question plus grave encore, et la plus capitale sans contredit de celles que soulèvent les colonies agricoles, c'est de savoir dans quelle proportion on y moralise les enfants et l'on en fait de véritables laboureurs. Les écoles rurales de la Suisse nous paraissent à cet égard au-dessus de toute comparaison. Pour exemple, nous ne citerons ici que les résultats obtenus à l'asile de Carra [1], que nous avons visité avec le plus vif intérêt et un soin tout particulier.

Depuis 1820, année de la fondation de cet asile jusqu'en 1849, 97 enfants y avaient été admis, sur lesquels deux y sont morts; un avait été retiré par ses parents; un renvoyé pour inconduite, un autre pour maladie incurable; lors de notre visite, il en restait 28.

C'est donc soixante-quatre élèves qui étaient sortis de l'établissement après avoir terminé leur noviciat agricole.

Que sont-ils devenus?

Douze se sont placés comme artisans de divers métiers;

---

(1) Au moment de mettre sous presse, nous apprenons que l'asile agricole de Carra n'existe plus ou plutôt qu'il s'est transformé. M. Vernet-Pictet, propriétaire de la ferme, étant mort, l'école a dû se loger ailleurs; pour les autres raisons et détails de cette phase nouvelle de l'institution, nous renvoyons le lecteur à la note F.

Sept, comme régents d'écoles primaires ;

Cinq, en qualité d'instituteurs dans les écoles rurales analogues à Carra ;

Quarante sont laboureurs, maîtres-valets, jardiniers et domestiques des campagnes.

Ainsi, sur soixante-quatre élèves, douze seulement, soit 18 1/2 p. 100, se sont faits artisans dans des professions latérales à l'agriculture. Ce ne sont pas des *non-valeurs* de l'éducation qu'on reçoit à Carra, mais des déviations légères de la vocation qu'on cherche à inspirer aux enfants.

Quarante, obéissant jusqu'au bout à la tendance de l'école, sont devenus laboureurs ; soit près des deux tiers du nombre total, ou 62 1/2 p. 100.

Quant aux douze autres, ils sont entrés dans l'enseignement primaire, maîtres d'école de village, ou instituteurs agricoles. Loin de les compter comme des insuccès, l'administration de Carra les présente, avec raison, comme le couronnement de l'œuvre. Devenu, sans plus de frais, école normale, école de contre-maîtres, l'asile, en même temps qu'il forme pour l'agriculture des bras vigoureux et honnêtes, dirige vers l'enseignement agricole les intelligences d'élite, assurant de la sorte l'extension et la perpétuité des bienfaits de l'institution.

Ces succès sont dus, en grande partie, à M. Eberhardt, l'un des élèves les plus distingués de Wehrli. Le zèle et le dévouement que le directeur de l'asile de Carra apporte dans l'accomplissement de ses devoirs transforment ses modestes fonctions en un véritable apostolat.

Le choix de l'emplacement a contribué aussi au succès de cette école rurale : une maison indépendante et qui cependant n'est pas isolée ; une cour fermée et pourvue d'eau ; des bâtiments qui servent à loger le bétail et les récoltes ; un train de campagne considérable et bien réglé ; tous les secours et les services éventuels indispensables à un établissement de ce genre ; la facilité d'affermer du terrain, à mesure de l'agrandissement de l'institution ; le voisinage de la paroisse pour les exercices religieux ; enfin une situation assez proche de la ville pour permettre d'y vendre les produits de la ferme, et assez éloignée pour empêcher les visites des curieux, qui ont toujours de grands inconvénients.

Il nous est impossible de ne pas donner un souvenir aux fondateurs de l'asile agricole de Carra, le comte Pictet de Rochemont, le professeur Pictet et M. Henri Boissier-Lefort. Pour donner une idée juste de la pensée qui a présidé à la création de cette œuvre remarquable, nous ne pouvons mieux faire que de placer ici quelques lignes empruntées au compte rendu de l'année 1825 :

« . . . . . Là, où l'éducation des classes pauvres et moyennes de la société n'est pas ce qu'elle devrait être, il y a une guerre sourde et permanente des pauvres contre les riches, finesse offensive d'un côté, défiance trop légitime de l'autre ; ceux qui devraient unir leurs efforts dans des vues d'utilité commune, et dans des voies de raison et de vérité, se croisent, se nuisent et s'accusent.

« Le remède à cette maladie sociale doit se trouver dans des habitudes précoces de travail, de subordination, de patience et de persévérance ; il doit surtout se trouver, ce remède, dans un sentiment intime et profond de la justice et de la bonté de Dieu, sentiment inculqué dès le bas âge et associé à la pratique constante des devoirs du chrétien. Il faut que les habitudes religieuses se prennent, que la morale de l'Evangile se respire dans les écoles de l'enfance et de la jeunesse, pour que le ciment des sociétés se consolide, pour que la civilisation s'avance avec sûreté et qu'elle devienne durable.

« On n'aurait jamais eu de spécieux prétextes pour calomnier les lumières, si leur diffusion trop soudaine sur la masse ignorante eût pu être ménagée avec prudence et accompagnée de l'enseignement pratique de cette morale qui règle le cœur de l'homme et qui dirige les passions de chacun vers le bien de tous. . . . . . »

En résumé, ce qui frappe surtout dans les écoles rurales de la Suisse, ce qui les distingue, c'est l'économie et la simplicité des moyens, avec la certitude et la supériorité des résultats. A meilleur marché que partout ailleurs, on y élève des enfants orphelins, abandonnés ou vagabonds; et, dans une proportion que l'on n'atteint nulle part, on en fait vraiment des laboureurs. D'aider aux progrès de l'agriculture, d'accroître la richesse territoriale du pays, ce n'est pas ce dont on s'est préoccupé d'abord. Mais, subordonnant la terre à l'homme, le moyen au but, la spéculation à l'œuvre charitable, on s'est appliqué avant tout à former des sujets laborieux, moraux et chrétiens. Le reste est venu par surcroît : en créant des instruments habiles, vigoureux, honnêtes, on a étendu le domaine de l'agriculture, et en guérissant la mendicité héréditaire, on a ralenti, sinon arrêté, le flux des populations de la campagne vers les villes.

La libre expansion de la philanthropie individuelle

a fondé et soutenu ces établissements. Pas de subvention donnée par le gouvernement ; la commune, réduite à ses propres ressources, tâche de se suffire à elle-même. Seulement, quelques associations générales, comme la Société d'utilité fédérale, viennent en aide aux besoins et aux essais des institutions particulières, représentant ainsi le concours de la bienfaisance publique avec les efforts de la charité privée.

Le protestantisme existe en Suisse, comme en Hollande, et ce sont les cantons calvinistes qui ont le plus fondé de colonies, notamment celui de Berne, qui sur trente-deux asiles agricoles en compte quatorze. Ce n'est donc pas dans la différence des religions que l'on doit chercher celle des résultats obtenus. La vie et l'éducation de famille, moyen naturel et divin de perpétuer et de moraliser l'espèce humaine ; l'instinct puissant de la propriété, mobile et ressort de la conservation et du développement de l'individu ; la liberté et la responsabilité de chacun dans la solidarité commune, cause et raison de tout progrès intellectuel et moral : tels sont les principes essentiels de toute société, que la religion chrétienne, sous toutes ses formes, promulgue et consacre. C'est à leur mise en pratique, plus ou moins intelligente, plus ou moins complète, que les institutions humaines doivent leurs succès et leur durée. Et c'est parce que les établissements agricoles de la Suisse se conforment plus que tous les autres à ces lois supérieures et nécessaires, qu'ils sont plus près que tous les autres de la solution de ce problème moral et économique : l'extinction de la mendicité héréditaire, et l'éducation professionnelle des enfants orphelins et abandonnés. Nous verrons plus tard comment, avec l'énergie expansive qui le distingue, le catholicisme a développé en France et ailleurs le système des colonies suisses.

Est-il nécessaire d'insister longuement sur les conséquences d'un pareil mode de colonisation éducatrice? Qui ne les devine et n'en comprend toute la portée?

Celui qui n'a pas de famille n'a pas de patrie; celui qui n'a pas été élevé dans le respect et l'amour de cette autorité vivante qui se nomme le père et la mère ploie difficilement son esprit et son cœur à l'autorité d'un chef, de quelque nom qu'on l'appelle. Une éducation qui, en refaisant une famille à l'orphelin, retrempe les âmes dans les vertus domestiques, le respect de la vieillesse, la religion des souvenirs, la vénération des supérieurs, importe donc à la tranquillité de l'État et au salut de la patrie.

En un mot, si la patrie est la famille étendue, les vertus du citoyen ne sont que le développement même et le rayonnement des vertus domestiques.

Pour opérer une pareille réforme dans l'éducation des enfants pauvres, pour faire produire à cette réforme tous ses résultats, il s'agit moins encore d'argent à débourser que de soins à donner. Il faut le concours et les efforts de tous, il faut non-seulement la contribution de toutes les bourses, mais encore et surtout la cotisation de tous les cœurs. Il faut que la charité s'incarne dans les mœurs, dans les actes, dans les institutions, dans la science économique enfin.

TROISIÈME PARTIE

COLONIES DE LA BELGIQUE

TROISIÈME PARTIE

COLONIES DE LA BELGIQUE

CHAPITRE PREMIER

Division et caractère des colonies belges.

En Belgique, deux genres de colonies agricoles. — Colonies à l'instar de celles de la Hollande. — Colonies à l'instar de celles de la France.

La Belgique offre à notre examen deux genres ou, pour mieux dire, deux essais de colonies agricoles. L'un, qui date de 1822, fait à l'instar des colonies néerlandaises, s'est terminé, il y a peu d'années, par une liquidation, après un échec plus ou moins décisif. L'autre, qui débute sur le modèle de nos colonies pénitentiaires, marche dans une voie qui semble conduire au succès. La situation de ces deux genres d'établissements, dont les uns ont cessé d'être et dont les autres commencent à peine, nous dispense d'entrer dans de longs développements sur ce qui n'est plus qu'une ruine ou sur ce qui n'est encore qu'une espérance. Mais nous aurions cru laisser une lacune dans notre travail, si nous n'avions pas donné un souvenir à la première de ces œuvres et un encouragement à la seconde ; extrait mortuaire et acte de naissance que nous enregistrons ici, en passant.

La première de ces études porte donc sur une institution entièrement semblable à celle que le général Van den Bosch a fondée dans les provinces septentrionales du royaume des Pays-Bas ; par conséquent, elle offre des analogies frappantes avec l'histoire que nous avons précédemment tracée des colonies néerlandaises de bienfaisance. Même origine, même caractère, mêmes vicissitudes. C'est une seconde épreuve, c'est un nouvel enseignement, que nous n'avions garde de passer sous silence, d'autant plus que cette épreuve ayant abouti à une liquidation définitive, l'enseignement, sous ce rapport, est plus complet et plus concluant.

La Belgique, liée à la Hollande jusqu'en 1830, en a été violemment séparée par la révolution de septembre. Le gouvernement nouveau, que les mêmes liens de protection et de sollicitude paternelle n'attachaient point à l'œuvre coloniale, a pu, a dû même, en la soutenant, la suivre et la juger d'un œil impartial, et, tout en lui tendant une main secourable et libérale, oser lui retirer cette main épuisée et à bout de sacrifices. L'œuvre, ainsi plus tôt abandonnée à ses propres forces, devait succomber plus tôt. Voilà, en effet, ce qui est arrivé. Et c'est pourquoi il importait de constater et d'apprécier ce résultat qui, en séparant deux choses trop longtemps confondues, l'État et l'institution même, a fait voir ce qu'il y avait dans cette institution d'éléments de durée et de virtualité propre.

Les colonies belges de bienfaisance n'existant plus, nous n'avons pas eu à visiter les établissements connus naguère sous les noms de colonies de Wortel et de Merxplas-Ryckevorsel. Les renseignements qui suivent, nous les avons recueillis dans les livres publiés du temps que ces colonies vivaient encore et dans les exposés de la situation administrative de la province d'Anvers. Nous avons pu vérifier et compléter ces résultats, grâce surtout à l'obligeante communication qu'a bien voulu nous faire M. Dugniolle, administrateur des prisons et des établissements de bienfaisance au ministère de la justice en Belgique.

Venus après l'œuvre expirée, nous avons plus à la juger qu'à la peindre. Si quelques éléments nous manquent comme pittoresque, nous sommes amplement dédommagés comme résultats. Nous n'avons plus à ménager des vivants ; il ne nous reste qu'à dire la vérité sur les morts, selon notre conscience et d'après nos faibles lumières.

CHAPITRE II.

Colonies agricoles de Wortel et de Merxplas-Ryckevorsel.

Société flamande de bienfaisance. — Son organisation ; ses opérations. — Colonies libres et colonie forcée. — Leur situation, leur étendue. — Contrats de la Société avec le gouvernement. —Ressources et recettes de l'œuvre — Emprunts et remboursements.—État des colonies au moment de la révolution belge. —Actif et passif de la Société.—Recettes et dépenses, 1830.— Déficit.

Nous avons vu, dans la première partie de cet ouvrage, qu'une association de souscripteurs s'était organisée, en 1818, dans les provinces septentrionales du royaume des Pays-Bas, à l'effet de coloniser des indigents sur les terres incultes de la Néerlande.

Quoique cette association s'étendît à tout le royaume des Pays-Bas, on conçut le projet, en 1821, afin de populariser l'institution dans les provinces méridionales, d'y créer une seconde Société indépendante de la première. Elle se forma sous les auspices et la présidence du prince Frédéric, et prit le nom de *Société flamande de bienfaisance*. Un arrêté royal, en date du 16 août 1822, lui assura la bienveillance du gouvernement, et le ministre de l'intérieur en approuva les règlements le 28 janvier 1823.

Cette Société ayant été calquée sur le modèle de son aînée, ce que nous avons dit des statuts et de la constitution de la première s'applique à la constitution et aux statuts de la seconde ; nous n'y reviendrons donc pas.

La direction de l'œuvre fut confiée à une commission permanente, siégeant à Bruxelles. L'administration provinciale y resta complètement étrangère, et le gouvernement n'y intervint que comme contractant et protecteur.

Cette Société commença ses opérations en 1822 par l'acquisition de 532 hectares de bruyères, situés sur la commune de Wortel, près de Turnhout, province d'Anvers, pour le prix total de 15,826 fr. 81 c., soit environ 29 fr. 65 c. l'hectare. Elle y créa deux colonies libres, à l'instar de celles de Frederiks'oord, c'est-à-dire ouvertes aux familles indigentes qui viendraient volontairement s'y fixer. Dès la fin de 1823, ces deux colonies réunissaient déjà cent vingt-cinq maisons ou fermes, portées plus tard à cent trente-huit, rayonnant autour d'une église, d'un presbytère, d'une école et du logement de la direction. En outre, il y avait une filature, un magasin et trois maisons de surveillants.; à chaque ferme était attachée l'exploitation de trois hectares et demi de terre.

Dès la même époque, la Société flamande de bienfaisance entreprit de fonder une colonie forcée, comme celle d'Ommerschans, pour y recevoir une partie de la population valide des dépôts de mendicité ; à cet effet, elle passa, le 28 janvier 1823, un contrat avec le gouvernement des Pays-Bas, pour l'admission de mille mendiants dans cette nouvelle colonie, dite colonie de répression. Comme pour les colonies forcées de la Néerlande, l'État s'engageait à lui payer, pendant seize années consécutives, 75 fr. 85 c. par tête de mendiant, ou plutôt 75,850 fr. payables en deux termes tous les ans, encore bien que le nombre des mendiants n'atteignît pas le maximum de mille, fixé au contrat. Après ces seize annuités, expirant le 25 août 1841, le gouvernement conserverait à perpétuité le droit d'avoir mille mendiants placés dans la colonie, et cela sans payer aucune rétribution.

Pour établir cette colonie de répression, la Société acheta 540 hectares de bruyères, à raison de 27 fr. 54 c. l'hectare, dans les communes limitrophes de Merxplas et de Ryckevorsel, province d'Anvers ; elle y fit construire un vaste dépôt pour les mille pauvres et quatre grandes fermes, qui, dépôt et fermes, commencèrent à être habités à la fin de 1825.

Pour faire les dépenses de premier établissement, acquisition de terrains, construction de bâtiments, défrichement des terres, la Société commença une série d'emprunts, dont le montant s'élevait, avant 1830, à près de dix-sept cent mille francs : emprunts hypothéqués sur les biens de l'œuvre. Le dernier emprunt de 516,000 francs date du 1er avril 1829 ; on allait en faire un nouveau au moment de la révolution de 1830.

Voici donc les diverses ressources avec lesquelles, en Belgique comme en Hollande, la Société dut faire face à toutes les dépenses de l'œuvre :

Prix stipulés dans les contrats passés avec quelques administrations communales ou hospitalières pour l'admission aux colonies libres de familles indigentes et d'orphelins ;

Emprunts faits par la Société et produits des dons et souscriptions volontaires des associés protecteurs de l'œuvre ;

Produits variables du travail industriel et agricole des colonies, ou bénéfices de l'exploitation.

D'après les calculs publiés, le montant des rentrées annuelles des établissements coloniaux, depuis leur origine jusqu'à la fin de l'exercice 1856, a été de . . . . 9,262,773 fr. 25 c.
Et la dépense de. 10,779,688   58
                                        ─────────────
  Excédant de dépenses. . 1,516,915 fr. 33 c.

Dans les fonds rentrés ou les recettes, on comprend le total des emprunts s'élevant, nous l'avons déjà dit, à une somme de 1,694,550 francs, sur lesquels on avait en 1856 remboursé seulement 282,740 francs.

Mais n'anticipons pas sur les événements, et voyons où en étaient les colonies au moment où la Belgique a été séparée de la Hollande.

Le gouvernement des Pays-Bas, lorsque éclata la révolution de 1850, s'apprêtait à faire jouir les colonies méridionales des avantages accordés à celles du nord. Ayant résolu de supprimer les dépôts de mendicité et d'en transporter la population dans les établissements de la Société, il entra avec elle en négociation pour le placement de trois mille nouveaux mendiants. Mêmes conditions que celles qui avaient été stipulées dans les traités passés avec la Société hollandaise, et dont nous avons parlé dans la première partie de cet ouvrage. En deux mots, prix fixe de 51 fr. 65 c. par chaque admission ; paiement annuel de 75 fr. 85 c. par tête de mendiant, et indemnité annuelle, variable et proportionnée à l'âge et à l'invalidité du sujet.

Pour mettre le lecteur à même de porter un jugement positif sur la viabilité de l'œuvre en 1830, sur l'avenir probable qui lui était réservé, nous aurions voulu comparer le chiffre réel des recettes avec le chiffre exact des dépenses, calculer les frais de défrichement et la valeur progressive des récoltes et des autres produits. Malheureusement on n'a pu nous fournir à cet égard que des renseignements incomplets.

Nous devons nous borner à donner ici approximativement l'actif et le passif de la Société, à l'époque de la révolution, ainsi que les recettes et les dépenses de l'année 1830.

ACTIF.

310 hectares, terres cultivées	392,460 fr.	
263 hectares plantés	179,245	
3 hectares, pépinières	2,535	
4 hectares de genêts	2,110	
492 hectares, bruyères	15,570	
Valeur des bruyères	2,110	
A reporter..	594,030	594,030

Report.	594,030
Valeur des arbres.	65,410
Bâtiments (colonies libres). .	13,070
125 petites fermes (*id.*). . .	139,525
Bâtiments (colonie forcée). .	165,845
Grandes fermes (*id.*)	21,100
Cheptel.	22,740
Mobilier agricole, etc. . . .	52,750
Objets en magasin.	46,420
	1,120,890 1,120,890

PASSIF.

Restes à payer sur les emprunts :

du 1ᵉʳ janvier 1823. . .	84,400
du 1ᵉʳ août.	67,520
du 1ᵉʳ février 1824. . . .	67,520
du 1ᵉʳ septembre	73,850
du 1ᵉʳ janvier 1825. . .	73,850
du 27 avril.	65,410
du 27 avril.	168,800
du 1ᵉʳ septembre 1826. .	202,560
du 1ᵉʳ octobre 1827. . .	291,180
du 1ᵉʳ avril 1829	316,500
	1,411,590 1,411,590
Excédant du passif sur l'actif.	290,700

RECETTES (année 1830).

Récoltes et objets manufact.	185,680
Subvention de l'État. . . .	73,850
Pensions (familles indigentes et orphelins).	2,954
Souscriptions et dons. . . .	48,530
Total *à reporter*. . .	311,014 311,014

TROISIÈME PARTIE.

Report. 311,014

DÉPENSES.

Intérêts des emprunts. . . .	70,580
Remboursement annuel des emprunts.	78,070
Frais génér. (exploitation). .	348,150
Frais d'administration, etc..	6,646
	503,446 503,446
Excédant des dépenses. . .	192,432

Une seule chose est donc constatée par ces chiffres, c'est qu'à la huitième année de l'existence de l'œuvre, il y avait un déficit de . . . . 192,432 fr.
lesquels ajoutés à l'excédant des dettes
sur l'avoir. . . . . 290,700 fr.

élevaient le découvert à. . . . . . . 483,132 fr.

Ce découvert eût été bien plus considérable encore si le gouvernement avait usé de la latitude que lui accordaient les contrats, d'envoyer mille mendiants dans la colonie de Merxplas : ce qu'il n'a jamais fait.

En présence de pareils résultats, c'était s'abuser étrangement que d'espérer réaliser des bénéfices ou même amortir les dettes de la Société. Ce chimérique espoir, beaucoup de personnes s'en sont bercées pourtant jusqu'en 1850. Désabusées depuis, elles ont cherché à excuser leurs illusions en rattachant l'insuccès de l'œuvre à des événements de force majeure. Quelle est la part qui revient à ces événements, et quelle est celle qui appartient aux vices de l'institution? c'est ce que nous allons tâcher d'apprécier dans le chapitre suivant.

CHAPITRE III.

Continuation du même sujet.

Deux phases distinctes dans la vie des colonies belges, l'une de développement et l'autre de déclin. — Analyse de ces deux états. — Leurs symptômes. — Recherche des causes qui ont amené la ruine de ces colonies. — Diminution progressive de la population, à partir de 1829. — Diminution des recettes. — Emprunts, produits du travail, dons et souscriptions. — Le subside de l'État reste seul le même.—Prix de revient des colons, etc.

Quand on étudie la vie des colonies de la Société flamande de bienfaisance, on y distingue facilement deux phases bien tranchées : la première de développement et presque de prospérité, du moins relative et apparente; la seconde de déclin et de ruine, ruine et déclin qui se précipitent d'année en année jusqu'à leur fin complète.

Voici, en résumé, quelques-uns des symptômes et des contrastes qui caractérisent ces deux états.

La Société avait fait des emprunts considérables. A l'exception d'une somme de 168,800 francs, avancée par le roi Guillaume, et dont le remboursement n'avait pas été déterminé, la Société devait rembourser ses emprunts par annuités ; annuités qui, sur le total desdits emprunts, devaient s'élever à 78,000 francs chaque. Les échéances furent acquittées avec exactitude jusqu'au 1ᵉʳ octobre 1830.

Mais, depuis la révolution belge, les paiements ont été en grande partie suspendus. 15,665 fr. furent payés aux seuls porteurs d'obligations qui habitaient la Belgique, et cela seulement jusqu'en 1832. La Société, loin d'être en état de faire honneur à ses engagements, ne put même pas couvrir, depuis 1830, les frais d'administration et d'entretien des colonies.

En comparant les séries des recettes et des dépenses avant et depuis 1830, on trouve que l'excédant des dépenses sur les recettes n'a été, en moyenne, pour chacune des neuf premières années, que de 42,500 fr., tandis que cet excédant a été pour chacune des six années suivantes de 180,000 fr., quoique dans ces années de fortes sommes restassent à payer, comme les remboursements des emprunts et les intérêts de la dette.

D'où vient cette énorme différence entre les excédants des dépenses sur les recettes aux deux époques ? Provient-elle d'un surcroît de dépenses ? Non, puisque, d'une part, nous avons vu que la Société, depuis 1830, loin d'amortir sa dette, n'en payait même plus les intérêts ; et puisque, d'autre part, la population diminuant de jour en jour, les frais d'entretien devaient aussi diminuer proportionnellement.

Le nombre des colons libres qui, en 1822, était de 127 et de 406 en 1825, fut porté à 560 jusqu'en 1829 et 1830 : depuis lors, il a toujours été en décroissant ; en 1836, il était déjà réduit à 272 ; en 1839, il n'était plus que de 187, et en 1844 de 174.

La population de la colonie de répression offre des résultats à peu près semblables. En 1827, on y comptait 899 mendiants, et à la fin de 1829, 705 : en 1836, il n'y en avait plus que 258 ; en 1841, 267, et en 1845, 189 seulement.

Nous devons donc chercher ailleurs les raisons du déficit.

A part le subside de l'État, nous voyons les recettes diminuer à partir de 1830 et même dès avant cette époque.

Et d'abord, les emprunts, dont les versements coïncident avec les premières années de l'œuvre, tarissent, et leur absence fait une large brèche aux revenus des colonies.

Ensuite, pour combler cette brèche, on avait compté sur les produits du travail des colons et les bénéfices de l'exploitation : or, ces produits et bénéfices, loin d'accroître, allaient en diminuant d'exercice en exercice, et même les renseignements authentiques qui ont été mis à notre disposition nous autorisent à croire et à affirmer que les produits du travail et de l'exploitation agricole étaient tombés plus rapidement encore que la population : ce qui indique que cette population, en même temps qu'elle décroissait en nombre, diminuait en validité.

Enfin, cette décadence funeste et progressive réagit à son tour sur l'opinion publique, qui cessa de favoriser l'entreprise. Le produit des souscriptions, lequel, pendant les années qui ont précédé 1830, s'était maintenu entre cinquante et soixante-dix mille francs, était descendu, en 1830, à vingt-quatre mille; en 1831, à quatorze mille, s'amoindrissant encore d'année en année.

Ainsi, cessation des versements de l'emprunt, diminution progressive des souscriptions et amoindrissement successif des produits du travail et des bénéfices de l'exploitation ; voilà plus de raisons qu'il n'en faut pour se rendre compte d'une situation qui commence avant 1830 et qu'on a vainement voulu expliquer par la révolution belge.

La seule recette sur laquelle un changement de gouvernement pouvait influer, le subside, est toujours restée la même. Le gouvernement belge, après la séparation, a continué à payer 74,000 fr. par an, malgré la diminution de la population du dépôt de Merxplas, dont la moyenne était descendue à deux cent cinquante personnes ; diminution telle que l'entretien de chaque mendiant valide dans la colonie de répression est revenu à l'État à 292 francs par an, ou 80 centimes par jour ; tandis que les mendiants infirmes entretenus dans les hospices coûtent tout au plus de quarante à cinquante centimes.

Sous la double influence de la diminution de la population et des produits du travail, d'une part, et, d'autre part, du maintien des frais généraux, des intérêts à payer et des charges de l'entreprise, le prix de revient de chaque colon croissait de telle sorte que M. Ramon de la Sagra[1] a calculé que, pour les quatre années 1834, 1835, 1836, 1837, la dépense moyenne a été de plus de 919 fr. 96 c. par individu.

Comment s'étonner alors que, nonobstant le subside accordé par l'État, subside toujours supérieur

---

[1] *Voyage en Belgique*, 1836.

au chiffre de la population, la dette s'augmentât d'année en année?

Après avoir mis hors de doute ce point que la ruine des établissements coloniaux de la Société flamande de bienfaisance n'est pas seulement l'effet de la révolution de 1830, nous allons, reprenant l'histoire de ces colonies, en dire sommairement les épreuves, les crises et la fin.

CHAPITRE IV.

Embarras et épreuves de la Société flamande de bienfaisance.

1832 : premier rapport de l'inspecteur général sur la situation des colonies. — Remèdes proposés. — Scrupules et refus de la commission permanente. — 1833 : nouvelles propositions du gouvernement. — Nouveau refus du gouvernement. — L'œuvre réduite à cette extrémité : impossibilité de vivre avec sa constitution et impossibilité de sortir de cette constitution.

Les embarras de la Société flamande de bienfaisance croissaient d'année en année. Dès 1831, certains créanciers, perdant patience, avaient entamé contre elle des poursuites judiciaires. Pour les satisfaire ou pour les calmer, la Société avait disposé en leur faveur d'une partie de l'allocation payée par le gouvernement, son unique ressource déjà insuffisante.

Aux prises avec des difficultés sans cesse renaissantes, la commission permanente menace de se retirer si l'État ne lui vient en aide. Sur les instances du gouvernement, elle consent à rester en fonctions.

En 1832, il est question de réorganiser les colonies : à la suite d'une réunion qui a lieu au ministère de l'intérieur, M. Ducpetiaux, inspecteur général des prisons et des établissements de bienfaisance, est chargé de visiter les établissements coloniaux de la Société. Cette inspection achevée, il fait un rapport sur la situation des colonies et sur les moyens d'y remédier.

En résumé, voici les remèdes qu'il propose :

1° Réunir en une seule les colonies libres et la colonie forcée, avec une même organisation et sous une direction commune ;

2° Congédier les colons libres peu aptes aux travaux agricoles, et quant à ceux pour lesquels il y a contrat, en réduire progressivement le nombre ;

3° Renvoyer les mendiants invalides ;

4° Continuer de placer aux colonies les mendiants de profession en état de récidive et vagabonds ;

5° Y admettre les détenus libérés qui demanderaient à y entrer. Le manque d'asile et d'emploi étant la cause principale des rechutes, on se flattait de détruire cette cause, en offrant et l'emploi et l'asile ;

6° Établir une prison spéciale ou plutôt une école de réforme pour les jeunes délinquants, et un établissement pour les enfants trouvés ;

7° Faire des lots de dix, vingt et trente bonniers[1] que cultiveraient des agriculteurs libres, sous la direction desquels on placerait un certain nombre de colons;

8° Louer à quelques cultivateurs des environs d'autres lots de terrains, à la charge d'employer pour leur culture des colons de la Société;

9° Pour stimuler le zèle des jeunes colons, affecter un lot de terrain à l'établissement d'une école d'industrie agricole, et faire de l'admission à cette école la récompense de l'intelligence, du travail et de la bonne volonté des enfants;

10° Former des ménages d'enfants trouvés et d'orphelins;

11° Obtenir du gouvernement qu'il élève le subside annuel à 126,000 francs, et en échange lui accorder une large part dans l'administration des colonies.

Communication est donnée du rapport de l'inspecteur général, le 6 août 1852, à la commission permanente, qui le 25 août répond qu'elle ne se trouve pas investie de pouvoirs suffisants pour adopter le plan proposé : ce plan étant, selon elle, le bouleversement de l'ordre de choses établi lors de la création des colonies agricoles.

(1) Le bonnier vaut à peu près un hectare.

Au lieu donc de recourir tout de suite à des remèdes efficaces, on s'en tient à des palliatifs : le gouvernement exécute la troisième mesure proposée, le renvoi des mendiants invalides.

Nonobstant, à la fin de 1833, les choses allant de mal en pis, on agite de nouveau la question et on reconnaît la nécessité de modifier l'organisation administrative de l'œuvre.

L'inspecteur général s'ingénie à formuler de nouveau des projets d'arrangement avec la Société pour le soutien et le salut des colonies.

En conséquence, il propose :

Soit de traiter avec la Société ou avec les créanciers pour la cession des colonies ;

Soit de s'entendre avec la commission permanente pour modifier, d'une manière conforme aux vues et intérêts du gouvernement, la destination et le mode d'administration des colonies.

Le premier parti ayant paru impraticable à cause de l'interruption des communications directes avec la Hollande, où se trouvaient les principaux créanciers, il fut abandonné.

Le second remède, plus efficace en réalité contre le mal signalé, n'était au fond que le projet déjà présenté en 1832, dont il reproduisait les dispositions principales, et notamment les trois articles concernant les mendiants et vagabonds, les détenus libérés, les jeunes délinquants et les enfants trouvés.

Une commission fut chargée d'étudier ce nouveau projet. Les conclusions du rapporteur tendirent au rejet de presque toutes les propositions de l'inspecteur général, dont le projet n'eut pas de suite.

Ainsi donc l'œuvre se mourait de sa constitution, et l'on ne pouvait se résoudre à la faire vivre en dehors de cette constitution mortelle. Par un respect idolâtre de la lettre des statuts, les formalistes de la commission permanente, préférant la mort au changement, sacrifiaient à l'organisation matérielle de l'institution l'essence et la vie même de l'œuvre.

CHAPITRE V.

Continuation du même sujet.

Inventaire de 1836. — Bilan. — Les choses s'aggravent les années suivantes. — Réunions des créanciers-sociétaires. — Le gouvernement les met en demeure de soutenir l'œuvre et de remplir leurs engagements. — 1841 : cessation du subside. — Crise. — Expertise générale et enquête. — Dissolution de la Société et liquidation de l'œuvre. — Résumé et conclusion de cette étude.

Après avoir, comme nous venons de le voir, repoussé par deux fois les propositions du gouvernement, remèdes ou palliatifs, la commission permanente ne sut prendre aucune résolution. Comme épuisée par ce refus et incapable d'agir au delà, elle laissa la Société dans les embarras dont il importait de la tirer. Les colonies abandonnées à elles-mêmes continuent à traîner une existence pénible et précaire. Le germe de mort qu'elles recélaient dès le principe se développe librement. Le terme de leur chute définitive est prévu, est marqué : il arrivera lorsque le gouvernement, d'après la lettre des contrats, ne sera plus tenu de payer les 74,000 francs annuels qui, tant bien que mal, soutiennent encore l'institution défaillante.

Au 1er janvier 1837, la dette de la Société, accrue d'année en année, s'élevait à. . 1,908,084 fr. 25 c.

La valeur approximative des objets, tant meubles qu'immeubles, appartenant à la Société, était, à la fin de 1831, de 1,178,737 fr. Cette valeur avait subi une dépréciation telle que, dans l'inventaire de 1836, elle n'était plus portée que pour une somme de. . . . . 992,891 fr. 44 c.

Ce qui fait ressortir le déficit, en 1837, à . . . . 915,192 fr. 82 c.

Les choses s'aggravèrent encore les années suivantes. Le 3 décembre 1839, une dernière réunion de la commission permanente eut lieu au ministère de la justice. On y discuta de nouveau d'un arrangement à faire pour conserver les établissements et garantir les droits de l'État. Au commencement de 1840, le gouvernement fit convoquer les créanciers de l'œuvre en assemblée spéciale, à l'effet de délibérer sur la question de savoir par quels moyens la Société se proposait de faire face à ses engagements, et de soutenir les colonies, après l'expiration du contrat passé le 28 janvier 1823, en vertu duquel le gouvernement était déchargé dès l'année 1841 de payer le subside annuel, et conservait néanmoins le droit d'envoyer aux colonies mille mendiants pour y être entretenus. Presque tous les créanciers résidant à Bruxelles s'étant réunis le 18 mars 1840, l'assemblée fut unanime à reconnaître l'impossibilité de maintenir les établissements coloniaux, du moment où le subside cessera d'être payé. La commission s'engagea à continuer ses fonctions, comme directrice de l'œuvre, jusqu'au moment où, toute administration devenant impossible faute de fonds, chacun des membres de la commission croira devoir se retirer.

C'est au commencement de 1841 qu'a été payé le dernier seizième du subside, qui se rapportait à l'exercice clos avec l'année écoulée. Préoccupé de rechercher comment il pourrait venir au secours de la Société, la tirer d'embarras et ménager les intérêts des actionnaires, le gouvernement avait, le 9 décembre précédent, provoqué une nouvelle réunion des créanciers de l'œuvre. Dans cette réunion à laquelle assistait, comme commissaire du gouvernement, l'administrateur des prisons et des établissements de bienfaisance, on arrêta qu'une expertise générale des biens meubles et immeubles serait faite dans un bref délai.

Le résultat de cette expertise présente en faveur de la Société un actif de . . . 688,940 fr. 67 c.

Nous avons vu que l'inventaire de 1836 avait porté cette valeur à. . . . . 992,894 fr. 41 c.

Les biens de la Société auraient donc subi en moins de cinq années une dépréciation de 303,980 fr. 74 c.

En supposant que la dette sociale fût restée la même qu'au 1ᵉʳ janvier 1857,

A savoir . . . . 1,908,084 fr. 23 c.
L'actif déduit . . . . . . 688,940 fr. 67 c.

Le déficit serait au moins de 1,219,173 fr. 56 c.

A la suite de cette enquête, un rapport très détaillé a été fait par M. l'administrateur Duguiolle, le 23 décembre 1840. Ce rapport respirait et communiquait cette conviction qu'il était trop tard, que le gouvernement commettrait une faute en se mettant aux lieu et place de la Société, qu'il aboutirait, sinon à une situation tout aussi déplorable, du moins à des résultats négatifs et peu satisfaisants.

Nous touchons au terme de cette longue et triste histoire.

Au mois de septembre 1842, on fut obligé de prononcer la dissolution de la Société faute de ressources suffisantes pour subvenir à l'entretien des indigents. Les colons de Merxplas furent évacués sur les divers dépôts de mendicité.

Enfin nous lisons dans l'exposé de la situation administrative de la province d'Anvers, session 1846 : « Les immeubles de la Société de bienfaisance formant les colonies de Merxplas et de Wortel ont été vendus. La députation permanente de la province a nommé une commission spéciale chargée du soin de veiller au sort des colons libres restés à Wortel. L'État a accordé à cette commission un subside de trois mille francs. »

C'est à ces simples et laconiques paroles que se réduisent l'article nécrologique et l'épitaphe de ces colonies inaugurées en 1822 avec tant d'espérance et d'enthousiasme.

La décadence, la ruine, la mort des colonies agricoles de la Belgique est un fait grave qui, à cause de l'influence qu'il peut exercer sur l'opinion, devait attirer l'attention des observateurs. Deux espèces d'explications ont été fournies pour rendre raison de cette fin lamentable. Les uns ont attribué l'échec subi par la Société belge de bienfaisance à la très mauvaise qualité du terrain, à l'insuffisance des bras pour le travail, aux fautes commises dans la construction primitive des édifices, à l'isolement des colonies et à leur éloignement des grands centres de population. Les autres, arguant contre l'administration du succès obtenu en Hollande, rejettent sur cette administration la faute et la responsabilité d'une décadence qui a commencé, selon eux, en 1850, après la révolution.

Ces explications et ces reproches nous semblent manquer de raison et de justice, s'arrêtant à la surface et n'allant pas au fond des choses. Après ce que nous avons dit sur les colonies hollandaises, on sait que penser de leur succès. Si, en 1843, le gouvernement et les états-généraux des Pays-Bas avaient fait, à l'égard de la Société néerlandaise de bienfaisance, ce qu'a fait le gouvernement en Belgique, la liquidation, proportion gardée, n'aurait pas été plus brillante que celle des colonies flamandes de Wortel et de Merxplas.

Le gouvernement belge, qui n'avait pas d'amour-propre d'auteur engagé dans cette entreprise, s'est borné à payer fidèlement et généreusement les échéances du subside; il n'a pas voulu compromettre davantage les finances de l'État dans une institution dont la viabilité lui paraissait douteuse ; loin de l'en blâmer, nous l'en félicitons. Il a prouvé d'ailleurs, plus d'une fois, qu'il savait prendre l'initiative des dépenses productives en fait d'œuvres philanthropiques, et notamment dans la récente fondation d'une institution dont il nous reste à entretenir nos lecteurs.

CHAPITRE VI.

Écoles de réforme de Ruysselède.

Différence entre les colonies de Wortel et de Merxplas et les écoles de réforme. — Exploration faite par l'administration belge avant de fonder ces écoles. — Loi du 3 avril 1848. — Rapport du ministre de la justice en 1850.—Situation de Ruysselède. — Aspect du pays. — Ce qu'était Ruysselède quand l'État l'a acheté.— Prix de vente.— Contenance des terres.— Disposition des édifices.— Services généraux. — Dortoirs. — Réfectoires. — Railway. — Machine à vapeur. — Dépendances du bâtiment central.

Le nom seul l'indiquerait : il y a une profonde et radicale différence entre ces établissements et ceux dont nous venons de raconter la fin. Ceux-ci admettaient les mendiants adultes avec leurs habitudes déjà faites de paresse et de vices ; ceux-là prennent les enfants pauvres à cet âge où la réforme de leurs mauvais penchants est encore possible, où l'on peut espérer de les arracher au fatal héritage de leur naissance et de leurs premières années. Les uns n'étaient qu'une sorte de dépôts de mendicité où l'on avait la prétention de faire travailler aux champs les indigents adultes, qu'ils vinssent de la ville ou de la campagne ; les autres sont des écoles où l'on s'applique à donner aux enfants des pauvres une éducation professionnelle.

C'était une Société particulière qui avait fondé les colonies de Merxplas et de Wortel ; c'est le gouvernement qui a inauguré lui-même et qui dirige les écoles de réforme de Ruysselède. Pour éviter le mal et pour faire le bien, le gouvernement belge a profité, avec son tact habituel, d'un double exemple et d'une double leçon : l'étude de ses propres colonies de mendiants et l'étude de nos colonies pénitentiaires. Il n'a pas jugé inutile de consulter les expériences faites dans les pays voisins.

Cette mission importante a été confiée à un homme que son mérite, ses travaux distingués et la nature de ses fonctions désignaient au choix du gouvernement, M. Ducpetiaux, inspecteur général des prisons et des établissements de bienfaisance. On lui a adjoint M. Poll, directeur de l'institut de Ruysselède. Ils se sont rendus en France, en 1849, pour y visiter quelques-unes de nos colonies agricoles les plus curieuses ou du moins les plus connues : exploration que le gouvernement belge compte étendre aux établissements analogues de l'Allemagne et de l'Angleterre, qui présentent des éléments propres à éclairer la marche de l'administration et à assurer le succès de son entreprise[1].

L'établissement de Ruysselède est donc moins une création nouvelle que l'imitation et le perfectionnement d'institutions déjà existantes : aussi l'a-t-on appelé le *Mettray* belge. Ce ne serait donc peut-être pas ici le moment ni le lieu de nous livrer à l'étude de cette colonie. Nous pourrions, avant de parler de la copie, attendre que nous ayons fait connaître le modèle. Mais, comme cette copie a un cachet qui lui est propre, nous avons cru devoir lui donner place dans cette partie de notre travail consacrée à l'esquisse des colonies étrangères; nous bornant, du reste, à quelques détails qu'éclaireront et que développeront successivement nos différentes études sur les colonies françaises de bienfaisance.

Une loi du 3 avril 1848, art. 5, a imposé au gouvernement belge l'obligation de créer des établissements spéciaux pour les jeunes indigents, mendiants et vagabonds des deux sexes âgés de moins de dix-huit ans. Ces établissements doivent être organisés de manière à employer, autant que possible, les garçons aux travaux de l'agriculture, et à les former

---

[1] Rapport du ministre de la justice à la Chambre des représentants, 23 janvier 1850.

aux professions susceptibles d'être exercées avec profit dans les campagnes : les jeunes gens des deux sexes doivent être placés dans des établissements distincts et séparés.

L'article 8 de cette loi affecte une somme de 600,000 fr. aux frais d'acquisition, de construction et de premier établissement des écoles de réforme, et l'article 9 prescrit au gouvernement de faire chaque année un rapport aux chambres législatives sur la situation des établissements dont cette loi décrète la formation.

Conformément à cette dernière disposition, le ministre de la justice, au département duquel ressortissent en Belgique les établissements de bienfaisance, a soumis, le 23 janvier 1850, à la Chambre des représentants l'exposé des mesures prises pour la création et l'organisation des écoles de réforme dans le courant de 1849.

C'est le 20 avril 1850 que nous avons visité l'établissement de Ruysselède qui est à huit kilomètres de Blumental, dernière station du chemin de fer de Gand à Bruges. Le pays nous a paru bien boisé et d'une terre assez bonne ; il n'offre pas du moins l'aspect triste et désolé des landes qui servent de ceinture aux colonies néerlandaises.

Ruysselède était une ancienne raffinerie tombée en ruines et abandonnée par les actionnaires. Les bâtiments auraient, dit-on, coûté sept cent mille francs, et la Société aurait englouti dans cette entreprise près de deux millions. L'État a acquis le tout, bâtiments et terrains, au prix de 161,476 fr. 47 c., y compris les intérêts jusqu'au jour du paiement et les frais du contrat.

Ainsi, l'État a commencé par une opération avantageuse qui, à bas prix, l'a mis en possession de vastes bâtiments et d'environ cent vingt-sept hectares de terres.

Sans changer les bâtiments qui étaient agglomérés et en se conformant au plan primitif, on les a appropriés à leur destination nouvelle pour y établir l'école de réforme des garçons.

Voici la disposition générale des édifices, telle que nous avons pu la saisir, au degré où se trouvaient les travaux lors de notre visite.

Au lieu d'être séparés et logés par familles dans des maisons distinctes, comme à Mettray, tous les colons seront réunis, au nombre de cinq cents, dans un vaste bâtiment central.

Les services nous ont paru bien distribués.

A l'un des bouts du rez-de-chaussée, les salles d'étude et les classes;

A l'autre bout, la cuisine et ses dépendances ;

Au centre, un immense réfectoire pour toute la colonie. Au milieu de ce réfectoire, on tracera un railway, sur lequel glissera un petit chariot, qui, partant de la cuisine, portera aux diverses tables les aliments destinés à chacune d'elles ; imitation du mécanisme ingénieux à l'aide duquel se fait le service de l'alimentation des détenus dans la prison de la nouvelle Force, à Paris.

Au bout de la cuisine, on compte installer une machine à vapeur pour tous les services généraux : mouture du pain, fabrication de l'huile, chauffage, ventilation, élévation des eaux, cuisson des aliments, buanderie, etc.

Au premier et au second étages, s'étendent quatre grands dortoirs, devant contenir cent vingt-cinq lits chaque. Comme on avait assez d'espace, on ne veut pas faire servir les dortoirs à deux fins. C'est une des raisons qui ont fait préférer les lits aux hamacs.

Ces dortoirs sont un peu bas d'étage, mais assez spacieux et bien aérés par de nombreuses ouvertures.

A chaque étage, entre les deux dortoirs, se trouvent quatre petites pièces disposées en croix ; ce sont autant de lavoirs réservés aux ablutions des enfants.

Autour du bâtiment central, on a construit plusieurs dépendances : logement du directeur, ateliers, écuries, étables, etc.

On travaillait encore, lors de notre visite, à tous ces bâtiments, dont nous ne donnons ici qu'un simple aperçu. Il restait à éxécuter certains travaux complémentaires, les boiseries, les portes et fenêtres, le plâtrage intérieur et le plafonnage, ainsi que l'arrangement de la chapelle.

CHAPITRE VII.

Analyse morale de l'institution.

Le directeur de l'œuvre.— Commencements de la colonie.—Logements provisoires des colons. — État sanitaire de la colonie. — Alimentation. — Distribution de la journée du colon. — Classes et travaux. — Calme et docilité relative des enfants belges.— Régime disciplinaire.— Punitions et récompenses.— Classification des enfants. — Organisation des travaux agricoles et industriels.—Nombre d'hectares cultivés en 1849 et en 1850.— Produits de l'exploitation. — Personnel des employés. — Projet d'école de réforme pour les jeunes filles.— Direction de cette école. — Extension à donner aux bienfaits de ces deux établissements.

L'école de réforme de Ruysselède est dirigée par M. Poll. Ancien directeur de la prison de Bruxelles, père de famille recommandable, M. Poll s'est décidé, sur les instances du ministre de la justice et de l'inspecteur général, à accepter cette position et à quitter pour elle le séjour de Bruxelles et toutes ses relations. C'est un homme d'une probité sévère et d'une capacité éprouvée; il fallait un tel directeur pour assurer le succès d'une pareille œuvre à son début.

Quand il est venu s'établir à Ruysselède, au commencement de 1849, en qualité de directeur comptable des travaux à exécuter par voie de régie, il avait à peine un abri pour se loger.

Pendant qu'on appropriait à leur destination nouvelle les bâtiments déjà existants, M. Poll, impatient de commencer son œuvre, demanda au ministre l'autorisation de prendre au pénitencier de Saint-Hubert vingt-cinq enfants, qu'il logea provisoirement au-dessus d'une étable.

Voilà le point de départ, le début de l'école de réforme, au mois de juillet 1849. Elle a ainsi commencé modestement, péniblement. A mesure que les bâtiments sortaient de terre, ou, pour mieux dire, étaient réparés et appropriés, les enfants de plus en plus nombreux venaient les occuper. Nous les y avons trouvés au nombre de cent vingt-quatre; c'est déjà le quart de la population totale des garçons.

Provisoirement et en attendant la fin des travaux, les colons occupent une partie des locaux qui, plus tard, sont destinés à servir d'ateliers; on y a disposé une cuisine, une infirmerie, un réfectoire, une salle d'école, une chapelle et des dortoirs.

L'exposition de Ruysselède est bonne, et l'état sanitaire de la colonie est satisfaisant. Depuis qu'elle est habitée, à peine a-t-il été besoin de recourir au médecin ; il ne s'est présenté aucun cas de maladie grave. Les affections scrofuleuses paraissent s'y guérir vite, à l'air libre et aux travaux des champs.

Ce n'est encore, du reste, qu'une présomption favorable que le temps seul peut confirmer. Ruysselède est en plaine et ne se distingue par aucune particularité topographique ou autre de laquelle on puisse inférer qu'il soit spécialement propre à la guérison des scrofules.

L'alimentation des colons a été établie dès le commencement sur le pied le plus économique ; son prix n'a pas dépassé 25 centimes par colon et par journée ; il a même été réduit à 19 centimes, du moment où l'on a pu utiliser les produits de l'établissement. On donne deux fois par semaine de la viande de vache ou de porc. Chaque enfant est rationné à 1/2 kilogr. de pain par jour. Ce pain est fait avec du seigle pur ; il revient à 12 centimes le kilogramme. Tous les employés, directeur et aumônier compris, mangent du pain de froment non bluté, son et farine.

Dans l'appréciation et la comparaison des prix de revient des colons en Belgique et en France, il sera juste de tenir compte de ces conditions d'économie, qu'il serait difficile, pour ne pas dire impossible, de faire admettre chez nous. Notre pain de munition, fait de froment pur, bluté à 10 p. 100, est l'objet de critiques passionnées. Que serait-ce si l'on voulait faire manger, non pas aux soldats, mais aux orphelins, mais aux prisonniers même, un pain de froment non bluté, ou de seigle pur, ou de seigle et de pommes de terre mêlés, comme en Belgique et en Hollande ?

La journée du colon est partagée entre les classes qui prennent deux ou trois heures, et le travail qui occupe le reste de son temps. La lecture, l'écriture, l'arithmétique et spécialement le calcul mental, un peu de géographie et d'histoire; telle est l'instruction élémentaire qu'on lui donne, avec l'enseignement agricole théorique et pratique. Il y a des leçons de musique, de chant, des exercices de gymnastique et de manœuvre, une école de natation.

Nous avons assisté aux leçons et divers exercices des élèves de Ruysselède; bien que l'école soit encore au début, on obtient déjà des résultats satisfaisants. Les enfants manœuvrent surtout avec une discipline, une précision et un ensemble remarquables. La carrière militaire doit, à défaut de l'agriculture, être la principale issue de l'école de Ruysselède. Nous indiquons ici seulement cette question, sans l'envisager sous aucune de ses faces.

Au milieu des jeux, exercices, leçons et travaux auxquels se sont livrés devant nous les jeunes colons de Ruysselède, une chose nous a frappés ; c'est combien les enfants belges sont plus faciles à manier, moins bruyants et moins turbulents que les nôtres. Avec des caractères aussi calmes et aussi soumis, la surveillance a besoin de moins d'agents. On ne compte avoir à Ruysselède qu'un surveillant pour soixante élèves.

Les surveillants tiennent compte des bonnes ou mauvaises notes méritées par chaque colon et qui sont inscrites à son compte particulier dans le livre de conduite. C'est d'après ces notes que sont distribuées les punitions ou récompenses.

Les colons qui, pendant trois mois consécutifs, n'ont encouru aucune punition et qui ont obtenu le plus de bonnes notes, sont portés au tableau d'honneur. Il y avait vingt-quatre élèves inscrits sur ce tableau quand nous l'avons consulté.

Du reste, punitions et récompenses, tout n'est encore qu'à l'état d'essai. On ne veut organiser définitivement le régime disciplinaire que lorsque l'expérience aura prononcé. On compte avoir des cellules ; non pas que le directeur croie à l'efficacité de ce moyen, mais l'administration veut qu'on en construise, avec l'intention d'en user sobrement et dans des cas exceptionnels.

Les colons sont distribués par sections de trente enfants; chaque section a un chef et un sous-chef, choisis tous les mois par le directeur, parmi les enfants portés au tableau d'honneur. Les sections sont classées par rangs d'âges, tandis que les escouades ou ateliers de travail sont groupés par nature d'aptitudes et de spécialités, sous des chefs d'ateliers ou conducteurs de travaux. Toute cette organisation est calquée sur celle de Mettray, à quelques différences près.

Conformément aux bases de son institution, l'école de réforme de Ruysselède est avant tout un établissement agricole. Tous les travaux y sont dirigés au point de vue de l'agriculture et des industries qui peuvent être exercées dans les campagnes.

Au moment de l'occupation du domaine, les terres, de plus en plus négligées et appauvries, présentaient l'aspect le plus déplorable; ce n'était que sapinières et landes couvertes de genêts. Pendant l'année 1849, sur une étendue d'environ 127 hectares, 64 ont été mis en culture. Les produits de la ferme et de la culture, évalués au-dessous des prix des marchés et mercuriales de l'arrondissement, sont portés à l'inventaire de cette année pour une somme de 20,860 fr. 84 c. ; c'est une moyenne de 330 fr. par hectare cultivé.

Le plan de culture pour 1850 embrassait près de 98 hectares, ou 34 hectares de plus que l'année précédente.

La direction des ateliers est confiée à quatre ouvriers contre-maîtres : un maréchal ferrant, un menuisier, un vannier-teilleur, un tresseur de paille. Ils travaillent, à des salaires déterminés, pour l'établissement, en même temps qu'ils dirigent et surveillent l'apprentissage des colons.

Le nombre des employés n'est pas encore au complet ; il doit s'accroître proportionnellement à celui des colons. A la fin de 1851, lorsque l'école des garçons sera définitivement organisée, le personnel des employés se composera de 28 personnes, qui coûteront, tout compris, appointements, émoluments et entretien, 24,707 francs. Divisée par le nombre des colons, cette dépense représente, pour chacun d'eux, une somme de près de 50 francs.

Tous les employés doivent être célibataires, à l'exception du directeur qui était marié et père de famille quand on l'a appelé à la tête de la maison.

Lorsque nous sommes arrivés à Ruysselède, les bases de la comptabilité étaient posées ; mais elle n'était encore tenue que sur des feuilles volantes et des brouillards. C'est à partir du mois de mai 1850 que le directeur a dû l'établir sur des registres officiels.

A près de deux kilomètres de l'établissement destiné aux garçons, on devait ériger une seconde maison pour recevoir :

1° Trois cents jeunes filles de huit à dix-huit ans;

2° Une centaine de jeunes enfants des deux sexes de deux à sept ans : espèce de crèche que l'on adjoindra ainsi à l'œuvre principale. Les jeunes garçons, après sept ans, passeront dans l'école qui leur est exclusivement réservée.

Comme les employés de cette première maison sont et doivent être des célibataires, il n'est guère possible ou convenable de donner la direction et la surveillance de l'autre école à des dames laïques; aussi le gouvernement songeait-il à traiter avec une congrégation religieuse pour l'administration de cette seconde maison de réforme. Son choix, à cet égard, n'était pas encore fixé l'année dernière.

On pense que vers la fin de 1852 les deux écoles de réforme seront complétement organisées et installées sur un pied définitif. Encouragé par le succès, on s'occupera alors de prendre des mesures pour étendre les bienfaits de ces établissements, soit que l'on se décide à ériger de nouvelles écoles de réforme dans les autres provinces, soit que l'on se borne à établir des succursales de l'établissement de Ruysselède, à l'instar des fermes détachées de la colonie-mère de Saint-Ilan, fondée par M. Achille du Clésieux pour le défrichement des landes de la Bretagne.

CHAPITRE VIII.

Résultats financiers.

Emploi des crédits ouverts en 1848 et 1849 aux écoles de réforme. — Analyse et résumé des comptes rendus de 1848 à 1851. — Remboursements; recours de l'État sur les communes; domicile de secours. — Plus-value de la propriété de Ruysselède. — Prix de journée du colon; frais de premier entretien répartis par tête de colon. — Nécessité de mettre l'étendue de l'exploitation agricole en rapport avec le chiffre de la population. — Conclusion : avantages économiques de l'agglomération; inconvénients qui peuvent en résulter au point de vue moral.

L'œuvre de Ruysselède débute à peine; il est donc impossible de l'apprécier sur l'inventaire de son passé, comme nous l'avons fait pour les colonies septentrionales et méridionales de l'ancien royaume des Pays-Bas. Après la description des localités et l'analyse morale de l'institution, nous allons, pour compléter notre étude sur les écoles de réforme de Ruysselède, exposer dans ce chapitre quelques résultats et chiffres qui résument les opérations déjà effectuées, avec les prévisions de l'administration pour 1850 et 1851.

Tout a été calculé pour réduire le plus possible

les frais des écoles de réforme, et établir dès le commencement leur gestion sur les bases les plus économiques.

Sur la somme de 600,000 francs affectée à la fondation de l'œuvre par la loi du 3 avril 1848, les crédits successivement ouverts jusqu'au 1ᵉʳ janvier 1850 s'élevaient au total de 570,500 francs.

Dépenses que ces crédits ont servi à couvrir :

	fr. c.
Prix d'acquisition, intérêts et frais d'achat compris	161,476 47
Frais d'installation, de défrichement et de culture, acquisition d'une partie du matériel de la ferme, etc.	14,500 »
Dépenses de premier établissement en 1849 : matériaux de construction, salaires et honoraires, gros mobilier, four à briques, construction d'une route.	148,207 36
Dépenses de l'exploitation agricole en 1849 : instruments, animaux, engrais, semences, plantations, nourriture des animaux, etc. . .	23,900 38
Dépenses administratives : personnel, ménage des employés, des ou-	
A reporter. . . .	348,084 21

	fr.	c.
Report.....	348,084	24

vriers et des colons, combustible, éclairage, mobilier, matériel des bureaux et écoles, culte, service médical et infirmerie, ateliers, dépenses diverses.............. 22,445 79

Total..... 370,500 »

Maintenant, pour se faire une idée claire et précise des frais occasionnés par la création des écoles de réforme et des recettes qui ont été ou qui seront effectuées pour leur compte, il faut analyser et grouper les chiffres contenus dans les comptes de 1848 et 1849, et dans les budgets de 1850 et de 1851. Les résultats de cette analyse se trouvent dans le tableau suivant :

ANNÉES.	FRAIS d'achat et de premier établissement.	DÉPENSES ordinaires, gestion, entretien et exploitation agricole.	REMBOURSEMENTS.	PRODUITS.
	fr. c.	fr. c.	fr. c.	fr. c.
1848-1849..	309,683 83	60,816 »	23,515 17	22,701 45
1850.......	147,600 »	84,400 »	42,200 »	29,800 »
1851.......	147,715 »	132,285 »	85,550 »	32,450 »
Totaux..	599,998 83	277,501 »	151,265 17	84,951 45

Le gouvernement belge aura donc dépensé dans le cours de ces quatre exercices, pour les écoles de réforme, une somme de 877,500 francs, à savoir :

Pour frais de premier établissement : achat de la propriété, appropriation de l'école des garçons, construction d'une ferme-modèle, érection de l'école des filles, route, débarcadère, machine à vapeur, ameublement complet, etc. fr.	600,000
Pour les frais de gestion, l'entretien des colons, l'exploitation agricole et les ateliers.	277,500
Total égal . .	877,500

Mais de cette dernière somme. . . fr.		277,500
Il faut déduire :		
Les produits de la récolte de 1851, qui figureront pour la plus grande partie à l'inventaire de 1852, soit au minimum.. . . . . . . fr.	50,000	
Les remboursements qui s'élèvent à	131,265	
Ensemble. . .	181,265	181,265
Reste. . . .		96,235

Ces remboursements sont faits par les communes pour les enfants qui y ont leur domicile de secours.

La loi belge[1] nous paraît, à cet égard, un modèle de répartition équitable autant que sévère. Elle a admis pour principes :

1° La responsabilité de l'individu à l'égard des frais qu'il occasionne ;

2° En cas d'insuffisance de l'individu et à défaut de sa famille, la responsabilité de la commune, extension de la famille ;

3° En cas d'insuffisance des ressources de la commune, le recours sur la province.

Les changements de résidence, les conditions auxquelles s'acquiert le domicile, l'administration provisoire des secours, le mode du recouvrement des avances ; tout est prévu, tout est déterminé.

Dans nos voyages, nous avons eu l'occasion de nous assurer auprès de qui de droit des bons effets de cette loi et du peu de réclamations et de difficultés qu'elle soulève. C'est, selon nous, un des utiles emprunts que notre législation charitable devrait faire à celle de nos voisins.

Sans entrer plus avant dans l'examen des avantages que cette loi présente, nous croyons devoir en

---

(1) *Voir* la note G, à la fin du volume.

signaler deux, qui sont d'une importance décisive.

En premier lieu, le système belge sur le domicile des indigents rend possible et pratique, sans inconvénients et sans dangers, l'obligation que la loi et l'humanité font à chacun de secourir ses semblables. Prescription écrite dans nos codes ou dans nos âmes, qu'on ne peut rendre vraiment efficace qu'en échelonnant la responsabilité et en organisant le recours.

En second lieu, ce système, intéressant les communes, de près ou de loin, à l'entretien et à l'internat de leurs pauvres, modère les migrations incessantes des indigents de la campagne vers les villes. Considération qui est de nature à frapper l'esprit des hommes d'État, surtout lorsqu'on voit la Belgique rester calme et échapper, malgré les révolutions des peuples qui l'entourent, à toutes les commotions sociales.

Des calculs ci-dessus exposés, il résulte qu'à Ruysselède la dépense nette de l'État, pour les frais de gestion, l'entretien des colons, l'exploitation agricole et les ateliers ne s'élève en totalité qu'à environ 96,000 fr. pour les quatre années auxquelles s'appliquent ces calculs. Et l'on croit même que cette dépense sera compensée par la plus-value donnée à la propriété. Les terres, évaluées lors de l'acquisition à huit cents francs au plus par hectare, peuvent déjà être portées à douze cents francs et vaudront probablement quinze cents francs par hectare dans deux ans. De ce chef seulement, il y aura donc une augmentation d'environ quatre-vingt-dix mille francs qui balancera le surplus de la dépense effectuée pendant la période d'installation.

Pendant cette période, il était facile de le prévoir, le prix de la journée d'entretien devait être relativement assez élevé. Pour 295,653 journées, la dépense réelle, déduction faite des produits de la récolte de 1851 à consommer en 1852, est évaluée, par l'administration, à 247,500 fr., soit 80 c. par journée. Mais dès 1851, alors que la population de l'école des garçons aura atteint son chiffre normal, le prix de la journée, calculé pour cette année seulement, sera réduit à 56 c.; on espère même l'abaisser à 40 ou 45, lorsque, par suite de l'occupation de l'école des filles, les frais généraux seront répartis sur une population de 850 à 900 colons.

Les frais de premier établissement portés à 600,000 fr. représentent, à 5 p. 100, un loyer de 30,000 fr. qui, répartis sur une population de 900 enfants, ne feront revenir qu'à 30 fr. la dépense du loyer de chaque élève.

Enfin, dans l'intention de mettre l'établissement à même de suffire à ses besoins essentiels à l'aide des produits de sa culture et de ses ateliers, l'administration se propose d'étendre l'exploitation agricole et de la porter au moins à deux cents hectares ; soit, pour une population de mille individus, une moyenne d'un hectare pour cinq individus : sans quoi il lui serait impossible de réduire les dépenses au taux des journées remboursables par les communes, ou 40 centimes, et, à plus forte raison, d'abaisser ce taux à 20 ou 25 centimes, comme il en avait d'abord été question.

Nous avons dû être sobres de réflexions sur une institution encore à son berceau. Le gouvernement et les chambres belges ont voulu tenter, à leurs risques et périls, une expérience éclatante et décisive, afin de donner l'exemple et l'impulsion aux initiatives privées. Applaudissant à leur courage, nous faisons des vœux pour que l'épreuve réussisse. Nous nous garderons donc bien de déconcerter, par des critiques hâtives, des espérances que nous partageons, en partie du moins.

Venus après nous, nos prudents voisins, profitant de nos fautes, ont corrigé dans la copie plusieurs des défauts de leurs modèles.

Le côté économique de la question des colonies agricoles les a préoccupés surtout. Si les prévisions de leurs calculs ne sont point trompées, ils auront fait faire un grand pas à la science dans la solution du problème. Seulement, une partie des économies qu'ils poursuivent impliquant l'agglomération des enfants et jusqu'à un certain point le mélange des sexes, nous ne sommes pas sans inquiétudes sur les résultats moraux de cette épreuve. Sans nous arrêter aux inconvénients éventuels du voisinage des deux écoles, l'observation des faits en Hollande, en Suisse, en France, nous porte à nous défier des trop grandes agglomérations. Ruysselède, ce n'est pas une maison, une ferme, une famille : c'est un collége, une caserne, une multitude. Au milieu de ce vaste pêle-mêle, comment inculquera-t-on à ces pauvres enfants des instincts, des sentiments, des habitudes dont ils sont déshérités dès avant leur naissance et qu'ils n'ont pas sucés avec le lait de leurs mères ?

QUATRIÈME PARTIE

COLONIES FRANÇAISES

QUATRIÈME PARTIE

COLONIES FRANÇAISES

CHAPITRE PREMIER

Coup d'œil sur les colonies agricoles françaises.

Variété des systèmes suivis dans les colonies françaises.—Nombre de ces colonies.—Leurs catégories.— Leur nomenclature. — Étude à faire à propos de chacun de ces établissements. — Plan de chaque monographie : biographie de l'œuvre; son mécanisme intérieur; ses résultats.—Études d'ensemble : statistique et résumé.

L'étude des établissements agricoles de la Hollande, de la Suisse et de la Belgique, nous a singulièrement servis dans l'examen et l'appéciation des diverses colonies que la bienfaisance a fondées en France. On l'a vu par tout ce qui précède, rien de plus nettement tranché, de plus formellement opposé que les deux systèmes générateurs des colonies néerlandaises de mendiants et des asiles agricoles de la Suisse. Entre ces deux systèmes si contraires, entre ces deux extrêmes, qui ne se touchent que par un point, le point de départ, le sentiment de la bienfaisance, mais qui s'éloignent par tous les autres, les colonies françaises viennent s'échelonner, multiples et variées au possible, se rapprochant tantôt du système néerlandais, et tantôt de la méthode suisse ; corrigeant ici dans l'application le principe hollandais, et développant là les bienfaits du système suisse par ce qu'il y a de puissance à la fois conservatrice et expansive dans les doctrines catholiques.

Contraste étrange et qui nous frappe tout d'abord ! La Hollande et la Suisse, deux nations où le protestantisme domine, ont, dans leurs établissements charitables, obéi chacune à un plan unique ; tandis qu'en France, pays de centralisation administrative et d'unité catholique, les colonies ont été créées sur plusieurs plans et modèles. En d'autres termes, l'unité règne là où l'on s'attendrait à trouver la variété, et la variété se produit là où l'on chercherait l'unité. Ne nous plaignons pas de cette diversité. Chez les catholiques comme chez les protestants, admirons la bienfaisance dans ses œuvres, sans prévention et sans jalousie. De même qu'il y a place sur la terre pour toutes les misères et pour toutes les douleurs, de même il y a place sous le ciel pour tous les miracles de la charité.

Les colonies agricoles de correction ou d'éducation établies sur le territoire français sont au nombre de cinquante.

Elles se distinguent d'abord en deux classes d'après leur origine : établissements créés et tenus par l'État, ou colonies annexées aux maisons centrales; établissements fondés et dirigés par des particuliers.

Elles se divisent ensuite en trois catégories, suivant l'espèce d'enfants qu'elles reçoivent, jeunes détenus, enfants trouvés ou orphelins pauvres. Ces deux dernières classes se confondant généralement, on peut dire qu'il n'y a que deux catégories distinctes : les colonies pénitentiaires, dont le personnel est composé de jeunes détenus, et les colonies agricoles de bienfaisance, qui se recrutent parmi les enfants trouvés et les orphelins pauvres. Et encore plusieurs colonies ont eu et conservent un caractère mixte, recevant des jeunes détenus et des enfants trouvés.

Voici la nomenclature de toutes les colonies agricoles de jeunes détenus, orphelins et enfants trouvés, ayant existé ou existant encore au 1ᵉʳ janvier 1851, sur le territoire français.

NOMS DES COLONIES.	DATE de la fondation.	NOMS DES FONDATEURS.
Colonies de jeunes détenus.		
Saint-Louis, annexe du pénit. Saint-Jean de Bordeaux...	1838	L'abbé Dupuch et l'abbé Buchou.
Mettray (Indre-et-Loire)....	1839	MM. Demetz et de Courteilles.
Saint-Pierre-de-Marseille...	1839	L'abbé Fissiaux.
Petit-Bourg (Seine-et-Oise)..	1840	M. Allier.
Petit-Quevilly (Seine-Infér.)..	1843	M. Lecointe.
Sainte-Foy (Dordogne)....	1843	L'amiral Verhuell et M. de Gasparin.
Saint-Ilan (Côtes-du-Nord)..	1843	M. Achille du Clésieux.
Boussaroque (Cantal).....	1845	M. Delmas.
Ostwald (Bas-Rhin)......	1847	La ville de Strasbourg.
Val d'Yèvre (Cher).......	1847	M. Charles Lucas.
Saint-Joseph d'Oullins (Rhône).	1848	L'abbé Rey.
Cîteaux (Côte-d'Or)......	1849	
Fontevrault (Maine-et-Loire)..	1842	Le gouvernement.
Clairvaux (Aube).......	1843	
Loos (Nord)...........	1844	
Gaillon (Eure).........	1845	
Colonies d'orphelins et enfants trouvés.		
Neuhof (Bas-Rhin).......	1825	M. Ph.-J. Wurtz.
Mansigné (Sarthe).......	1839	M. Vié.
Montbellet (Saône-et-Loire)..	1840	M. Delmas.
Saverdun (Ariége).......	1840	M. Enjalbal.
Saint-Antoine (Char.-Infér.)..	1841	L'abbé Richard et Mme Duchâtel.
Launay (Ille-et-Vilaine)....	1841	L'abbé Enock.

NOMS DES COLONIES.	DATE de la fondation.	NOMS DES FONDATEURS.
Asile de Salvert (Vienne)...	1841	Mlle d'Hautvilliers.
Willerhoff (Bas-Rhin).....	1841	M. Louis Mertian.
Caen (Calvados).........	1842	L'abbé Leveneur
Ben-Aknoun (Algérie).....	1842	L'abbé Brumand.
Bonneval (Oise).........	1843	M. Chasles.
Le Mesnil-Saint-Firmin (Oise). Merles (Oise).........	1843	Société d'adoption : président, M. Molé.
Asile Fénelon (Seine-et-Oise)..	1843	— prés., M. Delapalme.
N.-D.-des-Valades (Char.-Inf.). La Ronce (Charente-Infér.)...	1843	Le frère de Luc.
Allonville (Somme).......	1843	M. de Rainneville.
Montmorillon (Vienne).....	1844	L'abbé Fleurimon.
Saint-Laurent.. Lesparre.... (Gironde).. Ferme de Talais.	1844	Le frère Félix Lemasson
Drazilly (Nièvre).........	1846	Le conseil gén. du dép.
Bellejoie...... Œuvre La Lande-au-Noir. de Des Apprentis... St.-Ilan.	1847	M. Achille du Clésieux.
Cernay (Haut-Rhin)......	1847	M. Risler.
Bois-Ste-Marie (Saône-et-L.).	1847	Mme de Rocca.
Plongerot (Haute-Marne)...	1847	L'abbé Bizot.
Medjez-Amar (Algérie)....	1847	L'abbé Landmann.
N.-D.-des-Champs (Hérault)..	1848	L'abbé Soulas.
S.-Marie La-Mouillère (Loiret).	1848	L'abbé Tabouret.
N.-D.-des-Orphelins (Loiret)..	1849	L'abbé Tallerean.
Arinthold (Jura)........	1850	Les frères agriculteurs.
Mairsain (Indre-et-Loire)...	1850	Soc. patern. de Paris.

Ainsi, 38 œuvres, dues à l'initiative de la charité privée, comprenant 46 établissements distincts, plus 4 colonies pénitentiaires annexées à des maisons centrales de détention ; en tout, 50 établissements, dont la population s'élève environ à quatre mille enfants [1] ; tel était, au 1er janvier 1854, le nombre des colonies de répression ou de bienfaisance, fondées en France, soit par le gouvernement, soit par des particuliers, avec ou sans le secours de l'État.

La France n'a point de colonies agricoles de mendiants adultes, à l'instar de celles de la Hollande ; car on ne peut donner ce nom à quelques essais de travail agricole tentés dans les dépôts de mendicité, et notamment dans celui de Beaugency.

Notre étude a dû embrasser les quarante-six établissements privés. A l'exception de deux qui sont situés en Algérie et de trois en France, nés depuis notre inspection, nous les avons tous visités et étudiés sur place. Nous ne pouvions pas, nous ne devions pas nous contenter des renseignements plus ou moins incomplets que chaque établissement fournit à qui les lui demande. D'ailleurs, ces renseignements et détails statistiques, ce n'est guère que

---

(1) 2,500 jeunes détenus ; 1,500 orphelins ou enfants trouvés.

depuis notre mission qu'on les envoie à l'administration centrale, d'une manière suivie, avec des classifications et des rubriques semblables, dans des états uniformes, dont nous avions tracé la formule et donné le modèle.

Les résultats de notre mission en France, quand pourrons-nous les publier? On comprend, à cet égard, toute notre réserve. Cette partie de notre travail appartient à l'administration, dont elle porte le cachet. Ce n'est pas à nous à en briser le sceau.

Pendant que nous mettions en œuvre nos matériaux, deux jeunes observateurs[1], dont l'un se rattache à l'Inspection par des liens de parenté, ont, usant d'une liberté que nous n'avions pas, publié dans les *Annales de la charité* un précis historique et statistique des colonies agricoles françaises. Sommaire fidèle et recueil aussi complet que possible des documents qu'ils ont pu se procurer, leur travail, sans physionomie comme sans conclusion, s'arrête où le nôtre commence, à l'examen, à l'appréciation de chaque colonie, éloge ou critique, bons ou mauvais résultats.

En attendant que nous puissions mettre au jour cette seconde série de nos études, c'est pour nous

---

(1) MM. Lamarque et Dugast.

un besoin autant qu'un plaisir d'exposer à nos lecteurs la méthode de notre travail.

Parmi les établissements agricoles de correction et de bienfaisance fondés en France jusqu'à ce jour, quelques-uns sont morts déjà, la plupart sont en plein développement, d'autres enfin naissent à peine. La monographie que nous aurons à faire de chacun d'eux sera donc tantôt une nécrologie, tantôt l'histoire d'un passé déjà fécond en résultats et quelquefois l'extrait de naissance d'une œuvre qui n'existe encore qu'en germe. Succès ou revers, mort ou vie, nous tâcherons de tirer un enseignement de chaque étude.

Chaque monographie spéciale aura trois parties, plus ou moins distinctes, plus ou moins accusées, suivant l'âge plus ou moins avancé de la colonie.

Nous commencerons d'abord par faire succinctement la biographie de l'œuvre. L'histoire d'une institution est comme celle d'un homme. Sous le fait se cache l'idée. La destinée de l'être tient encore plus aux qualités intrinsèques qu'aux circonstances extérieures; et souvent, en cherchant bien dans son berceau, on trouve les causes de sa mort et le secret de sa tombe.

Après avoir essayé de mettre en évidence, dans un précis historique, l'idée mère de chaque œuvre, nous nous appliquerons ensuite à en exposer le mécanisme intérieur, administration et comptabilité. En d'autres termes, après avoir cherché à saisir la pensée même de l'œuvre dans son principe, nous l'analyserons dans sa forme et dans son organisation matérielle et visible. L'organisation est à l'idée ce que le corps est à l'âme; c'est la vie même réalisée; c'est la condition obligée de toute existence finie. De là, la nécessité impérieuse d'une administration régulière et d'une comptabilité rigoureuse dans toute entreprise, même philanthropique. C'est ici, c'est sur le terrain de la réalisation que se rencontrent ces deux sœurs, sans l'union desquelles il n'y a pas d'œuvre vraiment utile et durable : le sentiment et la science, l'économie et la charité.

Enfin, appréciant les résultats de chaque institution, nous en donnerons, autant que faire se pourra, le bilan financier, économique et moral. C'est le principe vérifié dans ses conséquences; c'est l'arbre jugé par ses fruits.

Qu'a-t-on fait de la terre?

Qu'a-t-on fait de l'enfant?

A quel prix a-t-on réussi? Et d'abord, a-t-on réussi?

Questions capitales, que nous ne résoudrons,

quand nous pourrons les résoudre, que par des faits certains et des chiffres authentiques. Nous nous sommes livrés, à cet égard, à des enquêtes sérieuses, aussi impartiales que sévères; suivant pas à pas les colons dans la vie, depuis leur sortie de l'établissement agricole, où ils ont reçu le bienfait plus ou moins prolongé d'une éducation spéciale, jusqu'à la ferme qu'ils habitent aujourd'hui, jusqu'au régiment et au vaisseau où ils servent, jusqu'à l'atelier où ils travaillent, jusqu'à la rue où ils mendient, jusqu'à la prison où ils sont retombés et où ils croupissent.

Notre travail d'analyse terminé, il nous restera à faire une étude d'ensemble qui comprendra deux parties. L'une, purement statistique, embrassera, dans une série de tableaux comparatifs, l'échelle des faits et résultats des diverses colonies : recettes, dépenses, prix de journées, personnel administratif, colons, etc.; l'autre partie sera la conclusion et comme la synthèse de nos diverses appréciations sur les colonies, envisagées soit comme établissements agricoles, soit dans leurs rapports avec l'éducation des enfants pauvres. Nous tâcherons, d'après nos études, de déterminer quelles doivent être les règles de conduite de l'État et des particuliers dans la création de ces établissements, les lois ou règlements qu'il serait utile de faire dans l'intérêt des jeunes détenus et des orphelins, les mesures administratives qu'il serait convenable de prendre pour venir en aide aux établissements privés et sauvegarder en même temps les intérêts du Trésor.

Voilà la matière du nouveau livre que nous nous proposons de publier. Il nous a paru utile d'en soumettre d'avance le plan et l'économie au jugement de nos lecteurs. C'est à la fois une confidence et une épreuve. Il y a toujours profit à se mettre en communication avec le public. N'est-il pas pour moitié au moins dans la confection des ouvrages utiles, et n'est-ce pas lui qui inspire et qui féconde, qui vérifie et qui sanctionne?

CHAPITRE II.

Conclusion.

Droits et devoirs de l'État à l'égard des établissements charitables en général, et des colonies agricoles en particulier.—Nécessité et utilité d'un contrôle supérieur dans l'intérêt des souscripteurs et du trésor, ainsi que dans l'intérêt des enfants et de l'institution elle-même.

La tâche que nous nous étions imposée dans ce premier livre est remplie. Mais, malgré notre réserve et le sentiment de notre faiblesse, nous ne voulons pas quitter la plume sans émettre, dans trois derniers chapitres, quelques-unes des propositions qui découlent de l'ensemble de nos études, publiées ou inédites encore, sur les colonies agricoles. Dans un moment où toutes les questions de bienfaisance et d'assistance publique sont agitées et creusées plus bruyamment et plus profondément que jamais, quand notamment celle des colonies agricoles est proposée à l'examen d'une commission spéciale, nous croyons devoir, résumant en quelque sorte nos doutes et nos espérances, nos impressions et nos jugements, les formuler ici par avance, sommairement et prématurément peut-être, mais non sans convenance et sans opportunité. Pourquoi d'ailleurs ajourner ? Qui est sûr du lendemain ? A chaque jour son labeur, à chaque homme son effort ! Notre unique prétention est d'ébaucher aujourd'hui, hâtivement et imparfaitement, une œuvre que d'autres, sinon nous, achèveront demain, avec plus de loisir, de lumières et de maturité.

Une des premières considérations que suggère la lecture des études précédentes se rapporte à l'intervention plus ou moins directe, plus ou moins forcée du gouvernement dans la création ou l'entretien, dans la direction ou le contrôle des établissements charitables en général, et particulièrement des colonies de bienfaisance. Excepté en Suisse, où l'État se réduit presque à la commune, de laquelle seulement relève l'asile agricole, nous avons vu que, dans les contrées soumises à notre exploration, en Belgique, en Hollande, en France, l'autorité centrale, le trésor public, l'État enfin, se trouve insensiblement, qu'il le veuille ou non, mêlé, entraîné, enchaîné aux réalisations plus ou moins pratiques, plus ou moins aventureuses de la philanthropie individuelle. L'initiative, on la lui dénie ; la surveillance, on la lui conteste ; mais, en revanche, outre l'obligation de donner sans cesse, on lui laisse toute la responsabilité de l'insuccès. La fantaisie privée prépare et ensemence le champ; au trésor public de l'arroser et de le féconder. Il n'a pas coopéré à l'œuvre, n'importe! C'est un enfant trouvé ou abandonné dont tôt ou tard il deviendra le père. Légataire à titre onéreux des entreprises défaillantes, il ne lui sera pas même permis d'en accepter l'héritage sous bénéfice d'inventaire.

C'est qu'on exagère aujourd'hui singulièrement les devoirs de l'État, de même que, par compensation sans doute, on restreint non moins singulièrement ses droits. Ainsi, pour nous renfermer dans le sujet que nous traitons, tandis que d'une part on voudrait que le trésor subventionnât toutes les fondations philanthropiques, d'autre part on cherche à enlever à l'administration centrale la surveillance et l'inspection de ces œuvres. Évidemment, plus la main de l'État s'étendra large et libérale sur elles, plus son œil doit rester ouvert et vigilant sur l'emploi qu'elles font de ses libéralités. Le devoir du gouvernement, c'est de stimuler les forces vives du pays, et d'encourager en les coordonnant toutes les entreprises charitables ; son droit, c'est de surveiller l'usage qu'on fait des dons de la charité publique, c'est de l'éclairer et de la redresser quand elle s'égare en des voies fausses et périlleuses.

Voilà, à côté et au-dessus de sa besogne critique, le rôle initiateur et fécond de l'Inspection générale. Elle n'est pas seulement un instrument de contrôle, elle est encore un élément de progrès, l'agent même de la concentration ainsi que du rayonnement des améliorations et des réformes dans les institutions bienfaisantes de la France. Et puis, comme l'a dit à la tribune l'honorable M. Dufaure, l'Inspection n'est-elle pas le moyen le plus efficace et la condition même d'une bonne et sage décentralisation administrative ? Il est indispensable de maintenir et de fortifier le contrôle de l'autorité supérieure pour laisser plus de liberté et d'action aux initiatives privées et aux associations locales.

Depuis plusieurs années, la spéculation charitable s'est tournée du côté des colonies agricoles : on s'est proposé un double but, fournir des bras à l'agriculture et moraliser les jeunes enfants pauvres. De nombreux, de remarquables essais ont été tentés sur différents points du territoire français.

Le gouvernement est venu au secours de ces tentatives plus ou moins heureuses par des subventions plus ou moins larges. Que dans la distribution de ces secours il se soit parfois décidé plus par des considérations personnelles qu'en vue des institutions mêmes, c'est ce qui était inévitable. Nul d'ailleurs ne pouvait dès l'abord affirmer les résultats de ces expériences. Ce n'étaient encore que des germes; il fallait leur ménager le terrain, l'eau et la lumière, afin qu'on pût les juger plus tard à leurs fruits.

Dans cette période d'essais, l'administration centrale s'est bornée à une surveillance pour ainsi dire extérieure et à une critique tout à fait superficielle. Ses inspecteurs n'entraient dans les colonies qu'à titre purement officieux. Initiés en quelque sorte par les directeurs à leur œuvre naissante, ils venaient lui apporter leur tribut de sympathie et d'éloges. A peine hasardaient-ils quelques conseils. Leur contrôle ne s'exerçait guère que sur les conditions hygiéniques ou pénitentiaires de l'établissement. Ils n'avaient ni l'obligation ni le pouvoir de vérifier la comptabilité de l'entreprise et d'en sonder les bases économiques. Quant aux résultats moraux, l'œuvre commençait; on ne pouvait la juger que sur des promesses dont les inventeurs et les prospectus ne sont jamais avares. L'intention était excellente, le but à atteindre désirable; l'enfant enfin est comme une plante, et il fallait attendre l'époque de la moisson pour apprécier le mérite de la culture.

Le moment est venu de juger l'œuvre d'après ses résultats et l'arbre à ses fruits. La plupart des colonies agricoles d'enfants fondées en France ont déjà plusieurs années d'existence. Quelques-unes sont nées et se sont développées dans les conditions les plus favorables, librement, sans entraves, sans contrôle, dans toute l'expansion de leur virtualité propre, avec toutes les ressources désirables et les cotisations de tout le monde, État et particuliers. N'était-il pas opportun, n'était-il pas utile d'entrer enfin et plus avant dans l'examen de ces établissements, afin de tirer tout le parti possible des épreuves déjà faites? C'est ce qu'a pensé le gouvernement. Étendant même son étude au delà de la frontière, il a voulu consulter l'expérience des autres nations. De la sorte on pourra arriver à des conclusions générales et à peu près certaines, propres à éclairer, à diriger les initiatives et les applications individuelles, ainsi que le concours et les subventions du public.

Faut-il insister davantage sur ce point? Qui peut méconnaître l'importance, la nécessité même de la haute surveillance de l'autorité sur toute institution du genre de celles dont nous nous occupons? Qu'on n'oublie pas qu'il s'agit de recueillir, d'entretenir, d'élever des enfants détenus, orphelins, abandonnés, privés, passagèrement ou à jamais, de leurs soutiens naturels, et dont l'État est devenu forcément le tuteur et le père. Or, comment remplirait-il son devoir, s'il n'avait pas le droit de s'assurer de quelle manière ses délégués s'acquittent de la sainte mission qu'il leur confie?

Sous quel prétexte, après tout, une œuvre plus ou moins publique, que l'aumône soutient, se soustrairait-elle à un contrôle supérieur? Nous ne l'ignorons pas; la bienfaisance privée est ombrageuse; elle a des pudeurs qu'il faut respecter et des caprices qu'on ne froisse pas impunément. Le divin sentiment de la charité doit donc rester spontané et libre, l'indiscrétion ne lui est pas moins mortelle que l'arbitraire. Mais toute institution qui vit des dons de tous doit compte à tous de l'emploi qu'elle fait de leurs dons. Par conséquent, l'administration doit intervenir et comme juge des moyens plus ou moins licites à l'aide desquels on soutire l'argent des souscripteurs, et comme contrôle permanent de l'usage qu'on fait des sommes perçues.

Puisque toute œuvre philanthropique non individuelle a une responsabilité publique, elle doit, par suite, avoir une comptabilité patente. Si l'institution est morale, si elle cherche à se fonder sur les meilleures bases économiques, loin de craindre les regards de l'autorité, elle les appellera. Cette autorité d'ailleurs ne procède dans ce cas que par voie de conseils ; elle n'a et ne peut avoir ni l'intolérance jalouse, ni l'esprit de domination des influences locales.

Sans sortir du sujet de notre livre, que de preuves et d'exemples nous pourrions apporter à l'appui de cette assertion ! Depuis que la sollicitude du gouvernement s'est étendue sur les colonies agricoles, combien de réformes utiles y ont été introduites, combien de transformations heureuses y ont été opérées ! Le malheur des temps, en éclaircissant les rangs des souscripteurs, avait tari les ressources dont vivaient plusieurs œuvres importantes. Réduites à implorer le secours de l'État, elles ont dû écouter aussi ses conseils. Nécessité qu'elles ont commencé peut-être par maudire, mais qu'elles bénissent maintenant. Grâce à ce contrôle, bien des calomnies ont été confondues ; beaucoup de reproches, en partie mérités, ne sont plus applicables ; l'esprit d'émulation s'est réveillé ; on a senti le besoin d'une sévère économie et d'une comptabilité régulière, limpide, transparente ; des prix de journée fabuleux sont descendus à des chiffres raisonnables ; des institutions enfin qui se mouraient ressuscitent et prospèrent.

Histoire intéressante autant qu'instructive que celle de ces vicissitudes et de ces épreuves ! Nous la ferons peut-être un jour. En attendant, nous serions heureux d'accorder ici, par anticipation, une mention particulière à quelques-unes de ces œuvres, les plus remarquables soit par leur direction toujours bonne, soit par leur rédemption courageuse. Mais citer certains établissements, ce serait en exclure d'autres, et nous ne savons ni critiquer par réticence, ni louer par exception. Le bien et le mal, il faut tout dire; c'est la seule manière d'être vrai, juste et bienveillant. Il n'est pas d'institution si bonne qu'il ne s'y trouve quelque point à reprendre, ni d'institution défectueuse où il n'y ait rien à louer. Ajournons donc éloges et critiques, pour passer à des considérations plus générales.

CHAPITRE III.

Conclusion. — Suite.

Comment se formule le problème des colonies agricoles? — Première question : moralise-t-on beaucoup d'enfants? — De la prévention et de la répression. — Conditions naturelles de l'éducation des enfants. — Seconde question : forme-t-on beaucoup d'agriculteurs? — A quoi tient le succès ou l'insuccès à cet égard. — Troisième question : à quel prix revient le peu de résultats obtenus? — L'enfant paie-t-il ou non sa dépense?

L'intéressant problème des colonies se formule en résumé dans ces trois questions capitales :

Moralise-t-on beaucoup d'enfants ?

Forme-t-on beaucoup d'agriculteurs ?

A quel prix obtient-on ces résultats ?

Dans nos études sur les établissements coloniaux de la Hollande, de la Belgique et de la Suisse, nous avons cherché à mettre le lecteur en état de résoudre lui-même chacune de ces questions. Peut-être aurons-nous détruit plus d'une illusion généreuse dans l'âme des fondateurs ou directeurs de colonies. Loin de nous pourtant la pensée d'ébranler la foi et de troubler l'espérance des hommes de bien qui se dévouent à cette tâche comme à un véritable apostolat. Nous voudrions, au contraire, les encourager et les applaudir. A côté des Van den Bosch, des Pestalozzi, des Fellenberg, des Wehrli, il nous serait facile, il nous serait doux de placer plusieurs noms français également dignes de l'admiration et de la reconnaissance publiques. Mais la meilleure manière de les louer n'est-ce pas de leur montrer et les exemples qu'ils peuvent suivre, et les écueils qu'ils doivent éviter? Nous l'avons vu ; le succès dans les œuvres que tente l'initiative individuelle est en raison directe de leur conformité avec les lois sociales : proposition dont nos études sur les colonies françaises ont rendu pour nous la vérité encore plus évidente.

La France possède des colonies d'adultes fondées récemment sur le territoire algérien. Leur analogie avec les colonies libres de la Néerlande est frappante. Nous n'avons rien à ajouter à ce que nous avons dit à cet égard, nous bornant à maintenir les observations que nous avons émises, d'autant plus qu'elles concordent avec des principes d'ordre éternel, bases nécessaires de toute société.

Parmi les colonies d'enfants qui existent en France, les unes sont répressives et les autres sont préventives, c'est-à-dire que les premières, s'emparant de l'enfant après la faute et adolescent déjà, se proposent de le corriger en lui donnant un état; tandis que les secondes, devançant la chute, s'efforcent de diriger l'enfant dans les voies de la moralisation et du travail.

Ne nous payons pas de mots et allons au fond des choses. Ces deux systèmes se confondent dans leur but, l'éducation morale et intellectuelle des enfants pauvres. Ils ne diffèrent que par l'origine différente de ces enfants. Quels sont-ils? Des orphelins ou des détenus? Où les a-t-on pris? Dans la rue ou dans la prison? Comment ont-ils été amenés à la colonie? Est-ce de par la loi ou de par la charité? En un mot, y sont-ils forcément ou volontairement?

Mieux vaut prévenir que réprimer : cette maxime est inscrite encore en lettres majuscules au fronton d'une colonie célèbre par ses nombreuses transformations et par l'infatigable habileté de son directeur. Parmi ses modifications, dont plusieurs sont des réformes véritables, il en est une qui n'a été rien moins que le renversement des termes mêmes de l'inscription qui lui sert d'enseigne : en effet, l'institution, de préventive qu'elle était en naissant, est devenue répressive insensiblement et par la force des choses.

Ce n'est ici ni le lieu ni le moment de faire un parallèle complet entre les deux systèmes. Voici seulement quelques-uns de leurs avantages et inconvénients respectifs.

L'agglomération des enfants est plus habituelle et plus nécessaire dans les colonies pénitentiaires que dans les autres. Si elle présente des avantages économiques, ils sont plus que balancés par les difficultés qu'elle apporte au redressement moral des jeunes colons.

Ce n'est guère qu'après sa douzième année que le détenu est reçu dans les colonies pénitentiaires, où il ne séjourne en moyenne que trois ans. C'est y entrer trop tard; c'est y rester trop peu. Réforme tentée presque toujours lorsqu'il n'est plus temps, éducation d'une durée insuffisante, qui échoue trop souvent au moral comme au professionnel!

Le mode préventif a cela de bon, qu'il permet de recruter la colonie de sujets non encore gangrenés par l'oisiveté et le vice; mais, dans la pratique, cet avantage se réduit à peu de chose, attendu que l'éclosion du mal est précoce chez ces malheureuses créatures, surtout au sein des grandes villes. Du moins, il est possible de parer à cet inconvénient, en choisissant, ainsi que dans les asiles suisses, les sujets dont on forme la colonie; et comme la durée du séjour n'est pas limitée, ni l'âge de l'admission fixé, il y a plus de marge et de chances pour la cure et la guérison de l'enfant.

Le mode répressif a pour lui une considération financière d'une grande importance ; c'est le prix de journée que l'État paie pour le jeune détenu, tandis que les colonies d'enfants non détenus ne subsistant que d'aumônes, de souscriptions, d'allocations volontaires et des produits du travail, sont exposées à périr faute de ressources : extrémité fatale à laquelle ont été réduites quelques-unes des meilleures, et notamment l'asile agricole de Carra, en Suisse [1].

La répression implique le délit, et la peine, entraînant la suspension de la liberté individuelle, assujettit le jeune détenu à la colonie qui lui sert de prison et où la loi le ramène s'il s'échappe. C'est ainsi que les choses se passent à Mettray et dans les autres colonies auxquelles Mettray a servi de modèle.

Au contraire, dans le système de la prévention, tel qu'on a prétendu l'appliquer dans certains établissements, le colon se dérobe par la fuite aux résultats de la médication morale à laquelle on voudrait le soumettre. Les parents mêmes, les faits le prouvent, complices de leurs enfants, favorisent leurs évasions et les aident à se replonger dans la boue des villes d'où on les avait retirés.

---

(1) *Voir* la note F, à la fin du volume.

Est-ce donc que la maxime : Mieux vaut prévenir que réprimer, ne serait qu'une vaine inscription et qu'un généreux mensonge? Nous sommes loin de le croire. Mais, ainsi que cela se pratique dans les écoles rurales de la Suisse, il faut que la prévention s'exerce dans des conditions normales et naturelles. La répression est exceptionnelle, comme le délit qu'elle suppose et la punition qu'elle remplace. La prévention est le fait même de l'éducation commune. Élever, n'est-ce pas prévenir, par la lumière morale et intellectuelle, les conséquences du vice et de l'ignorance? Or, quels sont les moyens normaux et réguliers de cette prévention naturelle? Ce sont d'abord et surtout les soins, les leçons et les exemples des parents ou de ceux qui les suppléent; c'est ensuite l'école primaire et l'enseignement religieux : c'est enfin l'instruction secondaire à tous ses degrés et sous toutes ses formes. Tels sont les moyens qu'il faut étendre, améliorer, généraliser. C'est la tâche du gouvernement, comme c'est le devoir de chacun, dans la limite de ses forces et la sphère de son action.

Sur ce premier point, la rédemption morale des enfants pauvres, nous ne craignons pas d'affirmer que la plupart des faits observés en France et ailleurs démontrent l'insuffisance des colonies répressives ou préventives. Il nous serait facile d'appuyer cette affirmation par les résultats concluants de nos enquêtes. L'insuccès, hâtons-nous de le dire, tient moins aux défauts de l'éducation qu'aux vices du sujet et au milieu dans lequel on l'élève. Dans quelles circonstances la réussite est-elle possible ? Nos études sur les asiles suisses l'ont fait voir, confirmées en cela par nos études sur les colonies analogues que possède la France.

Si les colonies agricoles, de répression et de bienfaisance, corrigent peu de sujets, forment-elles au moins beaucoup d'agriculteurs ? Des chiffres nombreux, auxquels nous pourrions en ajouter d'autres, ont répondu à cette question. Sans parler des colonies d'adultes, fondées en Hollande, dont nous avons exposé et expliqué les mécomptes et les revers, un des résultats négatifs les plus frappants, si l'on en juge par nos grands établissements pénitentiaires, c'est le peu de succès de l'institution au point de vue de l'éducation agricole. On s'y applique certes avec zèle, et quant aux efforts tentés pour atteindre le but, la plupart de nos établissements sont dignes d'éloges. Mais quels que soient le zèle et les efforts des instituteurs, on parvient à former comparativement peu de laboureurs.

Pourquoi cet insuccès ? Tient-il aux moyens employés, à quelque vice du système suivi dans ces colonies? Selon nous, il est dû plutôt à des causes plus radicales, à ce qu'il y a de résistant et de réfractaire dans la nature des sujets que l'on prétend élever. L'on prend dans les prisons, on ramasse sur le pavé des villes de jeunes détenus ou vagabonds, petits bohêmes de la fainéantise et de la débauche, façonnés de père et de mère aux vices et aux douceurs de la mendicité, et portant dans leur sang et dans leur âme l'héritage inaliénable de leur origine : ce sont ces êtres viciés, nomades, indépendants, pour qui la ville c'est la liberté, et la campagne l'esclavage, qu'on a la prétention de former, de ployer, soit préventivement, soit pénitentiairement, à la vie rude des champs, vie qui exige, sinon une vocation spéciale, du moins des qualités et des vertus contractées dès l'enfance, de père en fils, et avant tout l'ignorance de l'existence des villes. Aussi qu'arrive-t-il? Ou vos élèves s'échappent, ou, malgré vos efforts, un petit nombre seulement persistent dans la profession agricole.

Voilà, nous le croyons, la raison véritable, principale de l'insuccès des colonies d'enfants et surtout d'adultes. Que l'on retienne les habitants des campagnes dans leurs champs, qu'on ralentisse l'immigration progressive des paysans dans les villes, en honorant, en développant, en améliorant la profession d'agriculteur, nous le comprenons ; cela est possible, parce que cela est naturel : mais nous croyons peu à la possibilité d'établir un mouvement contraire, de faire refluer vers les champs le trop-plein des villes et de former de toute pièce, avec des citadins invétérés, des familles agricoles. Ici encore, pour nous avertir et pour nous guider, nous avons la double expérience faite en Hollande et en Suisse, sans compter les épreuves qui nous sont propres.

Les colonies agricoles d'enfants moralisent peu de sujets et forment peu d'agriculteurs ; nous ajoutons que ces résultats, tout minces qu'ils soient, coûtent très cher. A part les preuves matérielles que nous en avons données, et celles que nous passons sous silence, il était facile, *à priori*, de le prévoir.

En vain se flatte-t-on de retrouver dans le travail de l'enfant la compensation des sacrifices faits pour lui. C'est poursuivre une chimère qu'on n'atteint que par exception ou par hasard. La sagesse des nations l'a dit avant nous : la nature regarde devant elle ; le fils, devenu homme et père à son tour, paie à ses enfants la dette qu'il a contractée envers ses auteurs. C'est la loi naturelle et fatale ; condition même et règle de la perpétuité et de la solidarité de l'espèce, ainsi que de la liberté et de la responsabilité de l'individu. Dans les colonies d'enfants on a prétendu se soustraire à cette loi et retirer directement du jeune colon ce qu'il coûte. Vaine espérance ! Dès que l'enfant, non détenu, trouve dans son travail à peu près de quoi vivre, il s'évade, quel que soit le contrat qui le lie à la colonie ; de telle sorte que la colonie, pour continuer son œuvre, est condamnée à dépenser toujours sans chance de remboursement, semant sans cesse et ne récoltant jamais. On ne peut remédier à ces inconvénients que par une loi, loi d'exception, restrictive de l'autorité paternelle et de la liberté individuelle, tendant à créer en France une classe d'esclaves, loi incompatible avec nos mœurs et le progrès des idées, et par conséquent impossible à faire. D'ailleurs, même avec une telle loi, en supposant que tous les enfants fussent à l'état de détenus, la compensation que l'on trouverait dans leur travail, pour être plus considérable, n'en serait pas moins insuffisante, puisque les colonies pénitentiaires, outre le prix de journée que le gouvernement leur alloue pour chaque enfant, réclament ou touchent d'énormes subventions.

Ainsi donc et pour nous résumer, les colonies d'enfants, préventives et autres, ne fournissent en général que des résultats incomplets, tant sous le rapport de l'éducation agricole que sous celui de l'amélioration morale, et sont loin, comme toute exploitation bien conduite, de balancer leurs recettes et leurs dépenses.

Ces conclusions, malgré leur apparente sévérité, loin de décourager l'initiative individuelle, sont faites plutôt pour l'exciter encore, en lui montrant la voie qui conduit au succès, ainsi que celle qui en éloigne. Parmi les résultats plus ou moins négatifs des colonies agricoles, il en est qui dépendent de la nature même des choses; et il était nécessaire de les mettre en relief, afin que, d'un côté, les fondateurs ne s'aheurtassent point à des chimères, et que, de l'autre, le public ne compliquât plus la solution du problème de rêves et d'illusions irréalisables. De ces mauvais résultats, quelques-uns, au contraire, sont dus aux hasards plus ou moins défavorables des circonstances, aux fautes et à l'inexpérience des personnes; et il est utile d'en faire la part nettement, ostensiblement, afin que l'opinion ne rende pas l'institution complice des fautes commises ou des malheurs inévitables, et que les directeurs, éclairés par la comparaison, animés par l'exemple, fondent dorénavant des œuvres viables, ou raffermissent, en les améliorant, celles qu'ils ont créées déjà, avec tant de dévouement et au prix de tant de sacrifices! Mission sainte et laborieuse, à laquelle ils pourront se livrer avec d'autant plus de sécurité, d'ardeur et de succès, que les pouvoirs publics, édifiés désormais sur la question, ne marchanderont plus leur appui à celles de ces institutions qui le méritent. Ne serait-il pas indigne d'une grande nation et de ceux qui la représentent, de réduire plus longtemps, par une parcimonie ombrageuse, des hommes honorables à mendier, jour à jour, le pain de leurs jeunes colons; les condamnant de la sorte à dépenser, sur les grandes routes et à Paris, dans des inquiétudes continuelles et des sollicitations incessantes, les ressources, les aptitudes, les énergies, les vertus, dont ils feraient un meilleur usage s'il leur était permis de les appliquer exclusivement à la direction de leurs établissements?

CHAPITRE IV.

Conclusion. — Suite et fin.

Propositions générales : ce qu'il faudrait éviter et ce qu'il conviendrait de faire. — La famille, procédé radical et divin de l'éducation; quand et comment il faut la remplacer. — Conséquences des fausses applications; avantages des bonnes. — Meilleur mode de colonisation. — Développement de la propriété. — Institutions charitables à appliquer aux différentes catégories d'enfants — Lois et règlements à faire. — Changements dans le régime disciplinaire.—Modifications importantes à la législation pénale, en ce qui concerne les jeunes détenus.

De tout ce qui précède, ainsi que de l'ensemble des faits publiés ou inédits qui servent de base à notre travail, nous sommes fondés à déduire certains principes dont l'oubli ou la méconnaissance, frappant d'impuissance les œuvres humaines, a rendu ou rendrait stériles les efforts mêmes de la charité. Ces principes essentiels, plus ou moins applicables à l'objet de ce livre, nous nous contentons, faute d'espace, de les énoncer ici sous forme de propositions générales.

Les colonies agricoles d'adultes et les colonies

agricoles d'enfants sont deux phases d'une même institution, considérée à deux époques différentes de son développement, l'enfance et la virilité.

Les unes et les autres étant des sociétés factices, quel que soit le sentiment qui anime leurs fondateurs, la charité ou l'industrie, ne peuvent réussir, en définitive, qu'en se conformant sciemment ou d'instinct aux lois constitutives de toute société naturelle.

Les colonies d'adultes où la responsabilité de l'individu, corollaire et correctif de sa liberté, n'existe point, où la famille, destituée de la propriété, soit dans le présent, soit dans l'avenir, se trouve ravalée à ses plus matérielles fonctions ; ces colonies sont condamnées à végéter misérablement, à force de subventions et d'aumônes. Leur travail propre, presque dépouillé de ses mobiles, la nécessité et l'intérêt, demeure insuffisant à les soutenir. Économiquement et moralement enfin, la négation volontaire ou non des lois sociales est pour ces établissements une cause incessante de langueur, de dégénérescence, de ruine, de mort.

Les colonies de jeunes détenus ou d'orphelins, moyens de correction ou d'éducation, ont d'autant moins de chances de réussir qu'elles s'éloignent davantage des conditions simples, normales, naturelles de l'éducation ordinaire, et, qu'on nous permette le mot, de l'élève physique et morale de l'enfant.

L'État ou les associations philanthropiques ne remplacent point la famille, ils la suppléent seulement; et dans des cas exceptionnels. Où la famille manque, la charité sociale intervient; là naît son droit et commence son devoir.

Que si l'État ou les associations philanthropiques se substituent sans nécessité à la famille, c'est une sorte d'usurpation qui n'est presque jamais sans danger. Ils font incomplétement, plus mal et à plus de frais, l'œuvre des pères et mères.

En déplaçant, par une charité mal entendue, la charge et la responsabilité du père et de la mère, d'une part, on affaiblit l'idée du devoir dans les familles pauvres et l'on accoutume les ménages nécessiteux à l'imprévoyance et à l'abandon de leurs enfants; d'autre part, on déshabitue les enfants des caresses maternelles et des affections filiales, et l'on relâche ainsi des liens déjà si fragiles et qu'il importe tant de resserrer.

Au point de vue économique, comme au point de vue moral, ces ambitions, ces aberrations de la bienfaisance peuvent avoir des conséquences funestes : à peine soupçonnées d'abord, elles commencent à frapper les yeux les moins clairvoyants. Le travail des enfants ne peut couvrir qu'une très faible partie de leurs dépenses. Or, de deux choses l'une : ou, pour diminuer la moyenne de ces dépenses, on cherchera à les répartir sur un plus grand nombre ; et, dans ce cas, on s'exposera aux inconvénients de l'agglomération ; ou, subordonnant la question économique à la question morale, on réduira la quantité des élèves confiés au même instituteur, et, dans ce cas, on verra croître le prix de journée en raison inverse du chiffre des colons.

Alternative inévitable, à moins qu'on n'adopte, en le développant, en l'améliorant encore, comme on l'a déjà tenté en France, le système facile et naturel des asiles agricoles de la Suisse ; système qui, se rapprochant des conditions ordinaires de l'éducation *familiale*, réunit le mieux la simplicité et l'économie des moyens à la certitude et à la supériorité des résultats.

Sous le rapport de la culture des terres et de l'éducation professionnelle, il faut également se prémunir contre des illusions fâcheuses, et ne se point flatter de faire des laboureurs avec toutes sortes d'adultes et toutes sortes d'enfants. Nous savons à quoi se réduit l'aptitude agricole des mendiants adultes, bras invalides, corps débiles, organes énervés par la paresse ou épuisés par d'autres travaux.

natures enchaînées à d'invincibles habitudes. Quant aux enfants, d'autant plus réfractaires qu'ils sont moins jeunes, qu'ils ont moins de temps à rester à la colonie, ils trahiront presque toujours la vocation qu'on veut leur inspirer, si on ne les y amène de longue main, si on les prend trop tard dans les prisons, dans les hôpitaux, dans les villes, si enfin, initiés déjà à une autre existence, ils regardent la vie des champs comme un exil, un temps d'épreuves, une punition.

Après avoir signalé les écueils, il nous reste à indiquer la voie. Nous allons le faire avec la même réserve et avec la même concision.

Profitant des écoles déjà faites, et prenant, avant tout, la famille pour base ou pour modèle, nous croyons que l'État, les particuliers, les associations doivent, dans leurs réalisations charitables, obéir aux tendances et aux règles suivantes :

1° Favoriser, multiplier dans les villes et les campagnes les salles d'asile et les écoles primaires gratuites, puis les Sociétés de patronage pour les jeunes enfants pauvres. Ces Sociétés, avec l'emploi intelligent des aumônes et souscriptions recueillies, viendront au secours des familles nécessiteuses, soutiendront les enfants au foyer même de leur famille, quand ils en ont une, et la suppléeront s'ils en manquent ; placeront les enfants en apprentissage, et les suivront avec sollicitude dans leur éducation professionnelle. De semblables œuvres existent déjà : il suffit de les encourager en les développant.

2° N'enlever l'enfant à ses parents que dans le cas d'absolue nécessité. La famille est le moyen radical et premier de tout système préventif ; c'est sur elle ou sur son modèle que l'on doit instituer les autres moyens destinés soit à la compléter, soit à la remplacer. Aussi pensons-nous que le meilleur mode de coloniser, c'est par migrations de familles libres et responsables, et que les colonies agricoles d'enfants les plus susceptibles de réussir sont celles qui s'établissent par petites fermes et par groupes de vingt ou de trente colons au plus. On a, de cette manière, plus de chances de moraliser les enfants et d'en faire des agriculteurs.

Chaque enfant, dans les conditions normales où le placent la nature et nos institutions, est l'objet des attentions, des soins, et, pour ainsi dire, de la providence de plusieurs personnes, telles que le père et la mère, les grands parents, les ministres de la religion, les sœurs de charité, les instituteurs primaires et autres ; assistance dont il jouit gratuitement ou à peu près. Dans les grandes colonies, au contraire, on ne pourrait, même avec des dépenses énormes, proportionner ces moyens et ces instruments d'éducation au nombre des sujets.

3° Ralentir, par toutes les mesures praticables, le mouvement trop prononcé qui précipite et agglomère dans les villes les habitants des campagnes. Non pas que ce mouvement soit mauvais en soi : c'est le procédé même dont se sert la nature pour rajeunir, pour fortifier les populations urbaines. Les villes sont comme autant de centres où affluent le sang et la vie des peuples ; mais il importe que ce mouvement obéisse à un rhythme normal et régulier. Une des préoccupations constantes des pouvoirs publics doit donc être d'améliorer les conditions des populations rurales. Trop souvent la terre est une marâtre pour l'homme qui la cultive. Il faut faire en sorte qu'il puisse l'aimer comme une mère véritable et ne soit pas tenté d'en aller chercher une autre ailleurs.

4° Développer la propriété; c'est le moyen le plus efficace de fixer au sol les habitants des campagnes.

Au moyen âge, les institutions attachaient, même en France, l'homme à la glèbe ; et le servage est encore dans près de la moitié de l'Europe la condition même de la culture des terres. Aux peuples affranchis il faut un travail volontaire ; mais, au défaut du servage, qu'est-ce qui fournira des bras au travail agricole? Le salaire n'est ni un terme, ni un but; c'est une transition et un moyen. La liberté implique la propriété. On doit donc, dans la mesure du possible, aider au travail à devenir propriétaire. Nous savons et les périls et les utopies qui compliquent cette tâche. A cet égard tout notre livre est un avertissement et une protestation. Mais, à côté du rêve, n'y a-t-il pas place pour une réalisation prudente, mesurée, progressive? Sans parler de l'Algérie, la France n'a-t-elle pas des terres à concéder, à prêter, à louer à ses enfants pauvres? Plus de neuf millions d'hectares, près du cinquième du sol français, sont encore incultes. Ne peut-on pas faire en petit pour chaque département, pour chaque arrondissement, pour chaque commune, ce que l'on vient d'essayer en Algérie, et ce que tente le fondateur de Saint-Ilan sur les landes de la Bretagne; et cela, avec les leçons de l'expérience, sans les dépenses d'un long voyage, sans les dangers d'un climat nouveau, sans les douleurs d'une sorte d'exil? Tout en assurant la tranquillité publique, on accroîtrait ainsi, d'un coup, la richesse générale, les revenus de l'État et le nombre des propriétaires.

5° Donner une famille aux enfants trouvés. Il y a en France environ 125,000 enfants trouvés au-dessous de douze ans : on ignore le nombre de ces enfants depuis douze jusqu'à vingt-deux. Supposons qu'il y en ait cent mille. Que deviennent-ils ? La plupart, abandonnés à douze ans par leurs nourriciers, retournent dans les villes, où ils fournissent un contingent considérable à la population des mauvais lieux, des hospices et des prisons, retombant ainsi à la charge de la société par une voie fatale et plus dispendieuse. Au lieu de chercher plus tard, et trop tard ! à les corriger, à les secourir à grands frais, soit dans les prisons, soit dans les hospices, soit dans les colonies, n'y aurait-il pas moyen de leur appliquer à temps le système vraiment préservateur de la famille? Est-ce qu'en donnant une légère rétribution aux nourriciers ou aux fermiers par enfant qu'ils garderaient au-dessus de douze ans, on ne déterminerait pas les paysans à conserver leur élève? Chaque enfant trouvé, introduit de la sorte dans la famille du laboureur, deviendrait pour lui l'occasion d'un secours, et, loin de s'en débarrasser, il le garderait avec d'autant plus de soin que, outre la rétribution mensuelle qu'il toucherait à cause de lui, il aurait en lui un aide pour son labeur. Ce serait en même temps des encouragements donnés à l'agriculture et des bras créés pour elle. L'enfant retenu, adopté par le sein qui l'a nourri, élevé dans les travaux agricoles, se ferait une famille et une profession, à peu de frais pour les deniers publics, avec les soins et sous la surveillance du médecin local, de l'instituteur communal, de la sœur de charité, du maire, du curé, des commissions des hôpitaux et de l'inspecteur du département.

6° Ne pas confondre indistinctement toutes les catégories d'enfants, mais les séparer, au contraire, et varier les institutions et les moyens d'éducation, selon que l'on a affaire soit à des enfants trouvés et abandonnés, soit à des orphelins, soit à des jeunes détenus.

Aux enfants trouvés proprement dits, on chercherait à faire une famille, par des moyens analogues à ceux indiqués plus haut. Quant aux enfants abandonnés, à ceux que la mauvaise conduite ou même la condamnation de leurs père et mère a mis momentanément à la charge de la société, on se garderait bien, en les rendant aveuglément à leurs parents, à l'expiration de leur peine, de les livrer à une école de démoralisation où ils n'apprendraient que la prostitution et le vol. C'est à ces pauvres enfants, plus à plaindre que s'ils n'avaient plus de père ni de mère, que les Sociétés de patronage seraient utiles. Reste la troisième catégorie d'enfants, les orphelins, ceux qui ont un état civil et même une famille, mais que la mort a privés de leurs père et mère. Aujourd'hui que fait-on? Comme les enfants trouvés, on place les orphelins à la campagne, lorsqu'on devrait au contraire les conserver dans les établissements des villes au milieu des parents qui leur restent encore. A cet égard, la Hollande nous donne de touchants exemples à suivre ; les orphelins de chaque religion ont leur maison particulière, où ils sont élevés sous l'œil et presque dans le cœur d'une famille qui les surveille, les protége, les soutient et souvent même les adopte. Les villes de Rotterdam, de La Haye et d'Amsterdam renferment à elles seules quinze maisons d'orphelins.

7° Enfin, modifier et approprier nos lois et règlements à l'état actuel de la question.

Nous ne quitterons pas ce grave sujet, sans appeler l'attention de l'Assemblée nationale et du Pouvoir exécutif sur l'utilité, sur l'urgence d'une révision de notre législation, en ce qui regarde les enfants trouvés, abandonnés et jeunes détenus, tant dans l'intérêt de ces malheureuses créatures que dans celui des deniers publics. Une loi existe qui réprime les abus que l'on fait des enfants dans les manufactures. Avant cette loi, il y en avait une autre à faire pour protéger les enfants en bas âge chez leurs parents et leurs nourriciers, du berceau à l'asile et de l'asile à l'atelier ; loi de justice et d'amour à la fois, plaçant la récompense à côté de la punition; loi de prévoyance, et, pour ainsi dire, de providence maternelle, qui embrasserait tout ce qui concerne la matière, comme les tours, les maisons d'accouchement, les crèches, les hospices dépositaires, les asiles, les colonies d'enfants, ainsi que les obligations des nourriciers et les secours aux filles-mères ; secours qui, quoi qu'on en ait dit, ne sont pas immoraux, car ce sont des primes données, non à la fille, mais à la mère, au repentir plutôt qu'à la faute, non pas au vice, mais à l'accomplissement du premier et du plus sacré des devoirs.

Voilà pour les enfants trouvés et orphelins. Quant aux jeunes détenus, il n'est pas moins indispensable, il n'est pas moins urgent d'apporter à la législation qui les concerne des modifications notables. Qui ne connait les vices et les dangers du système actuel ?

Sans parler des criminels, heureusement très rares dans le jeune âge, les enfants pauvres, coupables de vagabondage ou de délit, sont arrêtés, emprisonnés, pour être traduits devant les tribunaux ordinaires, qui statueront sur leur sort. Nés dans une condition meilleure, ils auraient eu pour ces fautes légères les corrections paternelles, le huis-clos de la famille, la discipline discrète du collége. Sans bruit, sans retentissement fâcheux, leur conduite plus ou moins blâmable eût été réprimandée, punie, expiée. Le sentiment de l'honneur, cette pudeur virile, n'eût pas été chez eux émoussé, atteint dans sa source, et le repentir, qui conduit à l'amendement, n'aurait pas été chassé de leur âme par l'habitude de la prison et le contact des geôliers. Mais le malheur de leur position les a livrés à toutes les suggestions de l'abandon et de la misère. Pauvres délinquants, ils sont arrêtés : la prison préventive, malgré les réformes qu'on y a introduites, est toujours pour eux une initiation dangereuse. Ils comparaissent, au grand jour, devant un tribunal, avec les escrocs et les filles perdues : éclat déplorable! honte bue en face de tous, qui souvent exalte leur effronterie naissante et l'enivre même jusqu'au cynisme. Acquittés en vertu de l'article 66 du Code pénal ou condamnés en vertu de l'article 67, ils sont *détenus* pour être élevés *correctionnellement*. Dans l'un et l'autre cas, c'est le poids d'un jugement public qui va peser sur eux, leur vie durant; tache d'infamie imprimée à leur front, qu'ils auront tant de peine à effacer! sceau de réprobation qu'ils ne pourront peut-être briser jamais! Qu'on interroge tous les directeurs des établissements pénitentiaires ; ils diront que ce caractère indélébile d'une condamnation plus ou moins complète est une des causes qui s'opposent le plus à la rédemption morale des jeunes détenus et à leur carrière professionnelle. Ajoutez qu'avant d'entrer dans la maison d'éducation que leur ouvre la société dans sa prévoyance bienfaisante, ils passent d'abord par la prison, où ils sont plus ou moins longtemps exposés à la contagion morale qui y règne. C'est à travers ces épreuves, c'est avec ces préparations pernicieuses que ces malheureux enfants arrivent à la colonie agricole, à qui l'on impose la tâche de les régénérer : autant vaudrait lui demander un miracle.

Ce n'est pas tout : dans ce lieu d'expiation correctionnelle qu'on ménage au jeune détenu, il va retrouver les usages, le régime disciplinaire, jusqu'au nom même de la prison. En effet, par un oubli regrettable, on a laissé les colonies annexées aux maisons centrales porter la dénomination infamante de la prison dont elles relèvent. En sorte que l'enfant qui vient de Fontevrault, de Clairvaux, de Loos et de Gaillon, semble sortir de la même maison que les voleurs et les bandits libérés. De plus, dans les colonies tenues par le gouvernement et dans la plupart de celles que dirigent des particuliers, on inflige aux jeunes détenus, pour des fautes d'écoliers, la cellule et le cachot; les accoutumant ainsi et les familiarisant, pour ainsi dire, avec les punitions et les rigueurs réservées dans les prisons aux adultes coupables : si bien que, faite aux conséquences du crime avant de l'avoir commis, leur âme, s'endurcissant peu à peu à ces épreuves, n'est plus retenue, quand sonne l'heure de la liberté, ni par le remords, ni par la crainte.

Ces peines disciplinaires sont-elles donc immuables? Ne saurait-on les remplacer avec avantage? Selon nous, la colonie ne devrait, sous ce rapport, ressembler en rien à la prison. Mieux vaut qu'elle se rapproche de la famille, à qui elle peut emprunter ses usages, punitions et récompenses. On s'exagère étrangement les bons effets de la cellule. Prolongée au delà du temps nécessaire pour mettre l'enfant en face de lui-même et de sa faute, et le préparer, comme dans une sorte de tribunal, à l'exhortation du maître, son juge paternel, cette peine nous paraît plus

nuisible qu'utile. La paresse, aux yeux de l'élève,
y sert de compensation à l'isolement. Mauvaise pour
tout le monde, la solitude peut devenir doublement
mortelle pour l'enfant, au physique et au moral. Les
faibles s'y dépriment, les forts s'y endurcissent. Loin
d'assouplir les caractères, la cellule les raidit encore ; au lieu de moraliser les âmes, elle les déprave.
Nous avons vu des jeunes détenus résister à deux
ou trois mois de séjour dans un cachot : leur corps
s'étiolait à l'ombre ; des glandes scrofuleuses soulevaient et marbraient leur peau ; seule leur volonté
inébranlable ne cédait point. Le directeur, vaincu
par tant d'obstination, était obligé de fléchir par humanité ; tandis que ces natures indomptables se seraient détendues, se seraient rendues même, devant
la plus légère correction qui eût blessé leur vanité et
humilié leur orgueil. Cette conviction, nous l'avons
puisée dans l'observation des faits pratiques, et nous
pourrions l'appuyer par de nombreux exemples.
Pour le présent et l'avenir des jeunes détenus, pour
le repos de la société elle-même, il y aurait donc
profit à rompre avec les traditions et les sévérités
d'un régime auquel il importe d'ailleurs de laisser
toute sa terreur avec tout son mystère.

Ensuite, et ce point nous semble plus important encore, ne serait-il pas possible de changer des formes juridictionnelles, évidemment dangereuses? N'avons-nous pas assez des adultes et des vieillards dégradés et flétris, qui peuplent nos maisons centrales et nos bagnes? Et ne pourrait-on pas procurer à l'enfant pauvre le bienfait d'une éducation répressive, sans lui infliger, par avance et à toujours, la marque d'une condamnation judiciaire? Oui, certes. La loi de 1832 a fait un premier pas dans cette voie, lorsqu'elle a renvoyé devant les tribunaux correctionnels les délinquants âgés de moins de seize ans, dans le plus grand nombre des cas où ils devaient comparaître devant la Cour d'assises. C'est une réforme que des hommes compétents tels que MM. de Beaumont, de Tocqueville et Léon Faucher, prêchent depuis longtemps, en l'appuyant par des exemples. Nous lisons dans un livre publié en 1838 par M. Léon Faucher : « Les maisons de refuge aux États-Unis sont une institution privée qui est née du concours des charités individuelles; elles ont reçu la sanction de l'autorité publique, et tous les enfants qu'elles renferment sont détenus légalement. *La durée de la peine n'est point déterminée par le magistrat, et la tutelle de l'administration n'expire qu'au moment où le jeune détenu a vingt ans révolus. De cette manière, la maison n'étant pas considérée comme une prison, n'imprime aucune flétrissure, et les directeurs, conservant une autorité sur l'enfant qu'ils placent en apprentissage au dehors, le maintiennent par la crainte dans le devoir.* »

Allant plus loin que les États-Unis dans cette réforme, la France ne pourrait-elle pas modifier sur ce point son code pénal et sa procédure? Les jeunes prévenus, arrêtés par les voies ordinaires, seraient, s'il y avait lieu, renvoyés par le juge d'instruction devant une commission paternelle, instituée *ad hoc,* espèce de conseil de famille qui prononcerait discrétionnairement sur leur sort, et les ferait conduire directement, soit à la colonie pénitentiaire, soit à la colonie préventive, soit même sur les vaisseaux de l'État, sans la transition périlleuse de la prison et sans la tache d'un jugement public. De cette façon, la maison correctionnelle, comme exutoire social, deviendrait plus efficace dans l'intérêt de tous, et ne serait plus une sorte de remède empoisonné à l'égard de ceux qu'on séquestre et qu'on élimine. Misérables enfants! ils n'y contracteraient plus, dans la pratique précoce des procédés et peines disciplinaires, l'ignorance ou l'oubli de la honte salutaire, le mépris de la justice, et l'insouciance dédaigneuse des châtiments légaux.

Nous nous arrêtons. C'était un devoir pour nous d'énumérer ici ces améliorations et ces réformes ; à d'autres la mission et l'honneur de les formuler et de les appliquer. Chacun des paragraphes précédents est l'argument d'un chapitre, pour le livre que nous préparons. L'étendue déjà trop considérable de ce résumé final nous force à nous borner à ces idées sommaires, fruits de nos études et de nos observations, et où s'accordent, dans une juste mesure, la liberté et la responsabilité humaines, l'économie et la bienfaisance, sur les bases mêmes de tout ordre social, la famille et la propriété.

La charité vient du ciel, mais c'est sur la terre qu'elle s'exerce. Si, libre comme sentiment et volontaire en tant qu'acte individuel, elle ne relève que de la conscience et de Dieu, comme œuvre pratique et comme institution sociale, elle n'en est pas moins soumise aux lois de la science économique et aux progrès de la raison.

FIN.

NOTES

NOTES

Note A.

Le Werkhuis.

Le Werkhuis ou maison de travail a été fondé le 5 janvier 1779 par un décret du conseil de la ville d'Amsterdam, pour remplacer deux établissements de très ancienne date où l'on enfermait les individus des deux sexes qui avaient été condamnés à des peines légères, qui avaient mendié ou qui menaient une vie déréglée. La loi laissant alors une grande liberté aux municipalités qui réunissaient l'autorité administrative et judiciaire, elles ne se faisaient aucun scrupule de faire arrêter les mendiants et les femmes publiques et de les obliger à travailler.

Ouvert en novembre 1782, le Werkhuis fut administré de la même manière jusqu'au commencement de ce siècle. Les régents de cet établissement avaient le droit de faire appréhender au corps les mendiants par les agents de la police et de les incarcérer la première fois pendant six semaines, la seconde fois pendant trois mois. Doux régime pour ces misérables qui, pris en flagrant délit de mendicité, étaient jadis fouettés et bannis de la ville.

En 1810 et 1814, c'est-à-dire lors de l'introduction des codes français, l'autorité discrétionnaire des municipalités dut faire place aux formes légales. Les condamnés à des peines correctionnelles furent transportés dans les prisons proprement dites, et les gens de mauvaise conduite n'entrèrent au Werkhuis qu'en vertu d'un jugement du tribunal et à la requête des parents. Cependant la nouvelle législation ne put faire disparaître la tutelle des régents à l'égard des mendiants qui, malgré l'article 274 du Code pénal, continuèrent à être enfermés au Werkhuis et envoyés aux colonies de bienfaisance sans forme de procès. La loi n'eut son entière exécution que lorsque les colonies d'Ommerschans et de Veenhuizen devinrent dépôts de mendicité pour tout le royaume.

Voici quelles sont les différentes classes de personnes qui forment aujourd'hui la population de la maison de travail :

1° Tous ceux qui sont reconnus pauvres et qui ont leur domicile de secours à Amsterdam, c'est-à-dire qui y ont demeuré quatre années consécutives, s'ils sont néerlandais, six années s'ils sont étrangers. Sur la présentation d'un certificat d'indigence, délivré par les maîtres de quartiers (buurtmeesters), ils sont admis, quels que soient leur âge, leur état et le nombre des membres de la famille. Au dessous de seize ans, les enfants pauvres ne sont reçus que s'ils sont accompagnés de leur père ou de leur mère ;

2° Les familles et les individus qui ont leur domicile d'assistance dans d'autres communes, lorsque ces communes ont déclaré une fois pour toutes qu'elles paieront les frais. Ce cas ne se présente que rarement ;

3° Les mendiants qui, après avoir subi leur peine dans la prison, doivent être transportés aux colonies forcées. Ce sont les seuls qu'on y envoie depuis 1843 ;

4° Les individus qui, condamnés par jugement pour contravention aux règlements municipaux concernant la police et l'octroi, sont hors d'état de payer les amendes ;

5° En vertu d'un contrat très ancien passé entre

le gouvernement et la ville, les débiteurs civils contre lesquels la contrainte par corps est mise à exécution dans le ressort du tribunal d'Amsterdam ;

6° Les individus condamnés par jugement à la détention, pour cause d'inconduite, à la requête des parents ou tuteurs, ou pour cause de prodigalité, à la requête du curateur ;

7° Les indigents qui sont envoyés par le directeur de la police pour qu'on leur donne asile pendant quelques jours. Ce sont pour la plupart des étrangers qui, ne pouvant justifier de leur séjour à Amsterdam, doivent être transportés au delà des frontières, conformément à la loi du 13 août 1849.

De ces sept classes, la première est la plus nombreuse, c'est celle qui exprime le but qu'on s'est proposé en créant le Werkhuis ; les autres classes n'en sont que l'appendice : pêle-mêle contraire à l'esprit de la fondation, et dont, depuis plusieurs années, se préoccupe l'administration ; on espère qu'au plus tard en 1852 le Werkhuis deviendra ce qu'il doit être, un asile uniquement ouvert aux habitants d'Amsterdam remplissant les conditions du domicile de secours.

La population du Werkhuis, qui était en moyenne de 624 individus en 1822, n'était plus que de 489 en 1828.

En 1843, elle atteignit le chiffre de 804, chiffre qui s'accrut d'année en année jusqu'en 1848 :

1844	890
1845	940
1846	1,012
1847	1,234
1848	1,214

L'augmentation que l'on remarque depuis 1843 provient de deux causes : la cherté des vivres et la cessation des envois volontaires aux colonies de bienfaisance.

C'est au bon marché des denrées qu'il faut attribuer la diminution sensible qui a eu lieu pendant les deux dernières années :

1849	1,016
1850	843

En été, la population diminue d'un tiers environ.

Le personnel de ce vaste établissement est peu nombreux ; presque tout se fait par les pauvres eux-mêmes qui reçoivent un modique salaire. Non-seulement on confectionne au Werkhuis le linge et les étoffes à l'usage de la maison, mais encore on y fabrique des toiles qui sont très recherchées dans le pays.

Le travail, envisagé seulement comme un moyen de discipline, ne produit par an que de 8,000 à 12,000 florins.

La nourriture est simple et suffisante : des légumes, du gruau, du riz, du lait de beurre; jamais de viande; pour boisson, de l'eau; pain de seigle pour les valides, pain blanc pour les infirmes, les malades et les petits enfants.

Le prix de journée, pendant les dix dernières années de 1841 à 1850, a été en moyenne de 27 cents (57 centimes). Dans ce prix sont compris les appointements du personnel, l'entretien des pauvres, les réparations des bâtiments, etc., etc., déduction faite du produit du travail.

<small>(Note due à l'obligeance de M. Messchert Van Vollenhoven, substitut du procureur du roi, à Amsterdam.)</small>

Note B.

Agriculture.

Les deux grands moyens adoptés et suivis dans les colonies agricoles de la Hollande, pour rendre à la culture d'immenses parties de terres auparavant stériles, sont le *genêt* et les *moutons*, c'est-à-dire une plante qui croît sur ces pauvres terres de bruyères, et un animal sobre qui se nourrit des bruyères elles-mêmes. Cette simple indication renferme les principes, les éléments d'un système complet de culture appliquée aux terres de bruyères; système nouveau, à peine connu des savants, mais cependant digne d'une attention et d'un examen approfondis, puisque son adoption en Hollande a produit des résultats merveilleux.

Quatre différents cas se présentent ordinairement sur ce sol rebelle; il peut arriver :

1° Que la couche supérieure soit sablonneuse;

2° Que cette couche supérieure soit de tourbe, peu épaisse toutefois;

3° Que cette couche de tourbe soit épaisse, mais bonne à brûler ;

4° Enfin, que cette couche soit très épaisse, de nature fibreuse et peu propre à la combustion.

1. Dans le premier cas, c'est-à-dire quand la couche supérieure est sablonneuse, on coupe la croûte des bruyères pour l'employer à l'usage que nous indiquerons bientôt. On laboure à la bêche ou à la charrue ; on brûle les endroits où il y a des mottes de tourbe. Après avoir obtenu la division mécanique du sol, on mêle le fumier, dans la proportion qui sera dite plus tard ; on laboure une seconde fois, et au printemps on sème des pommes de terre.

2. Dans le second cas, celui où la couche supérieure est tourbeuse, mais peu épaisse, on coupe la croûte de bruyère, comme dans le cas précédent ; on laboure à la bêche, jusqu'à la profondeur de deux pieds ou deux pieds et demi ; on brûle le terrain ainsi remué. Cette opération, faite par les enfants, dure beaucoup de temps ; on laboure à la charrue et à la herse jusqu'à ce qu'on arrive à mettre le sol dans l'état convenable, on mêle le fumier, on laboure de nouveau, et on sème des pommes

de terre. On voit encore sur ces terrains, pendant la première récolte, un grand nombre de mottes de tourbe qui n'ont pas été réduites par le feu ; celles-là sont enterrées quand on laboure de nouveau pour semer le seigle.

3. Quand la couche de tourbe est épaisse, mais bonne à brûler, on commence par couper la croûte de bruyère ; ensuite on creuse des fossés à des distances convenables, afin de saigner le sol et d'obtenir l'écoulement des eaux. Ces fossés sont de la profondeur de la couche de tourbe, qu'on extrait et qu'on coupe ensuite, comme dans une véritable exploitation de ce genre. Quand la couche de tourbe a été retirée et qu'on a découvert le fond sablonneux ou argileux du sol, on le livre à la culture qui lui est propre.

4. Si la couche tourbeuse est non-seulement épaisse, mais encore d'une constitution fibreuse, impropre à la combustion, les difficultés s'accroissent. Il est peu aisé de rendre à la culture ces espèces de sol. Voici, cependant, de quelle manière on y parvient : on coupe et on déchire la première couche au moyen d'une forte charrue ou de la bêche ; ensuite on met le feu au terrain ; on continue à dé-

foncer jusqu'à la profondeur de trois pieds, et on brûle toujours. On continue à brûler et à labourer jusqu'à ce qu'on parvienne à vaincre la ténacité du sol et à le diviser. Mais cette surface est absolument stérile, parce qu'elle n'est composée que de tourbe brûlée et divisée par le labour. Pour en former un sol artificiel on y mêle de la terre argileuse, qui ordinairement se trouve sous les couches de tourbe; on laboure de nouveau et on sème du blé-sarrasin qui croît aisément sur ce terrain. On renouvelle cette culture à plusieurs reprises, en ayant soin de mettre toujours le feu après le labourage qui suit la récolte. Enfin, après six ou huit ans de travaux, on obtient un sol absolument épuisé, mais cependant propre à recevoir les engrais et les bonnes cultures en commençant toujours par les pommes de terre, principe de la *rotation* dans les colonies. Voyons à présent l'ordre de culture et le système d'assolement.

La première récolte est toujours de pommes de terre sur des terrains qui ont reçu un premier degré de fertilité, ou une fertilité suffisante à cette culture, et cela au moyen des engrais. L'engrais est donc nécessaire, indispensable pour obtenir cette récolte. Nous verrons plus tard de quelle manière il est formé et l'immense parti qu'on a su tirer des moutons qui se nourrissent de bruyères, aussi bien que des bruyères elles-mêmes. La récolte des pommes de terre se fait en août ou en septembre. On laboure les terres, on y mêle un demi-fumier seulement, et on sème le seigle avec le genêt. On entend par *demi-fumier* la moitié du fumier qu'exige une culture ordinaire, soit celui de 50 moutons par hectare. Le seigle pousse et se développe bien ; mais, étouffé en partie par la croissance du seigle, le genêt reste chétif ; cependant, lorsqu'on a fauché le seigle, le genêt croît à son tour et couvre la surface du sol. Voici donc une troisième récolte sur un terrain qui n'a reçu qu'un fumier et demi. La récolte du genêt, pour la première année, pèse 40 livres par verge carrée ; si on le laisse un an de plus sur pied, la récolte monte à 160 livres par verge carrée. Dans le premier cas, une récolte de genêt enterré produit sur le sol le même effet qu'un engrais complet, c'est-à-dire qu'il le rend apte à donner une récolte de pommes de terre ou une récolte de seigle et une autre de genêt. Dans le second cas, c'est-à-dire quand on laisse le genêt un an de plus sur pied avant de l'enfouir, il donne à la terre une fertilité suffisante pour produire, sans engrais, trois récoltes successives en pommes de terre, en lin et en seigle.

Nous voyons donc que la première année, dans l'ordre des cultures, est destinée aux pommes de terre, la deuxième au seigle et au genêt. A la seconde culture, on commence déjà à obtenir les avantages de l'engrais végétal, dont la réussite exige trois labours de charrue ; une pour l'enterrer, et deux au printemps, pour mêler les produits de leur décomposition avec la terre et disposer celle-ci à recevoir la semence. Quand il s'agit d'enterrer le genêt, les laboureurs l'arrachent, et des enfants qui suivent les charrues l'étendent au fond des sillons ouverts que recouvre le versoir.

Quant aux fumiers, le général Van den Bosch avait eu recours à une variété de moutons qui mangent la bruyère, et qui consomment seulement une centaine de livres de foin pendant l'hiver. Cet animal est donc venu s'associer au genêt pour fertiliser les bruyères qui nourrissent l'un et l'autre, ce qui établit un cercle intéressant d'existence et de soutien mutuel, semblable à celui de la grande culture moderne, au moyen des cultures de fourrage et de l'association du bétail. On a adopté, en même temps, d'autres moyens pour augmenter la masse des engrais. Les croûtes de bruyère sont parsemées sur le sol des bergeries, où logent les moutons pendant la nuit et durant une partie de l'hiver. Les étables de vaches en fournissent aussi. Ces étables sont de deux genres : dans les unes, on fait à chaque animal une litière selon l'usage ordinaire, on la change tous les trois jours, et on l'enlève avec les excréments et les urines qui y sont mêlés ; dans les autres, on pratique, derrière les vaches, un fossé qui reçoit leurs excréments, et qui les écoule dans un dépôt extérieur. La seconde méthode est plus propre ; la première plus productive : ainsi donc, des bergeries et des étables on obtient des masses considérables de fumier, qu'on transporte au moyen de bateaux et de canaux pratiqués tout exprès. On mêle aussi, à ces fumiers, les produits des latrines et des écuries, les résidus de la féculerie, celui des cuisines, les balayures, etc.

Les fossés où l'on dépose toutes ces matières sont établis dans les endroits les plus convenables des fermes, à la portée immédiate des champs qui en ont besoin ; il sont de forme carrée, de six ou huit mètres de longueur, simplement en terre glaise : au fur et à mesure qu'on introduit les fumiers plus ou moins liquides, on y mêle de la terre sablonneuse jusqu'à ce qu'on obtienne des tas d'engrais solides dont on puisse se servir pour fertiliser les terres.

On a fait aux colonies des expériences comparatives sur la quantité et la qualité de divers engrais ;

il résulte que cent moutons fournissent une quantité de fumier égale à celle que fournissent dix vaches, mais équivalant, seulement pour la qualité, au fumier fourni par quinze vaches : c'est-à-dire que le produit des moutons, en fumier, est à celui des vaches comme dix est à un pour la quantité, et comme dix à un et demi pour la qualité. Le fumier produit journellement par un individu des colonies est de deux livres ; il équivaut, pour la qualité, à celui d'un mouton.

Pour fertiliser un arpent de terre, on emploie le fumier de cent moutons, ou celui de cent hommes, ou celui de quinze vaches, ou celui de quinze chevaux.

Le genêt constitue, pour ainsi dire, la base et la ressource du système agronomique dans les colonies.

Voici le prix de revient et le produit des récoltes.

1re année. — *Culture des pommes de terre.*

	a.	fr. c.
Grand défoncement du sol avec la bêche, à 1 mètre de profondeur : prix de l'arpent.	180	379 80
Trois labours à la charrue, à 4 florins (8 fr. 44 c.) chaque.	12	25 32
A reporter. . . .	192	405 12

	fl.	fr.	c.
Report......	192	405	12
Un engrais complet, produit de 100 moutons............	50	105	50
Valeur de la semence......	10	21	10
Prix de la semaille.......	10	21	10
Total des frais faits pour un arpent.............	262	552	82
Valeur de la récolte de 600 boisseaux.............	200	422	»
Perte.......	62	130	82

2ᵉ année. — *Première culture, seigle.*

	fl.	fr.	c.
Prix de trois labours par chaque arpent..............	12	25	32
Semence............	9	18	99
Un demi-engrais, produit de 50 moutons............	25	52	75
Travail de la récolte ou du fauchage...............	4	8	44
Total des frais faits pour un arpent..............	50	105	50
Valeur de la récolte, y compris le prix de la paille........	100	211	»
Bénéfice.....	50	105	50

Deuxième culture, genêt.

	fl.	fr.	c.
Prix de trois labours.	12	25	52
Graine.	10	21	10
Prix du travail de la récolte. .	10	21	10
Total des frais faits pour la récolte.	32	67	52

Ainsi donc, les deux récoltes, l'une de seigle et l'autre de genêt, ont coûté 82 florins (175 fr. 02 c.): or le produit est de 100 fl. (211 fr.) pour la première, et d'un engrais et demi pour la seconde, soit de 75 fl. (158 fr. 25 c.); total 175 fl. (369 f. 25 c.)

Si on continue la culture des pommes de terre, à la troisième année, la récolte ne coûtera plus que 32 florins (67 fr. 52 c.), savoir :

Trois labours à la charrue, 12 fl. (25 fr. 52 c.)

Graine et travail des semailles, 20 fl. (42 fr. 20 c.)

La récolte de seigle coûtera 25 fl. (52 fr. 75 c.), savoir :

Trois labours à la charrue, 12 fl. (25 fr. 52 c.)

Graine et fauchage, 13 fl. (27 fr. 45 c.)

Les deux récoltes de la troisième et de la quatrième année auront coûté seulement 57 florins (120 fr. 27 c.), et leur produit serait de 300 florins (633 fr.), plus le genêt,

La fertilité progressive communiquée aux terres de bruyères, par ce moyen, les rend propres à donner la quatrième moisson, et, après la seconde rotation, à produire des fourrages. Le trèfle ainsi que l'orge, par lesquels on commence, viennent alors très bien. Dans le cas où le trèfle se perd, on laboure la terre au printemps, et l'on sème la spergule, qui se récolte au mois de juillet. Cette plante fournit une excellente nourriture pour les vaches, et elle donne beaucoup de beurre.

D'après cette idée générale de la méthode employée, on peut concevoir que les produits actuels des colonies sont, en effet, le résultat d'un calcul fondé préalablement sur la comparaison des moyens à employer et des résultats proposés. On voit que les premiers éléments de la fertilité communiquée à ces terres ont été les engrais produits par les hommes, les moutons et le genêt, sagement combinés avec les préparations du sol : système qui, aujourd'hui encore, continue et se renouvelle sur les terres soumises au défrichement annuel.

(Extrait du livre de M. Ramon de la Sagra : *Voyage en Hollande*, 1836.)

Note C.

Traité passé en 1843 entre le gouvernement des Pays-Bas et la Société de bienfaisance.

Le ministre de l'intérieur, autorisé par le roi à traiter pour le gouvernement néerlandais, d'une part, et la commission permanente, traitant pour la Société de bienfaisance, d'autre part, désirant d'un commun accord lever toute incertitude relativement aux attributions, droits et devoirs entre le gouvernement et ladite Société, et donner désormais plus de fixité aux règlements de cette Société, il a été convenu ce qui suit :

Art. 1er.

Les droits et devoirs des parties soussignées sont réglés uniquement par les dispositions de ce traité. Elles renoncent à faire toutes autres réclamations, et elles déclarent tous les traités passés antérieurement entre le département de l'intérieur et la Société de bienfaisance comme nuls et sans effet.

Les dispositions de cet article ne peuvent en rien préjudicier aux conventions qui existaient entre le département de la guerre et la Société de bienfaisance.

Art. 2.

La Société de bienfaisance reconnaît devoir à l'État, pour diverses avances qui lui ont été faites, une somme de 3,604,474 florins 85 cents.

L'intérêt de cet argent est fixé à 4 0/0 par an, du jour de la signature de la présente convention

Art. 3.

La somme désignée dans le précédent article en capital et intérêts, sauf les dispositions portées ci-après à l'article 37, ne pourra être réclamée par l'État qu'au cas où la Société de bienfaisance ne remplirait pas ses engagements.

Art. 4.

Après l'expiration de chaque terme de cinq ans, la Société de bienfaisance devra reconnaître par écrit le droit de l'État aux intérêts qui ont été convenus par l'art. 2.

Art. 5.

L'État achète de la Société de bienfaisance, aux prix qui seront désignés dans l'article suivant, et la Société vend à l'État aux prix y indiqués :

1° Tous les biens immeubles appartenant à la Société, et situés à *Ommerschans* et à *Veenhuizen*, à l'exception de 887 bonniers de tourbières, bruyères et eaux ;

2° Tous les biens meubles de la Société situés dans les colonies (Veenhuizen et Ommerschans), et dont on fera autant que possible un état signé par les deux parties contractantes.

En ce qui concerne les vastes biens ci-dessus exceptés, il a été décidé que si la Société de bienfaisance voulait vendre ces biens en totalité ou en partie, elle devra d'abord les offrir au gouvernement pour le prix qu'elle pourrait en avoir trouvé, et son offre étant acceptée, la propriété en totalité ou en partie passerait à l'État, et relativement au prix et à l'usufruit de l'application, l'on s'en tiendra aux dispositions portées à l'art. 8 et à l'art. 10.

Comme la Société pourrait vouloir livrer ces biens en totalité ou en partie à l'agriculture, ces fondations passeraient à l'État en toute propriété, et le prix d'achat en serait fixé de la manière indiquée dans l'article suivant. Pour le prix et pour l'usufruit, on appliquera les dispositions des art. 8 et 10 ci-après. Enfin, la circonstance indiquée à l'art. 15 ci-après échéant, lesdits biens ou la part de ces biens, dont la propriété ne serait pas encore revenue à l'État, par suite des dispositions qui viennent d'être déterminées, passeraient en toute propriété à l'État, pour le prix que fixeront trois arbitres désignés par le tribunal. On adoptera alors ce prix, conformément à l'art. 8 ci-après.

Art. 6.

Le prix d'achat des biens immeubles indiqués dans l'article précédent sera estimé par trois arbitres qui seront désignés par les parties contractantes, et, si elles ne pouvaient s'entendre, par le tribunal. Pour le prix d'achat des biens meubles, l'on adoptera la valeur à laquelle ils ont été estimés dans l'inventaire de la Société de bienfaisance.

Art. 7.

Le gouvernement s'engage à convoquer les créanciers de la Société de bienfaisance ayant des inscriptions hypothécaires sur les vastes biens qui sont désignés à l'art. 5. Cette convocation aurait lieu pour l'époque fixée par l'art. 39, afin de préciser les créances qui seront accueillies jusqu'à concurrence du prix d'achat fixé par l'art. 6.

Art. 8.

Le montant des réclamations de l'État désignées à l'art. 2 sera diminué en raison du prix d'achat désigné par l'art. 6, et il est entendu que si les créanciers qui ont des hypothèques sur des biens immeubles poursuivent leurs réclamations, le montant de la somme due par la Société de bienfaisance à l'État sera de nouveau augmenté de ce qui aura été payé aux créanciers sur le produit des biens.

Et, de même, la dette sera augmentée de ce que le gouvernement aura payé aux créanciers pour dégager les biens sur lesquels auraient pesé des hypothèques.

Art. 9.

La Société de bienfaisance s'engage, pour le besoin de l'État et concurremment jusqu'au montant de la somme due par elle, suivant l'art. 2, à donner hypothèque sur tous les biens immeubles appartenant à ladite Société, de manière que l'État devienne premier créancier hypothécaire, avec la condition, en outre, que si la Société ne remplissait pas ses engagements, le capital et les intérêts seront alors exigibles, et que l'État sera autorisé irrévocablement à vendre, pour se couvrir de ce qui lui sera dû.

Art. 10.

Les biens mentionnés à l'art. 5 seront livrés à la Société de bienfaisance, qui en aura l'usufruit. Elle aura à sa charge non-seulement les réparations et les frais d'entretien, mais aussi les grosses réparations et les frais ou taxes extraordinaires; tandis que les contractants, d'autre part, devront encore, en outre, rétablir les biens meubles qui auraient souffert de leur emploi, et en donner d'autres pour ceux qui ne pourraient plus servir.

Cet usufruit cessera si les créanciers hypothécaires de la Société de bienfaisance reprennent leurs droits sur les biens.

Art. 11.

L'usufruit des biens immeubles situés à Ommerschans et appartenant à l'État, ainsi que l'usufruit cédé le 26 octobre 1849 à la Société de bienfaisance, cessent du jour de la signature de cette convention. L'usufruit de ces mêmes biens ne pourra être cédé de nouveau à la Société de bienfaisance que sous la réserve (Voovevaerden) stipulée dans le précédent article.

Art. 12.

Avant la fin de chaque année, le gouvernement aura la faculté de se charger de tels biens meubles qui n'appartiendraient pas encore en propriété à l'État, pour le prix qui en sera fixé d'un commun accord ou par trois experts, lequel prix sera alors pris en déduction de la dette de la Société de bienfaisance fixée par l'art. 2.

Art. 13.

Les biens désignés dans le précédent article seront cédés en usufruit à la Société de bienfaisance, sous les mêmes réserves qui ont été indiquées à l'art. 10.

Art. 14.

Il sera fait tous les ans et signé par les deux parties contractantes un nouvel inventaire de tous les biens meubles cédés en usufruit à la Société de bienfaisance.

Ces biens seront, autant que cela paraîtra convenable, revêtus d'une marque particulière.

Art. 15.

L'usufruit accordé par cette convention n'aura lieu qu'avec cette réserve, que la Société de bienfaisance exécutera ses engagements; l'usufruit cessera si elle ne remplit pas ses obligations.

Art. 16.

Les actes nécessaires pour l'exécution des dispositions contenues dans les art. 5, 6, 9, 10 et 11, seront dressés le plus tôt possible.

Art. 17.

La Société de bienfaisance s'engage à entretenir constamment 9,200 personnes, savoir : 2,000 orphelins et enfants trouvés ou abandonnés; 4,950 personnes à placer dans des dépôts de mendicité, 250 familles d'ouvriers calculées l'une dans l'autre à 5 têtes, ensemble : 1,250; et 1,000 mendiants, vagabonds ou autres, de n'importe quel âge, quel sexe ou quelle condition.

Art. 18.

L'État s'engage, d'autre part, à payer à la Société de bienfaisance, à partir du 1ᵉʳ décembre 1842, et annuellement, en deux semestres, la somme de 322,000 florins.

Sur le paiement de l'année 1843, sera déduit le montant des sommes fournies par l'État depuis le 1ᵉʳ janvier de cette année, pour l'entretien et les travaux de la population coloniale.

De plus, le gouvernement avancera à la Société de bienfaisance la somme nécessaire pour suffire aux dépenses extraordinaires qu'elle aura à faire en 1843, selon que la loi du 10 février 1843 lui en laissera les moyens.

Aucune diminution ne pourra avoir lieu sur la susdite somme de 322,000 florins, tant que le nombre des admissions restera au-dessus de 5,800. Au-dessous de ce chiffre, on diminuera pour chaque personne une somme de 55 florins par an.

Dans le cas où le nombre de 9,200 serait dépassé, il sera payé pour chaque personne, au-dessus de ce chiffre, une somme de 35 florins par an. On s'entendra ultérieurement à ce sujet. Jusqu'à ce qu'un arrangement ait été pris on ne pourra, en aucun cas, recevoir plus de 9,500 individus. Le nombre des individus reconnus présents à minuit, du 31 mai au 1ᵉʳ juin, et du 30 novembre au 1ᵉʳ décembre, servira d'échelle pour le paiement du semestre qui commence, quel que ait été ce nombre dans l'intervalle.

Art. 19.

Les individus que la Société de bienfaisance reçoit dans les colonies, par suite de conventions spéciales avec le département de la guerre, entreront en diminution du chiffre de 9,200 personnes fixé par l'art. 17. Néanmoins la somme à payer suivant l'art. 18 sera diminuée de ce que le département de la guerre aura payé pour frais d'établissement ou d'engagement, mais non pour le montant d'indemnités particulières payées à l'effet de couvrir les avances faites pour ces mêmes individus, en vertu de ces conventions.

Art. 20.

Dans le nombre des individus entretenus ne devront pas être compris des orphelins, des enfants trouvés et abandonnés, au-dessous de deux ans, ou qui seraient aveugles, ni d'autres enfants au-dessous de six ans sans leurs parents, ni des malades aliénés.

Les orphelins, enfants trouvés et abandonnés, qui

pendant leur séjour dans les colonies deviendront aveugles, ainsi que les individus entretenus qui y deviendront aliénés, devront être évacués au plus tôt.

Art. 21.

Le droit, en observant les susdites dispositions, de choisir ou de désigner les pensionnaires appartient au gouvernement, à l'exception de 125 ou la moitié de 250 ménages d'ouvriers, mentionnés à l'art. 17, dont le choix restera à la Société.

Art. 22.

En sus de la somme désignée à l'art. 18, le gouvernement s'oblige à payer par an à la Société de bienfaisance, comme dédommagement pour le travail plus ou moins improductif des colons trop jeunes, ou invalides ou demi-invalides, savoir :

55 florins pour chaque orphelin, enfant trouvé ou abandonné, de 2 à 6 ans.

50 florins pour chaque orphelin, etc., etc., de 6 à 15 ans.

50 florins pour chaque orphelin, etc., etc., au-dessus de l'âge de 15 ans, incapable de tout travail colonial.

57 florins 50 cents pour chaque individu des autres catégories à demi invalides.

50 florins pour chaque individu de ces autres catégories, aveugles, incurables ou entièrement invalides.

Art. 23.

Le paiement des sommes dues d'après le précédent article aura lieu par an, en deux termes, et autant que possible vers le 1ᵉʳ juin et le 1ᵉʳ décembre. En même temps, et après chaque semestre, la commission permanente de la Société de bienfaisance devra envoyer au gouvernement les listes motivées des personnes qui appartiennent aux nomenclatures de l'article précédent.

Le gouvernement sera en droit d'examiner si les motifs sont fondés. En cas de différend, un membre de la commission des médecins de la province (où seront soignées les personnes désignées) devra les examiner, et ses conclusions seront admises par les deux contractants.

Art. 24.

L'envoi des pensionnaires aux colonies sera fait par le gouvernement. La Société de bienfaisance devra, si le gouvernement le demande, avancer les frais de leur expédition d'après le tarif; alors le remboursement s'en ferait mensuellement.

Les frais de retour pour ramener les déserteurs,

dans le cas où le retour s'effectuerait dans le délai de trois mois, seront payés par la Société de bienfaisance, sauf le droit de recours en remboursement de l'argent avancé.

Art. 25.

Il ne peut être envoyé ni famille, ni célibataire qui n'auraient pas encore été reçus dans l'établissement, qu'après en avoir préalablement donné avis à la commission permanente de la Société de bienfaisance qui décidera quand et où l'envoi pourra être fait. En tout cas, l'envoi devra pouvoir se faire dans les trois mois de l'avertissement.

On ne peut envoyer, appartenant à la même commune, plus de 50 orphelins enfants trouvés ou abandonnés à la fois, si on n'en a averti ladite commission permanente quinze jours à l'avance. Pour les autres envois il n'est pas nécessaire d'en donner avis.

Art. 26.

Les nom, prénoms, profession, âge, lieu de naissance et religion de chaque colon devront être indiqués lors de sa présentation.

Art. 27.

Les frais d'habillement pour chaque personne envoyée aux colonies, en remplacement d'une autre et dans la limite du nombre réglementaire, seront payés a la Société de bienfaisance à raison de 15 florins, à l'exception seulement des déserteurs lorsqu'ils auront été ramenés dans les trois mois.

Art. 28.

La commission permanente de la Société de bienfaisance devra envoyer chaque mois au gouvernement un état nominatif des pensionnaires, en indiquant le chiffre de la population coloniale, le nombre de ceux qui, ayant déserté, ont été ramenés, et le nombre de ceux qui ont été nouvellement admis.

Art. 29.

Les colons doivent être contraints de travailler; on emploiera à cet effet toutes les mesures nécessaires. Ils entendront convenablement le service divin et recevront l'instruction scolaire; on leur inspirera des sentiments de piété et de moralité en les faisant assister aux cérémonies du culte, et en employant tous les moyens qui auraient le même but.

Art. 30.

Leur entretien se fera de la manière la plus convenable à leur santé.

La Société de bienfaisance s'engage à exécuter toutes les propositions que le gouvernement fera à cet effet, selon l'esprit des dispositions énoncées dans la décision royale du 12 octobre 1825, n° 176, relativement à la position des divers colons et conformément à l'organisation des colonies pour la culture des terres.

Art. 31.

Les mendiants et vagabonds seront seuls reçus dans les établissements que le roi a désignés à leur usage. Les autres personnes célibataires (à l'exception de celles qui sont reçues dans les dépôts d'enfants ou de mendicité) et les militaires seront, autant que possible, réparties avec les ménages d'ouvriers. Si le nombre des personnes célibataires était trop considérable pour faire cette répartition, et que la Société de bienfaisance eût besoin de nouveaux emplacements pour les recevoir, ou que le local existant dût être changé en grande partie, alors les contractants devront s'entendre sur l'indemnité qui sera due pour ses dépenses extraordinaires.

Art. 32.

Le gouvernement pourra en tout temps libérer autant de ces pensionnaires qu'il le jugera nécessaire. Il devra recevoir au moins une fois l'an, de la commission permanente de la Société de bienfaisance, une proposition de libération conforme aux prescriptions qu'il aura à faire à ce sujet,

Art. 33.

Les contractants, de part et d'autre, se réservent le droit de se faire réciproquement des représentations et de déterminer ultérieurement l'indemnité qui sera due, lorsque les sujets ne seront point propres au travail des colonies, et l'indemnité pour les dépenses d'habillement, en les mettant en rapport avec la somme allouée à l'article 18, d'après les bases fixées soit pour l'admission des indigents, soit pour leur entretien. Dans cette convention ultérieure on aura essentiellement en vue de concilier les intérêts des deux parties.

Art. 34.

Le gouvernement, partant de ce point de vue qu'il est désirable de maintenir autant que possible l'importance actuelle des commandes faites à la Société de bienfaisance par le département des colonies en fait d'objets de cotonnade et de sacs à café, prendra à cet effet toutes les mesures qui seront à sa disposition, en calculant les besoins annuels, terme moyen, comme suit :

17,000 pièces de toile de coton ;
3,500 pièces de toile de coton pour chemises ;
500 pièces de toile de coton pour pansement ;

11,005 aunes néerlandaises pour draps de lit (coton);

4,845 aunes néerlandaises pour taies d'oreillers;

10,317 aunes néerlandaises de cotonnade blanche, dite bozootje;

4,127 aunes néerlandaises de cotonnade à teindre en bleu;

446,000 pièces pour sacs à café.

Le gouvernement en se réservant le droit de faire dans ses commandes tous les changements que le besoin du service rendra nécessaires, tant pour la quantité que pour la nature des objets, établit en principe que, s'il n'y a pas d'empêchements majeurs, la Société de bienfaisance doit avoir la fourniture des toiles de coton à l'usage de l'armée des Indes, toiles qui ont été jusqu'ici expédiées de la Hollande, ainsi que la fourniture des deux tiers des sacs à café que l'on fait venir d'Europe.

Art. 55.

On dressera tous les ans le bilan des comptes de la Société de bienfaisance, et s'il présente un solde de compte avantageux, il sera décidé, d'un consentement mutuel entre les contractants, si on en fera usage et dans quelle proportion pour l'amortissement des dettes, et quelle part sera gardée pour servir de fonds de réserve, afin de pouvoir couvrir les déficits, s'il y avait lieu, dans les années suivantes.

Art. 36.

On devra premièrement dégager les hypothèques et solder les emprunts faits pour le compte de la Société de bienfaisance, si on n'y a point encore pourvu avec les avances faites extraordinairement, en vertu de l'art. 18; secondement on acquittera telles autres dettes pour lesquelles l'on aurait à payer les plus forts intérêts, à moins qu'on n'en ait disposé autrement par convention spéciale.

Art. 37.

Quand toutes les dettes portant intérêt de la Société de bienfaisance auront été remboursées, on s'occupera d'éteindre ses engagements envers l'État, lesquels existent en vertu de l'art. 2, qui est en corrélation avec les art. 8 et 12; on les réduira à la somme de 1,768,563 florins 19 cents et demi en capital, et en intérêts à la somme de 1,300,000 florins à 4 p. 100 par an, calculés du jour de la signature de la présente convention.

Ce montant réduit sera alors payé de la manière qui sera réglée ultérieurement et selon les moyens dont la Société pourra disposer.

Art. 38.

A partir de l'amortissement de toutes les dettes portant intérêt, la subvention annuelle indiquée à l'article 18 cessera complétement. La Société de bienfaisance devra néanmoins continuer de recevoir et entretenir les 9,200 individus qui lui sont imposés par le gouvernement avec la seule jouissance de l'indemnité allouée pour les sujets impropres aux travaux ordinaires des colonies, et de l'indemnité pour les frais d'habillement des nouveaux admis.

Art. 39.

Un délégué nommé par le gouvernement pourra assister à toutes les assemblées de la commission de bienfaisance, ainsi qu'aux réunions de la commission de surveillance et de la commission permanente ; il pourra prendre part à toutes les délibérations, avoir voix délibérative et y faire telles représentations qu'il jugera convenable.

Art. 40.

La Société de bienfaisance informera ce délégué de l'arrivée ou de l'expédition de toutes les pièces relatives à son service, et cela dans le délai de deux jours de leur réception ou de leur transmission. Le délégué pourra en prendre connaissance en tout temps, de même que de toutes autres pièces, livres et documents appartenant à la Société de bienfaisance.

Art. 41.

La commission permanente de la Société de bienfaisance devra s'assembler aussitôt que les circonstances l'exigeront ou que le susdit délégué en aura exprimé le désir à son président. En tout cas elle devra, une fois par mois, inviter ce délégué à se trouver à une réunion où on lui communiquera tous les actes qui auront été faits par chacun des membres de la commission, et où l'on examinera toutes les affaires, sans distinction, qui pourront être traitées en commun

Art. 42.

Dans le cas où, contre toute attente, tous les membres de la commission de bienfaisance, ainsi que leur président, donneraient leur démission sans avoir de remplaçants, ou si tous les membres de la commission de permanence donnaient leur démission sans que la commission de bienfaisance ou son président aient pourvu à leur remplacement dans le délai de huit jours, alors le délégué nommé par le gouvernement prendra la direction au lieu et au nom de la Société de bienfaisance, mais il sera obligé de convoquer dans les huit jours, pour le premier cas, la commission de surveillance, et pour le second cas la commission de bienfaisance, et d'informer les ayants droit de ce qui aura été fait.

Art. 43.

La Société de bienfaisance s'engage à ne faire aucun nouvel emprunt d'argent sans l'assentiment du gouvernement et à veiller à ce que les dettes courantes ne dépassent jamais le montant qui sera fixé annuellement d'un commun accord, équitablement et dans la mesure des circonstances.

Art. 44.

La Société de bienfaisance s'engage à ouvrir un grand-livre général disposé pour la tenue des livres à la manière italienne, et où l'on pourra reconnaître la situation complète de la Société, afin de pouvoir présenter la balance des comptes avec les éclaircissements nécessaires au gouvernement, tous les ans vers le 1ᵉʳ juin.

Art. 45.

Les 50 florins que s'engagent à payer par an les habitants d'une ferme dans les colonies libres (en vertu des baux passés avec la Société) devront être exigés exactement. En cas de non paiement, aucune famille ne pourra être admise en remplacement de celle dont le loyer sera resté en souffrance.

Art. 46.

La Société de bienfaisance ne devra point traiter sans l'assentiment du gouvernement, pour l'admission d'indigents ; elle ne pourra recevoir que des personnes non mariées à raison de 60 florins par an.

Art. 47.

Aucune famille pauvre ne peut être reçue sur la demande d'une sous-commission de la Société de bienfaisance que contre le paiement de la somme fixée d'un commun accord par les contractants. Tant que l'on n'aura pas déterminé ce que les familles coûtent à la Société, l'admission ne pourra pas se faire à moins de 1,700 florins.

Art. 48.

Le gouvernement a le droit de faire vérifier en tout temps, par un ou plusieurs commissaires spéciaux, la situation de la Société de bienfaisance, de connaître ses engagements et ses moyens d'y faire face.

Art. 49.

La Société de bienfaisance devra strictement se conformer aux règlements déterminés par le gouvernement avec le concours du pouvoir législatif, relativement à la discipline à maintenir dans les colonies de la Société.

Art. 50.

Si la Société de bienfaisance manquait à l'une des clauses stipulées dans l'article suivant, ou si la présente convention était déclarée rompue par décision judiciaire, sur le motif que la Société n'aurait pas rempli ses obligations, alors le gouvernement sera en droit, sans autre autorisation, de prendre la direction des affaires au nom de la Société, et d'ordonner ou provoquer telles mesures qu'il jugera convenable, comme la Société elle-même aurait pu les prescrire sans cette détermination.

Art. 51.

La Société de bienfaisance sera considérée n'avoir pas rempli ses obligations dans diverses circonstances et particulièrement :

1° Quand les commissions de bienfaisance et de surveillance l'auront déclaré à l'unanimité ou à la majorité des voix ;

2° Dans les deux cas mentionnés à l'article 42 ;

3° Quand un jugement aura condamné la Société au paiement d'une somme, et qu'il sera employé de moyens judiciaires pour son exécution ;

4° Quand les fonds qui, d'après l'art. 55, doivent servir à amortir les dettes ou à faire une réserve, auront été employés à une autre destination ;

5° Quand on ne se sera pas conformé aux dispositions des art. 45, 46, 47 et 49.

Art. 52.

Le paiement des sommes que l'État s'engage à verser par le présent traité dépendra de l'assentiment du pouvoir législatif.

Fait à La Haye, le 18 mai — 9 juin 1843.

Le Président de la Commission de Bienfaisance,

Signé : FRÉDÉRIC, Prince des Pays-Bas.

Le Ministre de l'Intérieur,

Signé : Schimmelpenninck van der Oije.

Signé : G. Ruitenschild, secrétaire.

Approuvé par décision royale du 9 juin 1843.

(Traduit du hollandais par M. Bohtlingk, sous-chef de bureau et traducteur des langues étrangères au ministère de l'intérieur.)

Note D.

Extrait d'une lettre de Pestalozzi.
Stanz. — 1799.

« . . . . Je me réveille encore une fois d'un songe, encore une fois je vois mon œuvre détruite et mes forces affaiblies, dépensées en vain.

Mais quelque impuissant, quelque stérile qu'ait été mon essai, tout cœur philanthrope aura du plaisir à y arrêter son attention et à méditer sur les motifs qui me persuadent que, dans un avenir plus heureux, la postérité rattachera sûrement le fil de mes espérances au point où j'ai dû l'abandonner.

« J'ai envisagé toute la révolution dès son origine, comme une suite de l'égarement dans lequel s'est plongée la nature humaine, et le mal qu'elle a produit, comme une nécessité inévitable destinée à amener les hommes tombés dans le désordre à réfléchir sur leur plus grande affaire. Je ne pensais pas que la forme extérieure du gouvernement que se donnerait une masse d'hommes de cette espèce pût présenter des garanties de durée et de sécurité, mais il me semblait que quelques-unes des idées émises par eux à l'ordre du jour et quelques intérêts revêtus d'une vie nouvelle pourraient peut-être, ici et là, être le point de départ de quelque chose de vraiment bon pour l'humanité.

« J'ai donc fait connaître autant que possible mes anciennes vues sur l'éducation du peuple, principalement à Legrand (alors membre du Directoire suisse), à qui je les exposai dans tous leurs détails. Non-seulement il prit intérêt à la chose, mais il jugea comme moi qu'il fallait absolument à la république une réorganisation complète du système d'éducation, et nous fûmes d'accord sur ce point, que le meilleur moyen d'agir sur le développement du peuple est de donner une éducation complète à un bon nombre d'individus pris parmi les enfants les plus pauvres du pays, pourvu que cette éducation ne les sortît pas de leur classe, mais au contraire les y attachât encore plus fermement. »

Note E.

ÉCOLE RURALE DE CARRA.

Dépenses de 1849.

	fr.	c.
Nourriture.	2,253	89
Salaire des maîtres et employés.	2,155	45
Mobilier.	776	76
Habillements.	1,465	75
Exploitation rurale.	2,694	42
Éclairage.	184	76
Chauffage.	917	25
Blanchissage.	515	14
Réparation au bâtiment.	70	60
Encouragement aux élèves.	518	83
Médicaments.	202	07
Livres, papier, dépenses diverses.	224	38
	11,828	10
A déduire le produit du travail.	1,368	60
	10,459	50

Nombre des journées, 10,784 ;

Prix de revient : 97 centimes.

Note F.

Extrait du rapport fait le 29 janvier 1851, par le comité de l'école rurale de Carra, année 1850.

Le dernier rapport que le comité de l'école rurale de Carra a présenté à ses souscripteurs faisait pressentir la transformation que cet établissement a dû subir dans le cours de cette année. L'école avait besoin, pour atteindre les développements dont elle était susceptible, d'avoir une ferme plus étendue, et un bail à plus long terme, afin de mieux assurer son avenir. En outre, des difficultés financières qui résultaient principalement d'une diminution marquée dans le produit des souscriptions rendaient nécessaires la liquidation de l'ancienne école et sa réorganisation sous une autre forme.

Cette forme nouvelle est celle d'un *Pensionnat agricole* dans une *ferme-modèle*, dirigée par le même maître qui, pendant trente années, a consacré à notre école rurale son dévouement et ses soins.

Cette dernière institution, suivie avec persévérance par un comité, présidé par M. l'ancien syndic

Vernet, a répondu à la pensée de ses fondateurs, et rendu, en effet, pendant trente années d'utiles services à la partie de la société au soulagement de laquelle elle était destinée.

Dans cet espace de temps, cent quinze orphelins y ont été admis ; deux seulement y sont morts, preuve remarquable, pour le dire en passant, de la salubrité du genre de travaux auxquels ils étaient employés. Quelques-uns ont été rendus à leurs protecteurs, comme incapables ou corporellement trop faibles pour les travaux des champs, et soixante-douze ont été successivement placés, à leur sortie de l'école, comme jardiniers, maîtres-valets, domestiques de campagne ou artisans. Parmi eux, seize des plus capables sont devenus instituteurs ou régents d'écoles rurales dans divers cantons de la Suisse, et ont ainsi rendu à d'autres enfants les bienfaits de l'éducation qu'ils avaient eux-mêmes reçue.

Enfin, sur vingt élèves restés à l'école à l'époque de sa liquidation, cinq ont été rendus à leurs protecteurs, et les quinze autres ont suivi leur maître, M. Ebehrardt, dans son nouvel établissement.

En continuant la même œuvre sous une autre forme, M. Eberhardt entreprend avec courage de consacrer le reste de ses forces et les fruits de sa longue expérience à un établissement analogue dans son but, et dans lequel il espère que ses fils lui succéderont. Devenu propriétaire d'une ferme, à Mategnin, commune de Meyrin, il se propose d'y continuer et d'y achever l'éducation agricole des jeunes gens qu'on lui confiera comme pensionnaires.

L'établissement actuel de Mategnin, qui existe depuis le 1er novembre dernier, est donc une entreprise particulière, destinée à former, dans la carrière agricole, principalement des fils de fermiers et de cultivateurs. Des jeunes gens de quatorze à seize ans, après avoir terminé leur première éducation, pourront venir y puiser, pendant deux ou trois années, les connaissances théoriques et pratiques nécessaires à l'agriculteur, et cela dans les conditions les plus favorables pour leur moralité et leur assiduité au travail. A cet âge, l'élève y prendra le sentiment de sa propre responsabilité et y apprendra, avant tout, que le travail persévérant est dans la carrière agricole, plus que dans toute autre, la condition du succès. C'est en cela que consiste essentiellement l'élément moralisateur de cette nature de travaux.

Note G.

ROYAUME DE BELGIQUE.

Loi du 18 février 1845, relative au domicile de secours.

Léopold, Roi des Belges, à tous présents et à venir, salut.

Les Chambres ont adopté et nous sanctionnons ce qui suit :

Art. 1er.

La commune où une personne est née est son domicile de secours.

Néanmoins, l'individu né fortuitement sur le territoire d'une commune d'une personne qui n'y habitait point, a pour domicile de secours, selon les distinctions établies par l'art. 11 ci-après, la commune qu'habitait son père ou sa mère au moment de la naissance.

Si le lieu d'habitation soit du père, soit de la mère, ne peut être découvert, la commune où l'individu est né, même fortuitement, est son domicile de secours.

Art. 2.

Les enfants trouvés, nés de père et mère inconnus, et ceux qui leur sont assimilés par la loi, ont pour domicile de secours la commune sur le territoire de laquelle ils ont été exposés ou abandonnés; néanmoins la moitié des frais d'entretien est à la charge de la province où la commune est située.

Art. 3.

La commune où l'indigent a droit aux secours publics, en vertu des articles précédents, est remplacée, comme domicile de secours, par celle où il a habité pendant huit années consécutives, et ce nonobstant des absences momentanées.

N'est point comptée comme temps d'habitation, pour acquérir un nouveau domicile de secours, la durée du séjour sur le territoire d'une commune des sous-officiers et soldats en service actif, des détenus, des individus admis ou placés dans les établissements de bienfaisance ou des maisons de santé ou secourus à domicile par la charité publique.

Le temps d'habitation antérieur et postérieur à celui qui ne peut compter, aux termes du paragraphe précédent, sera réuni pour former le temps nécessaire à l'acquisition d'un nouveau domicile de secours.

S'il est reconnu qu'une administration communale, pour se soustraire à l'entretien de ses indigents ou pour empêcher des individus d'acquérir domicile de secours dans la commune, les a, par dons, promesses ou autres moyens, engagés à s'établir ailleurs, l'autorité compétente décidera, d'après les faits, si le séjour antérieur ne doit pas être censé continué malgré ce changement d'habitation.

Art. 4.

Le domicile de secours acquis par une habitation de huit années consécutives est remplacé par le domicile de secours acquis de la même manière dans une autre commune.

Art. 5.

Celui qui rentre en Belgique, après avoir habité à l'étranger, reprend le domicile de secours qu'il avait au moment de son départ, s'il n'a point perdu ou s'il recouvre la qualité de belge.

Art. 6.

La femme mariée a pour domicile de secours celui de son mari.

Les enfants ont pour domicile de secours, pendant leur minorité, celui de leur père ou de leur mère, ou le dernier domicile de secours de ceux-ci, en cas de décès ou d'absence, selon les distinctions établies par l'article 11 ci-après.

La veuve conserve pour elle et pour ses enfants

mineurs le domicile de secours qu'avait son mari ; néanmoins, après le décès de celui-ci, elle acquiert par un second mariage ou peut acquérir, conformément aux articles 3 et 4, un nouveau domicile de secours, tant pour elle que pour ses enfants mineurs.

La femme divorcée ou séparée de corps, et celle dont le mari est absent, conservent aussi le domicile de secours qu'avait le mari ; elles peuvent, à dater du divorce, de la séparation de corps ou de l'absence, acquérir un nouveau domicile de secours pour elles et leurs enfants mineurs.

Art. 7.

Le domicile de secours du mineur émancipé ou devenu majeur est déterminé conformément à l'article 1er, à moins que ses parents n'aient, pendant sa majorité, acquis un domicile de secours, conformément à l'article 3, auquel cas ce domicile lui sera conservé jusqu'au jour où il en aura acquis un autre par lui-même.

Art. 8.

L'étranger admis à établir son domicile en Belgique acquiert domicile de secours pour lui, pour sa femme et pour ses enfants mineurs, conformément aux articles 3 et 4 de la présente loi.

Art. 9.

L'individu né d'un Belge, à l'étranger, a pour domicile de secours, selon les distinctions établies par l'article 11 ci-après, la commune qu'habitait son père ou sa mère au moment de leur départ.

Si le lieu d'habitation, soit du père, soit de la mère, ne peut être découvert, l'individu a pour domicile de secours le lieu de naissance de son père ou de sa mère, d'après les mêmes distinctions.

Art. 10.

L'individu né en Belgique, d'un étranger, a pour domicile de secours, jusqu'à l'époque de son option de patrie, la commune sur le territoire de laquelle habitait, au moment de la naissance, son père ou sa mère, selon les distinctions établies par l'article suivant, et sauf l'application, le cas échéant, de l'article 8.

Si le père ou la mère n'habitait point la Belgique ou si le lieu de leur habitation ne peut être découvert, la commune sur le territoire de laquelle l'individu est né est son domicile de secours.

Art. 11.

Dans les cas prévus par le deuxième paragraphe de l'article 1er, par le deuxième paragraphe de l'article 6, et par les articles 9 et 10, l'individu, s'il est enfant légitime, suit la condition de son père, et après le décès ou l'absence du père, la condition de sa mère.

S'il est enfant naturel reconnu par son père, il en suit la condition ; après le décès, ou en cas d'absence du père, il suit la condition de la mère.

Dans tout autre cas, il suit la condition de sa mère.

Art. 12.

Tout indigent, en cas de nécessité, sera secouru provisoirement par la commune où il se trouve.

Art. 13.

Si la commune où des secours provisoires sont accordés n'est pas le domicile de secours de l'indigent, le recouvrement des frais pourra être poursuivi et obtenu conformément aux articles suivants.

Le remboursement ne pourra être refusé sous le prétexte que l'individu secouru n'était pas indigent, sauf le recours que pourra exercer contre celui-ci la commune qui aura effectué le remboursement.

Art. 14.

La commune où des secours provisoires seront accordés sera tenue d'en donner avis, dans la quinzaine, à l'administration de la commune qui est ou que l'on présume être le domicile de secours de l'indigent.

Si l'on ne peut préciser laquelle de deux ou de

plusieurs communes est le domicile de secours, l'avertissement sera donné dans le même délai aux administrations de ces différentes communes.

Il sera donné avis de ces avertissements aux gouverneurs des provinces où sont situées les communes présumées débitrices.

Si, malgré les diligences de l'administration de la commune où les secours provisoires sont accordés, le domicile de l'indigent ne peut être immédiatement découvert, le délai de quinzaine ne prendra cours qu'à dater du jour où ce domicile sera connu ou pourra être recherché d'après les indications recueillies.

Art. 15.

A défaut d'avoir donné les avertissements de la manière et dans les délais ci-dessus déterminés, la commune sera déchue du droit de réclamer le remboursement des avances faites antérieurement à l'envoi de ces avertissements.

Art. 16.

L'indigent secouru provisoirement sera renvoyé dans la commune où il a son domicile de secours, si celle-ci en fait la demande.

Art. 17.

Le renvoi pourra être différé lorsque l'état de l'indigent l'exigera.

Il pourra n'avoir pas lieu si l'indigent est admis ou doit être traité dans un hospice ou institut spécial qui n'existerait pas dans la commune où il a son domicile de secours.

Art. 18.

Lorsque des secours provisoires seront accordés à un étranger qui n'a point de domicile de secours en Belgique, l'avertissement sera donné au gouvernement, conformément à l'article 14.

Art. 19.

Les administrateurs de secours publics peuvent, lorsque cette exception est basée sur des motifs de justice ou d'humanité, faire participer aux secours ceux qui n'y auraient pas un droit acquis en vertu de la loi.

Art. 20.

Les différends en matière de domicile de secours seront décidés :

1° Entre des institutions de bienfaisance existant dans une même commune, par le conseil communal, sauf recours à la députation permanente ;

2° Entre des communes d'une même province ou des institutions de bienfaisance existant dans des communes d'une même province, par la députation permanente, sauf recours au roi ;

3° Entre des communes ou des institutions de

bienfaisance n'appartenant pas à une même province, par le roi, sur l'avis des députations permanentes des provinces où les communes ou les institutions de bienfaisance sont situées.

Art. 21.

Les avances faites à titre de secours provisoires seront remboursées sur la présentation d'un état de débours.

Dans les deux mois à partir de la présentation, la taxe de cet état peut être demandée; elle sera faite selon les distinctions établies par l'article précédent.

A défaut de paiement dans les trois mois de la présentation, ou dans le mois à dater de la taxe, il sera dû un intérêt de 5 p. 100 l'an sur les sommes réclamées ou admises en taxe, à moins que la commune ou l'institution débitrice n'ait obtenu un délai de paiement, soit du créancier, soit de la députation permanente à laquelle ce créancier est subordonné.

Art. 22.

Dans les cas prévus par l'article 17, les dépenses seront remboursées, chaque trimestre, d'après un tarif arrêté par la députation permanente du conseil provincial et approuvé par le roi.

Art. 23.

Ceux qui, antérieurement à la promulgation de la présente loi, ont acquis le droit de participer aux secours publics dans une commune, y conservent leur domicile de secours.

Art. 24.

La présente loi ne déroge pas aux statuts des fondations particulières.

Art. 25.

Tout différend que feraient naître les actes d'indemnité, de garant, de décharge, réadmission, etc., antérieurs à la loi du 18 novembre 1818, sera décidé conformément à l'article 20.

Les actes de cette nature, passés depuis cette loi ou qui le seraient à l'avenir, sont déclarés nuls et de nul effet.

Art. 26.

La loi du 18 novembre 1818 est abrogée.

Donné à Bruxelles, le 18 février 1845.

Signé : LÉOPOLD.

Par le Roi,

Le Ministre de la Justice.

Signé : Baron J. D'Anethan.

TABLEAUX

TABLEAU N° 1.

Moyenne de la population des colonies néerlandaises de bienfaisance.

CATÉGORIES.	1847		1848	
COLONIES LIBRES.				
Colons libres.	2505	2660	2546	2703
Employés et leurs familles.	155		157	
WATEREN.				
Élèves.	73	102	74	104
Employés et leurs familles.	29		30	
OMMERSCHANS.				
Mendiants.	1973		2102	
Vétérans et leurs familles.	107		104	
Ménages d'ouvriers.	33	2414	25	2545
Fermiers.	105		115	
Quartier de répression.	119		116	
Employés et leurs familles.	87		84	
VEENHUIZEN N° 1.				
Orphelins.	1406		1434	
Vétérans et leurs familles.	20		29	
Ménages d'ouvriers.	259	2014	261	2061
Fermiers.	21		19	
Mendiants.	215		224	
Employés et leurs familles.	93		94	
VEENHUIZEN N° 2.				
Mendiants.	1571		1625	
Vétérans et leurs familles.	358		354	
Ménages d'ouvriers.	14	2077	18	2127
Fermiers.	28		29	
Quartier de répression.	5		6	
Employés et leurs familles.	101		95	
VEENHUIZEN N° 3.				
Mendiants.	1584		1566	
Vétérans et leurs familles.	163		170	
Ménages d'ouvriers.	302	2221	310	2221
Fermiers.	18		20	
Quartier de répression.	17		16	
Employés et leurs familles.	137		139	
		11588		11761

TABLEAU N° 2.

Tableau de la population des colonies néerlandaises depuis l'origine jusqu'en 1848.

ANNÉES.	COLONS LIBRES.	RÉPRESSIONS à Ommerschans.	GRANDS FERMIERS.	OUVRIERS.	VÉTÉRANS.	ORPHELINS, ENFANTS TROUVÉS ET ABANDONNÉS.	MENDIANTS.	TOTAL.
1819	346	»	»	»	»	»	»	346
1820	1600	»	»	»	»	»	»	1600
1821	2100	»	»	»	»	»	»	2100
1822	2100	»	»	»	»	»	»	2100
1823	2295	»	»	»	»	475	1053	3823
1824	2800	»	»	»	»	900	1100	4800
1825	3227	»	»	»	»	2174	1377	6778
1826	2126	106	166	658	231	2233	1581	7101
1827	1831	93	201	603	233	2059	1763	6783
1828	1858	92	183	355	473	2059	1763	6783
1829	2025	106	168	316	554	2340	1942	7451
1830	1946	84	171	358	533	2288	2111	7491
1831	2065	103	160	355	467	2297	2406	7853
1832	2112	90	165	405	452	2293	2242	7759
1833	2169	87	153	442	459	2477	2070	7857
1834	2179	80	141	470	464	2496	2100	7930
1835	2195	78	146	484	475	2386	2141	7905
1836	2185	75	150	498	490	2303	2200	7901
1837	2056	81	143	502	555	2268	2376	7981
1838	1930	91	150	515	541	2113	2406	7746
1839	2486	114	151	454	651	1811	2788	8405
1840	2477	99	172	454	651	1827	3205	8885
1841	2438	116	173	432	642	1839	3822	9462
1842	2495	129	176	499	606	1720	4788	10413
1843	2522	100	152	512	647	1614	4733	10280
1844	2497	97	171	534	632	1501	3682	9114
1845	2521	90	171	558	650	1385	4226	9601
1846	2476	138	171	580	647	1387	5171	10570
1847	2534	144	172	615	652	1428	5577	11122
1848	2559	131	195	612	663	1441	5496	11097
	66100	2324	3801	11211	12368	49114	74119	219037

Colons entretenus par la Société. . . .   66,100
Colons entretenus par l'État.   152,937
Total.   219,037

TABLEAU N° 3.

Classement des colons par religions en 1849.
(Colonies néerlandaises.)

CATÉGORIES DES COLONS.	PROTESTANTS.	CATHOLIQUES.	ISRAÉLITES.
Mendiants...............	3430	1600	200
Orphelins et enfants trouvés......	942	318	47
Vétérans et leurs familles........	342	306	1
Colons libres...............	1621	542	102
Ménages d'ouvriers...........	396	183	18
Orphelins et employés de Wateren..	73	»	»
Employés et leurs familles.......	557	50	23
	7361	2999	391

TABLEAU N° 4.

Décès dans les colonies néerlandaises, de 1841 à 1848.

ANNÉES.	COLONS LIBRES.	QUARTIER DE RÉPRESSION à Ommerschans.	GRANDS FERMIERS.	MÉNAGES D'OUVRIERS.	VÉTÉRANS.	ORPHELINS, ENFANTS TROUVÉS, ETC.	MENDIANTS.	TOTAL.
1841...	32	5	1	7	11	50	220	326
1842...	33	3	7	6	6	57	342	454
1843...	21	6	5	3	10	25	354	424
1844...	37	3	2	7	15	32	201	297
1845...	36	3	1	7	12	27	124	210
1846...	46	5	4	10	16	40	475	596
1847...	49	18	7	24	18	105	910	1131
1848...	51	5	1	11	17	54	536	675
	305	48	28	75	105	390	3162	4113

TABLEAU N° 5.

Mendiants récidivistes. (Colonies néerlandaises.)

INDIVIDUS ADMIS	1844	1845	1846	1847	1848
Pour la 2ᵉ fois	1279	1213	1340	1265	1157
— 3ᵉ fois	585	769	864	825	847
— 4ᵉ fois	145	199	260	285	410
— 5ᵉ fois	41	54	71	94	122
— 6ᵉ fois	9	10	15	19	29
— 7ᵉ fois	3	6	5	5	8
— 8ᵉ fois	»	3	4	4	3
— 9ᵉ fois	1	1	1	2	3
	2063	2255	2560	2499	2579

TABLEAU N° 6.

Désertions. (Colonies néerlandaises.)

	1844	1845	1846	1847	1848
Colonies libres	84	89	84	49	43
Ommerschans	53	39	67	74	46
Veenhuizen n° 1	28	14	22	32	21
— n° 2	13	13	21	21	29
— n° 3	11	17	46	25	13
	189	172	240	201	152

Tableau indiquant les maladies auxquelles les mendiants et les enfants des colonies néerlandaises ont succombé en 1848, le nombre et l'âge des décédés.

TABLEAU N° 7.

MENDIANTS.				ENFANTS. — VEENHUIZEN N° 1.			
MALADIES auxquelles ils ont succombé.	NOMBRE des décès.	AGE DES DÉCÉDÉS.	NOMBRE des décès.	MALADIES auxquelles ils ont succombé.	NOMBRE des décès.	AGE DES DÉCÉDÉS.	NOMBRE des décès.
Fièvres..........	51	de 80 à 85 ans.	1	Dyssenterie........	15	7 ans.	6
Dyssenterie.......	129	— 75 à 80 —	6	Hydropisie........	3	8 —	7
Hydropisie........	63	— 70 à 75 —	6	Fièvres...........	10	9 —	6
Épuisement.......	56	— 65 à 70 —	18	Pulmonie.........	4	10 —	6
Phthisie..........	119	— 60 à 65 —	37	Maladies de langueur.	11	11 —	5
Pulmonie.........	46	— 55 à 60 —	49	Fièvres cérébrales..	4	12 —	4
Convulsions.......	11	— 50 à 55 —	51	Maladies externes..	6	13 —	3
Maladies externes..	25	— 45 à 50 —	72	Convulsions.......	1	14 —	2
Fièvres cérébrales..	3	— 40 à 45 —	54			15 —	3
Apoplexie.........	13	— 35 à 40 —	62			16 —	2
Maladies inconnues.	12	— 30 à 35 —	34			17 —	1
Morts subites......	5	— 25 à 30 —	32			19 —	9
		— 20 à 25 —	22				
		— 15 à 20 —	11				
		— 10 à 15 —	15				
		— 5 à 10 —	17				
		de 5 et au-dessous.	49				
	536		536		54		54

TABLEAU N° 8.

Emploi des enfants à Veenhuizen n° 1.
(Colonies néerlandaises.)

DÉSIGNATION DES EMPLOIS.	1847			1848		
	Garçons	Filles	TOTAL	Garçons	Filles	TOTAL
Commis....................	3	»	3	2	»	2
Surveillants................	12	13	25	12	21	33
Sous-maîtres...............	8	»	8	11	»	11
Gardes-magasins...........	2	1	3	2	1	3
Gardiens des salles.........	23	22	45	22	22	44
Garçons de bureau.........	1	»	1	3	»	3
Nettoyage et balayage.....	3	»	3	3	»	3
Service des petits enfants..	4	13	17	4	13	17
Infirmiers et infirmières...	»	10	10	12	15	27
Travaux des champs.......	202	125	327	208	107	315
Fabriques..................	29	90	119	32	117	149
Tisserands.................	18	»	18	22	»	22
Bergers....................	3	»	3	3	»	3
Cuisines...................	8	10	18	8	10	18
Blanchissage...............	»	22	22	»	22	22
Couture et raccommodage.	13	43	56	14	34	48
Boulangerie...............	1	»	1	1	»	1
Cordonniers...............	2	»	2	1	»	1
Maçons....................	2	»	2	2	»	2
Charpentiers..............	5	»	5	5	»	5
Perruquiers...............	2	»	2	2	»	2
Ecoliers...................	352	301	653	381	336	717
Infirmes...................	29	18	47	31	23	54
Malades et galeux.........	116	100	216	69	71	140
	838	768	1606	850	792	1642

TABLEAU Nº 9.

Nombre des enfants qui ont fréquenté les écoles en 1847 et 1848. (Colonies néerlandaises.)

DÉSIGNATION DES COLONIES.	ÉCOLES DU JOUR.	ÉCOLIERS.		ÉCOLE du dimanche.		TOTAL.
		CLASSES du soir.				
		GARÇONS.	FILLES.	GARÇONS.	FILLES.	
1847.						
Colons libres............	579	168	174	»	»	921
Veenhuizen nº 1........	713	106	354	106	131	1710
— nº 2........	240	132	71	»	»	443
— nº 3........	241	96	90	32	»	459
Ommerschans..........	140	60	35	»	»	235
Wateren...............	86	6	»	»	»	92
	1999	868	724	138	131	3860
1848.						
Colons libres...........	582	182	170	»	»	934
Veenhuizen nº 1........	760	357	368	97	130	1712
— nº 2........	263	157	165	»	»	585
— nº 3........	210	126	98	»	»	434
Ommerschans..........	140	46	50	»	»	236
Wateren...............	84	4	5	»	»	93
	2039	872	856	97	130	3994

TABLEAU N° 10.

Ce que sont devenus les enfants sortis de Veenhuizen n° 1.
(Colonies néerlandaises).

	1844	1845	1846	1847	1848
Service militaire..........	59	51	39	27	34
Artisans...............	6	12	14	10	7
Placés à la campagne.......	46	31	29	18	5
Domestiques dans les villes....	151	99	102	65	101
Employés dans les colonies....	6	2	2	4	1
Retirés par leurs parents, patrons ou tuteurs..............	34	74	26	39	41
Mariés................	26	24	13	8	19
Dont le sort est inconnu......	8	32	11	9	7
Total..........	336	325	236	180	215

TABLEAU N° 11.

Ce que sont devenus les enfants sortis de Wateren dans une période de dix années, 1831-1841.

Officiers...................	1
Sous-officiers................	20
Soldats....................	34
Maître d'armes...............	1
Morts au service militaire..........	3
Employés dans les colonies..........	18
Placés à la campagne............	36
Domestiques dans les villes.........	25
Garçons bateliers..............	2
Morts à Wateren...............	3
Dont le sort est inconnu...........	2
Total..........	145

TABLEAU N° 12.

Maximum, minimum et emploi des salaires.
(Colonies néerlandaises.)

MAXIMUM.

COLONS.	POUR LA BOUTIQUE.	POUR ENTRETIEN.	POUR LE PAIN.	POUR LES POMMES DE TERRE.	TOTAL.
	flor. c.	flor. c.	flor. c.	flor. c.	flor. c.
De 1 an à 5 ans...	» 37	» 24	» 10½	» 09	» 80½
De 5 ans à 10 ans..	» 37	» 24	» 14	» 12	» 87
De 10 ans à 15 ans..	» 37	» 24	» 17½	» 15	» 93½
Au-dessus de 15 ans.	» 37	» 24	» 21	» 18	1 »

MINIMUM.

De 1 an à 5 ans...	» 08½	» 12	» 10½	» 09	» 40
De 5 ans à 10 ans..	» 11	» 16	» 14	» 12	» 53
De 10 ans à 15 ans..	» 14½	» 20	» 17½	» 15	» 67
Au-dessus de 15 ans.	» 17	» 24	» 21	» 18	» 80

TABLEAU N° 13.

Vente dans les Cantines en 1848.
(Colonies néerlandaises.)

NOMS DES COLONIES.	SOMMES.
	florins. c.
Colonies libres.............	32,526 31
Ommerschans.............	30,626 97
Veenbuizen n° 1...........	15,774 19
— n° 2...........	34,192 23
— n° 3...........	35,155 84
	148,275 54

TABLEAU N° 14.

Nombre des Souscripteurs à l'œuvre des colonies néerlandaises de bienfaisance, depuis l'origine de la Société jusqu'en 1848.

ANNÉES.	NOMBRE des SOUSCRIPTEURS.	SOMMES.	ANNÉES.	NOMBRE des SOUSCRIPTEURS.	SOMMES.
		florins. c.			florins. c.
1818...	21187	55368 »	Report..	......	632280 08
1819...	22478	59276 30	1834 ..	10041	26554 60
1820...	20083	52909 12	1835..	9760	25817 60
1821..	19785	52837 65	1836...	9610	25415 30
1822...	18017	47616 40	1837...	9418	24903 50
1823...	16309	43118 15	1838...	9972	26339 20
1824...	15460	40851 68	1839 ..	10666	28135 50
1825...	13862	36692 40	1840 ..	10234	26976 30
1826..	13949	36849 07	1841...	10135	26726 70
1827...	12900	34080 20	1842 ..	9061	23897 50
1828...	12414	32792 15	1843...	8593	22654 30
1829 ..	11717	31013 11	1844 ..	8200	21650 90
1830...	11199	29649 05	1845...	7843	20691 90
1831...	10229	27073 40	1846...	7704	20331 20
1832...	10045	26580 90	1847...	7317	19318 10
1833...	9666	25572 50	1848...	6933	18309 30
		632280 08			990001 98

TABLEAUX Nos 15 ET 16. 423

Montant des paiements pour les intérêts et les frais des emprunts. (Colonies néerlandaises.)

EMPRUNTS.

ANNÉES.	380000 fl. 1820		300000 fl. 1821		300000 fl. 1822		1500000 fl. 1823		600000 fl. 1825		500000 fl. 1826		1000000 fl. 1827		1000000 fl. 1850		TOTAL.	
	flor.	c.	flor.	c.	flor.	c.	flor.	c.	flor.	c.	flor.	c.	flor.	c.	flor.	c.	flor.	c.
1820-1840	229053	76	208938	86	215492	81	1098463	94	374438	94	305304	72	541000	33	512828	14	3485521	50
1841	6105	»	7095	»	8085	»	49775	»	19700	»	19150	»	40900	»	43110	»	193920	»
1842	6105	»	7095	»	8085	»	49775	»	19700	»	19150	»	40900	»	43110	»	193920	»
1843	6105	»	7095	»	8085	»	49775	»	19700	»	19150	»	40900	»	43110	»	193920	»
1844	6105	»	7095	»	8085	»	49775	»	19700	»	19150	»	40900	»	43110	»	193920	»
1845	6105	»	7095	»	8085	»	49775	»	19700	»	19150	»	40900	»	43110	»	193920	»
1846	6105	»	7095	»	8085	»	49775	»	19700	»	19150	»	40900	»	43110	»	193920	»
1847	6105	»	7095	»	8085	»	49775	»	19700	»	19150	»	40900	»	43110	»	193920	»
1848	6105	»	7095	»	8085	»	49775	»	19700	»	19150	»	40900	»	43110	»	193920	»
Totaux	277893	76	265698	86	280172	81	1496663	94	532038	94	458504	72	868200	33	857708	14	5036881	50

TABLEAU No 17.

Paiements faits par le gouvernement des Pays-Bas, les communes, les hospices et les particuliers, pour les frais de premier établissement et pour l'entretien des individus admis dans les Colonies de bienfaisance, depuis l'origine jusqu'en 1848.

ANNÉES.	PAIEMENTS FAITS EN VERTU DE CONTRATS PAR			INDEMNITÉS pour les mendiants, les infirmes, les orphelins, etc.	AVANCES du GOUVERNEMENT sur annuités non échues.	PAIEMENTS du Ministère des Colonies.		TOTAL.
	les communes, les hospices et les particuliers.	le ministère de la guerre.	le ministère de l'intérieur.			SUBSIDES.	Emprunt de 4 p 100 pour extension des fabriques et pour extinction des dettes.	
	fl. c.	fl. c.	fl. c.	fl. c.	fl. c.	fl. c.	fl. c.	fl. c.
1819—1840	493422 60	180895 02	3520778 40	899937 58	1096257 29	900000 »	1175000 »	8266290 89
1841	2700 »	14613 »	207386 25	103651 63	»	100000 »	125000 »	553350 88
1842	3030 »	14118 75	207881 25	108908 68	»	100000 »	» »	433938 68
1843	3150 »	14797 50	307202 50	114486 95	»	» »	» »	439636 95
1844	2610 »	14343 75	307656 25	96401 12	»	» »	» »	421011 12
1845	3123 65	14040 »	307960 »	91167 89	»	» »	» »	416291 54
1846	3075 »	14647 50	307352 50	109266 22	»	80000 »	» »	514341 22
1847	3060 »	14523 75	307476 25	114340 92	»	161536 59	» »	600937 51
1848	3300 »	14467 50	307532 50	117404 45	»	86000 »	» »	528704 45
Total....	517471 25	296446 77	5781225 90	1755565 44	1096257 29	1427536 59	1300000 »	12174503 24

TABLEAU N° 18.

- Produits récoltés. (Colonies néerlandaises.)

DÉSIGNATION DES COLONIES.	1847	1848
	flor. c.	flor. c.
Colonies libres..........	121953 85	75192 12
Wateren.............	9118 15	8549 91
Ommerschans..........	106313 55	109468 02
Veenhuizen n° 1.........	51070 26	44366 96
— n° 2.........	52161 59	40284 63
— n° 3.........	52421 45	40584 47
Totaux.....	393038 85	318446 11

NATURE DE CES PRODUITS.

		flor. c.	flor. c.
Seigle...........	hectol.	111383 40	101974 34
Orge............	—	5671 80	8183 54
Avoine..........	—	11444 98	12941 66
Sarrasin.........	—	10471 38	10734 92
Pommes de terre.....	—	174400 46	91732 13
Foin artificiel......	kilogr.	9109 12	9726 98
— naturel.......	—	408 »	522 »
Paille...........	—	18221 58	18965 24
Légumes et graines...	—	9159 02	10045 97
Produit du cheptel...	—	39596 91	50810 23
Vente de bois......	—	3172 20	2809 10
Totaux...		393038 85	318446 11

TABLEAU N° 19.

Produits des ateliers industriels appliqués à l'usage intérieur. (Colonies néerlandaises.)

DÉSIGNATION DES COLONIES.	1847	1848
	flor. c.	flor. c.
Colonies libres............	31078 09	33177 45
Wateren................	» »	» »
Ommerschans.............	83934 29	78933 88
Veenhuizen n° 1...........	32210 80	31768 05
— n° 2...........	58799 58	52211 20
— n° 3...........	34511 59	24914 28
Totaux....	240534 35	221004 86

NATURE DE CES PRODUITS.

	1847	1848
	flor. c.	flor. c.
Vêtements................	134104 60	125146 80
Mobilier, outils et objets divers...	62459 43	48990 »
Réparation des vêtem. et du mobilier.	43970 32	46868 06
Totaux....	240534 35	221004 86

TABLEAU N° 20.

Produits des Ateliers industriels vendus au dehors. (Colonies néerlandaises.)

DÉSIGNATION DES COLONIES.	1847	1848
	flor. c.	flor. c.
Colonies libres.....	199011 38	158649 75
Wateren.........	» »	» »
Ommerschans.....	144370 »	119593 »
Veenhuizen n° 1...	» »	» »
— n° 2...	51223 80	35754 »
— n° 3...	37307 89	18274 92
Totaux....	431913 07	332271 67

NATURE DE CES PRODUITS.

	1847		1848	
	pièces.	flor. c.	pièces.	flor. c.
Indiennes........	21922	115413 96	18634	93263 17
Cotonnades......	7358	76655 04	6182	65386 58
Calicots.........	2000	6942 38	»	» »
Cotons filés.....	»	9471 69	»	574 92
Sacs à café.....	379000	223430 »	293300	173047 »
Totaux........		431913 07		332271 67

Dépenses pour l'achat des terrains, l'érection des bâtiments, l'achat et l'entretien du bétail, depuis l'origine des colonies néerlandaises jusqu'en 1848.

ANNÉES.	TERRAINS et bâtiments.	ACHAT et entretien du bétail.	TOTAL.
	fl. c.	fl. c.	fl. c.
1818—1819...	32863 26	» »	32863 26
1820......	37294 51	5000 »	42294 51
1821......	128629 32	16000 »	144629 32
1822......	73114 42	14180 85	87295 27
1823......	105406 73	11028 30	116435 03
1824......	229176 77	13283 51	242460 28
1825......	291281 15	18473 16	309754 31
1826......	85266 80	35658 71	121925 51
1827......	49164 58	51676 75	101841 33
1828......	343 52	28756 69	29100 21
1829......	2140 22	44410 78	46551 »
1830......	» »	49803 88	49803 88
1831......	6500 »	42758 18	49258 18
1832......	» »	47417 97	47417 97
1833......	» »	43880 48	43880 48
1834......	» »	54872 29	54872 29
1835......	» »	48160 95	48160 95
1836......	» »	40658 62	40658 62
1837......	3000 »	40755 94	43755 94
1838......	» »	40611 27	40611 27
1839......	10867 50	39761 »	50628 50
1840......	» »	36000 »	36000 »
1841......	» »	92558 64	92558 64
1842......	2500 »	89799 87	92299 87
1843......	2913 48	97248 59	100152 07
1844......	950 »	96567 42	97517 42
1845......	6000 »	96230 34	102230 34
1846......	6000 »	87286 45	93286 45
1847......	» »	100595 88	100595 88
1848......	» »	103244 80	103244 80
	1073412 26	1486681 32	2560093 58

TABLEAU N° 23.

Dépenses propres aux Colons. — 1847 et 1848.
(Colonies néerlandaises.)

DÉSIGNATION DES COLONIES.	NOURRITURE, Blanchissage Éclairage, Habillement, Mobilier, Chauffage, Deniers de réserve.	FRAIS DE PERSONNEL. Administration, Surveillance, Service médical, Instruction primaire et religieuse.	TOTAL.
1847.	fl. c.	fl. c.	fl. c.
Colonies libres.	138129 01	15912 »	154041 01
Ommerschans mendiants.	235308 21	20535 »	255843 21
Veenhuizen n° 2 —	230536 77	15676 »	246212 77
— n° 3 —	118603 29	19762 »	138365 29
— n° 1 orphelins.	152482 77	12382 »	164864 77
Wateren.	9935 07	2121 »	12056 07
Direction générale. . . .	» »	6335 »	6335 »
	884995 12	92723 »	977718 12
1848.			
Colonies libres.	118014 41	15912 »	133926 41
Ommerschans mendiants.	204371 46	20535 »	224906 46
Veenhuizen n° 2 —	174904 90	15676 »	190580 90
— n° 3 —	97831 31	19762 »	117593 31
— n° 1 orphelins.	128888 87	12382 »	141270 87
Wateren.	9736 39	2121 »	11857 39
Direction générale. . . .	» »	6335 »	6335 »
	733747 34	92723 »	826470 34

TABLEAU N° 24.

Personnel des employés des colonies néerlandaises.

NOMBRE.	DÉSIGNATION DES EMPLOIS.	APPOIN-TEMENTS
		florins.
1	Directeur en chef..................	2500
6	Directeurs adjoints, chefs d'établissement..	6700
13	Sous-directeurs..................	6372
27	Teneurs de livres et commis..........	8039
30	Colons employés dans les bureaux......	4473
5	4 médecins, 1 pharmacien..........	3668
2	Proviseurs...................	364
1	Sage-femme..................	156
10	Ministres des divers cultes payés par l'État..	»
8	Maîtres d'école.................	2950
25	Sous-maîtres (16 pris parmi les colons)...	3292
5	Maîtres de magasins..............	1748
10	Boutiquiers (6 non salariés)..........	1460
22	Maîtres de quartiers..............	5980
30	Surveillants de salles.............	6536
59	Gardiens-colons................	7826
32	Surveillants des grandes fermes.......	8034
3	Bergers.....................	776
2	Vétérinaires..................	662
9	Portiers.....................	988
2	Messagers...................	208
4	Blanchisseuses (maîtresses)..........	481
2	Maîtres tourbiers................	912
2	Sous-directeurs................	2000
1	Mécanicien...................	780
17	Contre-maîtres.................	5928
4	Maîtres charpentiers..............	1615
1	Maître charron.................	365
3	Maîtres forgerons...............	1095
1	Maître tonnelier................	208
2	Maîtres sabotiers................	624
4	3 maîtres boulangers, 1 meunier.......	1051
5	Couturières...................	624
	VÉTÉRANS.	
1	Capitaine commandant............	500
1	Sous-adjudant.................	156
5	Brigadiers et sous-brigadiers des gardiens..	974
24	Vétérans gardiens...............	2678
379		92723

TABLEAU N° 25.

Contenance des colonies néerlandaises et valeur totale des terres et bâtiments.

DÉSIGNATION DES COLONIES.	TERRES cultivées.		TERRES incultes.		VALEUR des bâtiments et terres.
	hectar.	ar.	hectar.	ar.	flor.
Colonies libres.	1141	79	78	66	647900
Ommerschans.	751	91	»	»	418764
Veenhuizen n° 1.	349	09	2	19	223004
— n° 2.	354	86	10	77	226306
— n° 3.	368	73	6	04	306560
Wateren.	117	50	»	»	57830
Terres en dehors des colonies.	»	»	2600	»	143790
Totaux	3083	88	2697	66	2024154

TABLEAU N° 26.

Cheptel des colonies néerlandaises au 31 décembre 1848.

ANIMAUX.	Colonies libres.	Ommerschans.	Veenhuizen n° 1.	Veenhuizen n° 2.	Veenhuizen n° 3.	Wateren.	TOTAL.
Chevaux.	4	8	44	20	20	18	114
Vaches.	420	27	291	59	63	55	915
Taureaux et bœufs.	38	20	28	7	5	9	107
Moutons et brebis	274	792	»	511	»	355	1932
Porcs.	»	»	80	»	»	»	80
Totaux.	736	847	443	597	88	437	3148

TABLEAU N° 27.

Emploi des terres des colonies néerlandaises en 1848.

NATURE DES CULTURES.	COLONIES LIBRES.		OMMERSCHANS.		VEENHUIZEN N° 1.		VEENHUIZEN N° 2.		VEENHUIZEN N° 3.		WATEREN		TERRES EN DEHORS DES COLONIES.		TOTAL.	
	hectar.	ar.	hectar.	ar.	hectar.	ar.	hectar.	ar.	hectar.	ar.	hectar.	ar.	hectar.	ar.	hectar.	ar.
Seigle	307	31	193	52	97	61	95	21	100	09	19	95	»	»	813	69
Orge	»	»	48	66	9	02	9	45	8	83	»	»	»	»	75	96
Avoine	6	12	56	27	17	78	22	16	10	46	2	60	»	»	115	39
Sarrasin	6	28	18	51	4	84	6	63	17	20	1	36	»	»	54	82
— sur tourbière	»	»	»	»	18	»	30	57	20	60	»	»	»	»	69	17
Pommes de terre	221	86	108	15	67	48	65	80	65	47	10	63	»	»	539	39
Légumes	25	33	4	98	3	40	3	»	3	86	»	59	»	»	41	22
Prairies artificielles	295	43	210	66	67	79	72	05	66	55	13	20	»	»	725	68
— naturelles	9	76	»	»	»	»	4	29	16	34	34	97	»	»	65	36
Genêts	194	25	105	37	73	83	52	84	65	59	23	95	»	»	515	83
Plantations	73	99	3	29	7	28	23	43	14	34	10	25	»	»	132	58
En jachère	1	46	2	50	»	»	»	»	»	»	»	»	»	»	3	96
Terres incultes	78	66	»	»	2	19	10	77	6	04	»	»	2530	83	2628	49
Totaux	1220	45	751	91	369	28	396	20	395	37	117	50	2530	83	5781	54

TABLEAU No 28.

Statistique des Enfants trouvés à Amsterdam de 1811 à 1848.

ANNÉES.	NOMBRE des expositions.	ANNÉES.	NOMBRE des expositions.
1811.........	153	1832.........	76
1812.........	335	1833.........	88
1813.........	378	1834.........	80
1814.........	436	1835.........	66
1815.........	440	1836.........	65
1816.........	451	1837.........	78
1817.........	536	1838.........	66
1818.........	449	1839.........	47
1819.........	428	1840.........	55
1820.........	377	1841.........	59
1821.........	308	1842.........	44
1822.........	316	1843.........	59
1823.........	273	1844.........	28
1824.........	227	1845.........	23
1825.........	171	1846.........	25
1826.........	135	1847.........	17
1827.........	107	1848.........	11
1828.........	110		
1829.........	100		
1830.........	125		
1831.........	125		

ERRATA.

Page 70, ligne 18, *au lieu de* 1,474,551 francs, *lisez* 474,552 francs.

Page 95, ligne 5, *au lieu de* en 3 quartiers placés, *lisez* en trois quartiers placés chacun.

Page 136, ligne 17, *au lieu de* dixième année, *lisez* seizième année.

Page 200, ligne 20, *au lieu de* à leur exacte, *lisez* et leur exacte.

Page 245, ligne 4 du sommaire, *au lieu de* nouveau refus du gouvernement, *lisez* nouveau refus de la commission.

Page 252, ligne 19, *au lieu de* d'un arrangement, *lisez* sur un arrangement.

Page 318, ligne 6, *au lieu de* ou vagabonds, *lisez* ou des vagabonds.

EXTRAIT DU CATALOGUE DE LA LIBRAIRIE AGRICOLE

AGRICULTURE.

Maison rustique du XIXe siècle, cinq vol. in-4 avec 2,500 gravures	39	50
Le tome 5 (Encyclopédie d'horticulture), pris à part	9	»
Agriculture (Cours d'), par Gasparin, 5 vol. in-8 avec gravures	37	50
Agriculture allemande, ses écoles, ses pratiques, etc., par Royer, 1 vol. in-8	7	50
Agriculture *de l'Ouest de la France*, par Rieffel, 1843 à 1847, 5 vol. in-8	25	»
Algérie (Colonisation et agriculture de l'), par Moll, 2 vol. in-8 avec gravures	12	»
Almanach du cultivateur et du vigneron (1851), 8e année, in-16 avec grav.	»	75
Amendements (Traité des), *Marne, Chaux*, etc.; par Puvis, 1 v. in-12	5	»
Animaux domestiques (Multiplication et perfectionn.), par Grognier, 3e éd., in-8	7	50
Animaux (Statique chimique des), et de l'emploi du SEL, par Barral, 1 vol. in-12	5	»
Bestiaux (Production des) *en Allemagne, Belgique et Suisse*, par Moll, in-4	2	75
Bière (Traité de la fabrication de la), par Robart, 2 vol. in-8, plan et 120 gravures	15	»
Chaux. Son emploi en agriculture, par Piérard, 2e édition, in-12	»	50
Chimie agricole (Précis élémentaire de), par Sacc, 1 vol. in-12	3	50
Comptabilité agricole (Traité de), par De Granges, 1 vol. in-8	5	»
Comptabilité agricole (Petit traité de) en partie simple, par De Granges, 1 vol. in-8	1	75
Auxiliaire général, registre pour la comptabilité agricole. La main de 24 feuilles réglées	1	25
Congrès central d'agriculture, 7e session, 1850, compte rendu, 1 vol. in-8	3	»
Conseils aux agriculteurs, par Dezeimeris, 3e édition, 1 vol. in-12 de 654 pages	5	»
Crédit foncier et agricole (Du) en Europe, par Josseau, 1 vol. in-8 de 620 pages	7	50
Crédit foncier (Des institutions de) en Allemagne et en Belgique, par Royer, 1 v. in-8	7	50
Drainage (De l'assainissement des terres et du), par Jules Naville, in-12 de 84 pages	1	25
Durham (De la race bovine dite race de), par Lefebvre Ste-Marie, in-8 et atlas in-fol.	15	»
Garance (Mémoire sur la culture de la), par de Gasparin, in-8	1	75
Guide des cultivateurs, par Dezeimeris, 2e édition, 1 vol. in-18 de 248 pages	1	75
Irrigations (Pratique et législation des), par de Mornay, 1 vol. in-8	3	50
Maïs (De la culture du), par Lelieur, de Ville-sur-Arce, in-12	»	75
Manuel de l'éducateur d'abeilles, par de Frarière, 1 vol. in-12 avec gravures	3	50
— de l'estimateur de biens-fonds, par Noirot, 1 vol. in-12	3	50
— du cultivateur de mûriers, par Charrel, 1 vol. in-8	3	50
— de l'éleveur d'oiseaux de basse-cour et de lapins, in-12	1	75
— de l'éducateur de vers à soie, par Robinet, 1 vol. in-8 avec gravures	5	»
— de l'irrigateur, par Félix Villeroy, 1 vol. in-8 avec gravures	5	»
— du vigneron, par Odart, 1 vol. in-12	3	50
Mûrier. Comment on peut le cultiver avec succès dans le centre de la France, in-8	1	75
Olivier (Mémoire sur la culture de l'), par de Gasparin, in-8	1	75
Pommes de terre (De la maladie des), par Decaisne, de l'Académie des sciences, in-8	2	50
Plantes fourragères (Traité des), par Lecoq, 1 vol. in-8	7	»
Race chevaline. Rapport au Conseil supér. des haras, par le Gal de Lamoricière, in-4	7	50
Safran (Mémoire sur la culture du), par de Gasparin, in-8	»	50
Statistique agricole de la France (Tableau de la), par Block, in-plano de 2 feuilles	1	»
Voyages agronomiques en France, par Lullin de Châteauvieux, 2 vol. in-8	12	»

Paris.—Imprimerie d'E. Duverger, rue de Verneuil, 6.